华东师范大学出版社

CAISHUIJINRONG

财税金融

（第二版）

教育部职业教育与成人教育司推荐教材

中等职业学校商贸、财经专业教学用书

主　编　汪正干

主　审　龚振勇　林　松

图书在版编目 (CIP) 数据

财税金融 / 汪正干主编. —上海：华东师范大学出版社，
ISBN 978－7－5617－4541－0

I. 财... II. 汪... III. ①财政金融 ②税收管理 IV. F8

中国版本图书馆 CIP 数据核字 (2005) 第 147713 号

财税金融 (第二版)

教育部职业教育与成人教育司推荐教材
中等职业学校商贸、财经专业教学用书

主　　编　　汪正干
责任编辑　　翁春敏
编辑助理　　何　晶
装帧设计　　蒋　克

出　　版　　华东师范大学出版社
社　　址　　上海市中山北路 3663 号
　　　　　　邮编 200062

营销策划　　上海龙智文化咨询有限公司
电　　话　　021－62228271　　62228272
传　　真　　021－62228343

印 刷 者　　常熟市新骅印刷有限公司
开　　本　　787×1092　　16 开
印　　张　　14.75
字　　数　　300 千字
版　　次　　2008 年 6 月第 2 版
印　　次　　2008 年 6 月第 1 次
书　　号　　ISBN 978－7－5617－4541－0/F·118
定　　价　　23.60 元
出 版 人　　朱杰人

（如发现本版图书有印订质量问题，请与华东师范大学出版社中等职业教育分社联系
电话：021－62228271　　62228272）

出版说明（第二版）

CHUBANSHUOMING

本书是"教育部职业教育与成人教育司推荐教材"、中等职业技术学校商贸及财经专业的教学用书。

本书编写注重文字通俗易懂，内容力求淡化理论、强化实践、重视能力，与中等职业技术学校学生认知能力和岗位技能要求相适应；表现形式上力求灵活多样，新颖别致。

具体的栏目设计如下：

学习目标：提纲挈领，简要指出各章的教学目的。

小知识：对与教材内容有密切联系，又不便在教材正文中介绍的概念或知识进行简短的说明。

小资料：加入大量与教材内容相关的统计数据、法律法规等，使内容更加充实。

实例与实例详解：结合内容加入许多实用例题，使本教材更具实用性。

小思考：提出能够帮助读者分析理解教材内容的思考题。

本章学习路径：每章内容的知识框架，帮助读者理清学习思路。

实训题：相关知识点的运用，供学生自我测试用。

复习思考题：作为巩固学习的练习题，供学生复习、操练。

为了便于老师备课，组织教学，本书还配套有：

《**财税金融·教师手册**》：含有各章节的教学重点、习题答案等，便于老师备课，组织教学。

华东师范大学出版社

中等职业教育分社

2008 年 5 月

前　言（第二版）

本书是根据教育部有关中等职业技术学校财税金融课程的基本要求，结合财经类中职中专的教学大纲及特点设计编写的，突出了以下几个特点：

第一，在内容安排上，力求淡化理论、强化实践、重视能力，并与中等职业学校学生认知能力和岗位技能要求相适应。在理论上不求全面性，注重实用性，对于大量操作性和技能性的知识，则尽可能删繁就简。

第二，在表现形式上灵活多样，新颖别致，设有"小知识"、"小资料"、"小思考"等多个栏目，穿插于教学活动中，方便学生更好地掌握相关知识点。

第三，文字通俗易懂，对重要概念的表述尽可能精练、通俗、易懂；对于较多较复杂的内容，通过加列不同层次的标题使其清晰、易读；对于那些仅靠文字表述，难以给出清晰印象的内容，采用图表的形式将其具体化、形象化，便于读者理解。

第四，每章都配有少量的思考练习和实训练习，为读者理解教材内容、掌握基本技能提供指引。

本书自 2006 年 3 月第一版出版以来，我国财税金融形势出现了显著变化，财政金融政策呈现出新的特点，税收法律法规进行了重大调整。例如，在税收法律法规方面，我国合并了内外资企业所得税、修订了个人所得税法、调整了消费税税率税目等。为了及时反映新的财税金融形势、财政金融政策以及相关的法律法规，并增添教材的针对性、实用性，同时也为了突出教学的重点，提高教师对教材内容处理的自主性，本书在如下几个方面进行了修订：

①根据最新的财税金融形势和财政金融政策更新和增添了相关的小知识、小资料；②删除了有关外商投资企业和外国企业所得税的内容，同时修改企业所得税的内容；③对消费税、个人所得税、资源税、车船税等内容进行了调整；④将"国家预算和财政管理体制"一章放入《财税金融·教师手册》中。在体例上，不再保留第一版各章后面的小链接以及分散于教材中的资料来源提示，而将这两部分内容集中在整本教材之后列示。在目录中，将部分章节加注"*"，这些章节连同放入《财税金融·教师手册》中的"国家预算和财政管理体制"一章，由教师根据学生的学习能力和教学时间自主选择。

第二版教材保留了第一版的优点和特色。本教材依然由财政、税收、金融三个板块组成，教师可以根据学生的具体专业对三个板块进行灵活组合，以适应不同专业学生的实际需要，如会计专业可选择财政、金融两个板块，金融专业可选择财政、税收两个板块进行教学。

本书的第一版由汪正干担任主编。第一、二、三、四、五、六、七、八章由汪正干编写，第九、十、十一、十二、十三章由朱雯娜编写。全书由汪正干负责修改、总纂、定稿，并由龚振勇老师和林松教授主审，在此一并表示感谢。第二版全部章节均由汪正干修订并定稿。

本书适用于中等职业学校商贸、财经类学生的专业学习，也可作为对财税金融知识感兴趣的人员的入门自学用书。

由于编者水平有限，时间仓促，教材中不足之处在所难免，敬请同行及读者批评指正，以便再版时修改。

汪正干
2008 年 5 月

目 录

财税金融

目 录

财税金融

注：打"*"号的节次为选修内容。

第一章　财政导论

通过本章的学习，了解财政现象，掌握财政的一般特征和财政的本质，熟悉公共财政的概念和基本特征，理解财政的资源配置职能、收入分配职能、经济稳定发展职能。

第一节 　财政的一般概念

一、财政现象

　　财政不是一个远离人民大众的抽象概念，现代社会的每一个成员时时处处都与财政有着密切的利益关系，这可以从大量的财政现象广泛存在于人们日常生活的方方面面得到印证。

　　人们希望社会安定，生活富足，安居乐业。这种正常生活秩序的维持，生命财产安全的保障，是国防、公安、司法等政府部门的基本职责，而这些政府部门无一不是靠财政拨款维持运行的。显然，社会民众是通过财政享受到了政府部门提供的社会公共安全服务。

　　各级各类教育服务、居民个人的卫生保健服务、医疗服务、旨在提高全民族科学技术水平的科学研究和技术开发等各种社会公共服务，是由幼儿园、学校、医院、科学研究机构等文教科学卫生事业单位提供的，而这些事业单位大多数是由财政出资建立，并靠财政拨款维持与发展的。

　　政府公务员、学校教职工、医院医护人员以及广大的科研人员等，其工作岗位和就业机会大部分是政府通过财政活动直接提供的。政府还通过再就业工程为广大下岗职工创造就业机会，通过各种形式的技能培训、政策优惠等措施为社会弱势群体提供就业机会。政府通过兴办实业、购买商品和服务等活动间接为社会提供了大量的工作岗位和就业机会。

　　四通八达的公路网，飞速建设的铁路网，城市高架、地铁、隧道、桥梁、排水、供气供水，南水北调工程，西气东输工程，三峡水电站等大型发电工程，大型钢铁厂、大型石化企业等关系国计民生的基础产业，都是政府财政投资兴建的。这些基础设施和基础产业的兴办，大大地便利了人们的生产、生活以及相互交往，为国民经济的可持续发展、人民生活水平的提高创造了良好的外部环境。

　　城乡居民的最低生活保障，养老保险、失业保险、生育保险等社会保险，城镇居民的"菜篮子"、"米袋子"，灾民的救济等社会保障和社会福利事业，都全部或部分地享受着政府的财政补贴。

　　政府在向民众提供各种公共服务的同时，也通过法定的方式向民众收取所需的资金。政府通过民众取得财政资金的主要方式有：企业、单位和个人依据税法规定向政府缴纳的各种税金，如个人所得税等；企业、单位和个人办理户口登记、结婚登记、出国护照等各种证照向政府交纳的规费；企业、单位和个人使用公共设施、公有资源要上缴的事业费；企业、单位和个人购买政府发行的各种形式的债券等。

　　人们在日常活动中会通过各种渠道了解各种财政问题，如每年各级人民代表大会审议批准同级政府的预算和决算，个人所得税的费用扣除额是否应该提高，内外资企业所得税率应何时统一，增值税的征收范围是否应该扩大，购买固定资产的增值税进项税额可否抵扣，加入WTO后关税总水平的降低，中国——东盟自由贸易区的关税互惠等。

　　上述种种财政现象和财政问题，都是人们在社会经济生活中实实在在感受到的。上述财政现象表明：财政是以政府为主体的，分为收入和支出两个环节。政府的每一项收支活动都与企业、单位和个人的切身利益息息相关，并且关系到社会的安定、经济的发展、科技的进步、国家的繁荣。所以，从财政现象和财政问题入手，将有助于读者进一步认识财政的本质、财政的职能、财政体制，以及财政收支的内容等。

二、财政的一般特征

财政是人类社会发展到一定阶段的产物。财政的产生必须具备两个最基本的条件：一个是经济条件，另一个是政治条件。社会生产力水平发展到出现剩余产品时是财政产生的经济条件，国家的产生是财政产生的政治条件。

随后，在生产力不断发展和生产关系不断变革的推动下，财政随着国家的发展变化而发展变化，先后经历了奴隶制国家财政、封建制国家财政、资本主义国家财政和社会主义国家财政。虽然不同社会制度下的财政具有不同的特点，体现着不同的财政分配关系，但是各种社会制度下的财政又都存在着一些固有的共同特征，即财政的一般特征。财政的一般特征表现在以下几个方面：

1. 财政分配的主体是国家

财政分配的主体是国家包含着以下两层意思：

①财政分配以国家为前提　国家直接决定着财政的产生、发展和范围。没有国家这一分配主体，财政这种分配就不会存在。

②在财政分配中，国家始终处于主动的、支配的地位　国家是财政分配活动的决定者、组织者和管理者。在财政分配的全过程中，无论是税收制度的建立、财政体制的确定，还是收支方式渠道的选择、收支规模比例的确定，或是对财政资金的监督管理检查等，都是直接由国家决定的，都取决于国家的意志。

2. 财政分配的对象是社会产品

财政分配的对象不是全部社会产品，而是社会产品的一部分。就社会产品总价值来说，财政分配的对象只是其中的一部分；就社会产品的各个价值组成部分来说，财政分配的对象也只是其中一项或几项价值组成内容的一部分。就目前我国财政分配的实际状况来看，我国财政收入中既有来自 V 的部分（如个人所得税、个人购买国债等），又有来自 M 的部分（如企业所得税等），而且主要是来自剩余产品价值的部分。但随着我国经济的发展，个人收入水平的提高，财政收入来自 V 的部分将会不断增加。过去，我国财政向国有企业集中的折旧基金则属于 C 部分。

小知识 1-1

全部社会产品的价值由补偿生产资料消耗的价值（C）、劳动者个人创造的价值（V）和剩余产品的价值（M）三个部分组成。

3. 财政分配的目的是保障国家实现其职能的需要

社会制度不同，经济运行方式不同，国家职能的范围就不同，财政分配的范围自然也不同。但是，无论在何种社会制度下，也不管其经济运行方式如何，财政分配的目的始终都是为了实现国家的职能。与市场经济相适应的公共财政，其分配的目的直接表现为满足以国家为主体的社会公共的需要。

现代国家的职能包括政治职能、社会职能和经济职能。政治职能包括提供公共安全、保卫国家不受外敌侵犯、处理外交事务、进行行政管理等职能；社会职能包括教育、医疗卫生、科学、环保、体育、文化等社会公共服务的职能；经济职能包括进行宏观调控、提供经济服务、管理国有资产、监督经济运行等职能。

4. 财政分配是一种在全社会范围内进行的集中性分配

财政分配是以国家为主体的分配。国家作为整个社会的代表和它执行的政治、社会、经济职能，决定着政府必然站在宏观经济的角度，着眼于社会经济的长期稳定协调的发展，在统筹兼顾、全面发展的基础上，组织财政收入、安排财政支出。这就使得以国家为主体的财政分配，与其他分配方式相比具有更广的社会性和更高的集中性。

5. 财政分配的基本形式具有无偿性

国家通过组织财政收入、安排财政支出行使其职能，满足社会公共需要。从长期看，从财政收支活动的基本形式看，财政分配基本上是一种无偿性分配，无论是财政收入还是财政支出，伴随着资金所有权的转移，都是价值的单向转移。

随着社会经济的发展，财政分配的形式也在不断扩展，目前世界各国的财政分配除了基本形式之外，还存在着利用信用方式有偿分配财政资金的调剂形式。虽然各国财政分配中，国债都占有一定的比重，并且具有不断增长的趋势，但国债根本无法改变其从属的地位，也无法动摇财政分配在整体上和本质上的无偿性特征。

通过对财政现象、财政问题的观察，以及对财政一般特征的认识，可以进一步认识到财政的本质：**财政是以国家为主体，以履行政府职能和满足社会公共需要为目的，通过政府收支活动，无偿地集中地参与社会产品分配所形成的以国家为主体的分配关系。**

第二节　公共财政

一、公共财政的概念

1. 公共财政

公共财政是以市场失效为存在前提的，是政府以政权组织的身份，依据政治权力，在全社会进行的以市场失效为范围的，以执行国家的社会管理者职能和满足社会公共需要为目的的一种政府分配行为。

市场失效是指平等竞争、等价交换等市场规则不能有效发挥作用的情况，主要存在于满足社会公共需要的领域。如政府可以有效地向整个社会提供安全服务，但社会安全无法以市场的方式获得。

2. 社会公共需要

社会公共需要是指国家向社会提供安全、秩序、公民基本权利和经济发展的社会条件等方面的需要。社会公共需要具体包括行政管理、国防、外交、治安、司法、监察等国家安全事项和政权建设的需要；教育、科技、农业、文化、体育、公共卫生、社会保障、抚恤救济、救灾扶贫等公共事业发展的需要；水利、交通、能源、市政建设、环保、生态等公益性基础设施建设的需要；以及对经济运行进行必要的宏观调控的需要。

社会公共需要通常分为以下几个层次：

①纯社会公共需要　包括政府履行政治职能和某些社会职能的需要。如：行政管理、国防、外交、治安、司法、监察，以及普及教育、抚恤救济、基础科学研究和生态环境保护等。

②准社会公共需要　包括高等教育、医疗、应用科学研究，以及保险基金、卫生保健、财政补贴等。这类需要介于纯社会公共需要和私人个别需要之间，其中的一部分或大部分要由政府集中加以满足。

③视同社会公共需要　大型公共设施，甚至包括基础产业，如邮电、电讯、民航、铁路、公路、煤气、电力、钢铁等行业。这类需要通常也由政府提供大部分资金予以满足。

二、公共财政的基本特征

公共财政的基本特征主要有：公共财政是弥补市场失效的财政；公共财政应当为市场活动提供公正公平的服务；公共财政具有非市场营利的性质；公共财政是法治化的财政。

1. 公共财政是弥补市场失效的财政

公共财政处于市场活动之外，为各种正常的市场活动提供必要的服务。在市场经济条件下，凡是市场能干的，政府就不应去干；凡是市场不能干的，政府就应当去干。市场不能干的领域，就是"市场失效"的领域。公共财政的必要性及其职能范围就是由"市场失效"决定的。"市场失效"的领域，概括地说就是各个层次的社会公共需要存在的领域。

2. 公共财政应当为市场活动提供公正公平的服务

市场经济具有较高的效率，而高效率是以公平的竞争规则为前提的。政府的财政收支活动可以维护和营造市场经济所必需的公平的竞争环境，也可以影响或妨碍这种竞争规则，使其失去应有的公平。一旦公平的竞争规则不能有效发挥作用，经济生活中出现一部分市场活动主体，可以凭借财政收支活动轻而易举地获得额外利益，而另一部分市场主体的应得利益却得不到保障，这必然引起市场行为的混乱，不利于市场经济的健康发展。财政如何才能维护和营造市场经济所必需的公平的竞争环境，以保持市场经济的高效率呢？那就是财政必须公正公平地对待所有的市场活动主体，为他们提供一视同仁的服务。

3. 公共财政具有非市场盈利的性质

公共财政的收支安排是以公共利益的极大化为出发点和归宿的，而不是以投资赚钱为目的或者带有投资赚钱的因素。财政收入的取得，要建立在为满足社会公共需要而筹措资金的基础上。财政支出的安排，要始终以满足社会公共需要为宗旨。政府的财政收支行为，不应也不能带有任何盈利的色彩。但是，公共财政的非市场盈利的性质绝不否定财政收支的效率。相反，国家必须采取切实措施加强财政资金的管理，提高财政资金的使用效率。

4. 公共财政是法治化的财政

由于公共财政分配涉及面广、政策性强，也由于公共财政分配的无偿性和强制性，公共财政管理必须运用法律手段进行调整、规范和保障，实行依法理财。依法理财，就是依照宪法、法律、法规和财政规章的规定，综合运用法律手段、经济手段和行政手段，实现财政管理的法治化、规范化和科学化。

三、我国建立公共财政的主要内容

1. 明确在市场经济体制下财政的基本职责，为市场的顺畅有序服务

为市场的顺畅有序服务就是为市场运行提供外部条件，解决公共产品和服务的提供，以及公平分配和宏观经济稳定等问题，从而提高整个经济的运行效率。

2. 建立以公共支出为主体的支出体系

公共支出主要包括：为保证国家机关正常运行所必需的经费；为市场资源配置不能有效解决的各类社会事业提供必要的财力；为实现公共服务所必需的政策性补贴；各种公益性或非市场盈利性公共工程投资。而对于市场机制能有效发挥作用的各类盈利性经营性投资和支出，则应逐步减少和退出财政范围。

3. 建立以税收为主、规范的非税收入为辅的公共财政收入体系

这又包括两个方面的内容。首先要界定收入范围；其次要进行收入制度的创新，广开财源，增加财政收入。

4. 建立公共财政管理体系

公共财政管理体系应该以宏观经济效益和社会效益最大化为目标，以财政法规为依据，以财政收支为中心，能够运用现代科学的手段。公共财政管理体系的各项管理制度应该具有规范性。

5. 建立高效的财政宏观调控体系

财政宏观调控体系的目标是保证国民经济稳定协调发展，并能够综合运用预算、税收、投资、国债、补贴、贴息等财政政策和手段。

第三节　财政的职能

财政的职能是指财政在宏观经济领域所固有的功能。财政的职能通常包括以下三个方面：资源配置职能、收入分配职能、经济稳定发展职能。

一、优化资源配置职能

1. 资源配置

根据经济学的原理，资源是有限的，人类对资源的需要是无限的，因而资源是稀缺的。但是资源的用途是多样的，进而是可以选择的。简单地说，人类对资源用途的选择过程，就是资源配置过程。资源配置是一个连续的过程，资源配置的结果处于不断的变化之中。

资源配置是指运用一定的方式方法，在现有人力、物力、财力等社会经济资源多种不同用途之间进行选择、调配的动态过程，以及选择调配后所形成的各种社会经济资源在不同地区、不同部门、不同行业、不同企业乃至不同个人之间达到最佳的社会经济效益。

资源配置有一个效率问题，即不同的资源配置方式，会形成不同的资源配置结果。如果一种资源配置状态能够使各种资源得到有效的使用，能够实现经济效益和社会效益最大化，则这种资源配置就是合理的，其资源配置方式便是有效的。

2. 财政资源配置职能的含义

经济体制不同，其基础性资源配置方式也是不同的。在市场经济体制下，市场在资源配置中起着基础性作用。但市场配置并不是万能的，在某些领域中，市场配置是无能为力的。在这些领域中，运用各种财政手段对资源进行配置是可行的，实践证明也是有效的。

财政资源配置的职能是指在充分发挥市场对资源配置的基础性作用的前提下，运用各种财政手段，如税收、国债、国家预算、财政支出的规模和结构等，对社会经济资源进行有目的有计划的分配与调节，以弥补市场配置资源的缺陷，达到全社会范围内资源配置的合理化，以期实现最优的经济效益和社会效益。

3. 财政资源配置的主要内容

(1) 合理界定政府职能及其活动范围

这是科学合理地发挥财政资源配置职能的前提。明确了政府职能及其活动范围，也就是明确了财政收支活动的范围，为进一步确定财政收支规模提供了依据。财政收支规模的大小反映了政府支配的社会经济资源的多寡，体现了财政资源配置职能与市场资源配置职能的分工合作状况。财政收支规模确定了，财政资源配置职能发挥作用的范围也就限定了，这将有助于防止财政资源配置职能的滥用，及其对市场配置资源基础性作用的干扰。

(2) 优化财政支出结构

通过财政资源配置可以改变和优化政府财政支出的结构。例如：合理安排生产性支出与非生产性支出的比例，科学调整购买性支出与转移性支出的比例，根据科教兴国战略适度提高科教支出的比例等。

(3) 调节资源在地区之间的配置

经济发展不平衡是一个世界性的现象，我国也不例外。地区经济发展不平衡状况的加剧，不利于构建和谐社会，因此这种状况必须解决。我国先后提出的西部大开发和振兴东北老工业基地战略，都是致力于解决地区之间经济发展不平衡的问题。解决这一问题，可以依靠市场机制，但更需要国家的宏观调控。运用财政手段促使落后地区加速发展经济是政府宏观调控的重要举措。给西部地区和东北老工业基地提供税收优惠，允许东北老工业基地的企业购入固定资产所支付的增值税可以作为进项税额予以抵扣，对以上地区给予财政补贴，加快建设以上地区的基础设施等，都是财政资源配置职能的体现。

(4) 调节资源在产业部门之间的配置

财政调节资源在产业部门之间的配置主要是通过调整产业结构来实现的。产业结构可以从投资结构和资产结构两个方面进行调节。调整投资结构是指根据产业政策,调整一定时期国民经济各产业的投资数额及其比例。如果某一产业需要鼓励发展,则可以采取税收调节、增加财政补贴等手段,引导企业和个人增加对这一产业的投资,甚至政府直接增加投资,以促进其发展。如果某一产业属于限制发展的产业,则可以采取加税、减少甚至取消财政补贴等手段,引导企业和个人减少对这一产业的投资,以达到限制其发展的目的。

调整资产结构是指通过企业兼并、联合、重组甚至破产等方式,改变微观主体各项经营资产的现有用途,使其资产从低效和无效的用途转向高效的用途,从而实现产业结构的调整。财政可以通过各种税收和财政补贴等手段鼓励企业之间的兼并、联合、重组。

二、调节收入分配职能

1. 要素收入分配及其目标

要素收入分配是指各要素所有者将要素投入商品生产和劳务提供的过程所获得的报酬。

小知识 1-5

要素是指投入商品生产和劳务提供过程的经济资源,包括劳动、资本、土地等。劳动的报酬包括工资、薪金、奖金、津贴、补贴等;资本的报酬包括利息、红利、利润等;土地的报酬包括租金等。

在市场经济条件下,要素的报酬是由要素的市场价格决定的,例如工资等劳动报酬是由劳动的市场价格决定的。要素的市场价格是根据投入要素的数量和质量,在平等竞争的基础上,由要素的供给和需求相互作用形成的。

收入分配的目标是实现公平分配,但评判公平的标准却是多样的,通常有经济公平和社会公平两个方面。经济公平强调的是分配过程或分配规则的公平。以市场规则为基础,通过竞争形成的要素收入分配体现了效率原则,可以充分调动要素所有者的积极性,成为社会经济发展的内在动力。社会公平强调的是收入分配结果的公平,它是指收入差距在一定发展阶段维持在各阶层居民所能接受的合理范围内。社会公平是一个动态的概念。社会经济的发展阶段不同,居民对收入差距的接受程度不同,社会公平的具体尺度也就不同。现阶段,随着经济体制改革的不断深化,经济公平已经深入人心,因而居民对收入差距的接受程度也在扩大,衡量社会公平的尺度更为宽松。但是如果收入差距过分悬殊,甚至出现两极分化,则会严重影响社会的和谐发展,收入分配不公的问题就显得十分突出了。

统一的市场规则,公平的竞争条件,对要素所有者产生了极大的激励作用。然而由于各经济主体或个人所提供的要素的数量和质量不同,要素的稀缺程度不同,要素的供求状况不

财税金融

同，他们获得的要素收入就会出现较大的差距，特别是那些无任何生产资料又丧失了劳动能力的社会成员不能投入任何要素，自然无法取得收入，从而失去生存能力。在这种情况下，运用财政等手段，对要素收入分配的结果进行再调节，就显得十分必要了。

2. 财政收入分配职能的含义、内容及主要手段

财政收入分配职能是指财政在公平分配目标的引导下，通过其收支活动在全社会范围内对收入的分配格局和财产的分布状态施加直接或间接影响的功能。

财政收入分配职能的内容有两项：一个是调节企业的利润水平，另一个是调节居民个人的收入水平。

财政实现收入分配职能的主要手段有以下几方面。

(1) 税收调节

税收调节可以通过以下几个手段进行。

运用不同的税种实现对不同原因形成的收入差距进行调节。通过消费税调节因商品的相对价格水平差异而产生的要素收入水平的差异。通过资源税，调节由于资源条件和地理条件优劣而形成的级差收入。通过遗产税、赠予税，调节个人财产分布。通过个人所得税，调节个人的劳动收入和非劳动收入，使之维持在一个合理的差距范围内。

运用不同种类和不同水平的税率进行调节。通过超额累进税率，对高收入的居民征收更多的个人所得税，以缩小居民之间的收入差距。通过差别比例税率对不同行业、不同产品的企业利润水平进行调节，以消除客观因素对企业利润水平的影响。通过超率累进税率，对房地产交易过程中形成的级差收入进行调节。

税收可以调节国民收入。政府可以通过减税以提高国民收入水平，或增税以降低国民收入的增长幅度。

税收调节还包括税种的增减、税率的变动、费用扣除额和起征点的调整、减免税的安排、征收范围的调整等手段。

(2) 支出调节

运用支出手段调节收入分配最直接的是运用转移性支出进行调节。如通过社会保障支出、救济支出、财政补贴支出等规模和结构的调整来保障社会成员中的弱势群体能够维持最低的生活水平和福利水平。

(3) 工资调节

通过制定规范的工资制度、调整工资差异和工资水平直接调节由国家预算拨款的公务员以及文教科卫等事业单位职工的收入分配，并以此引导整个社会的个人劳动收入分配。

(4) 其他调节

财政通过其各种收支活动，对生产、投资、消费等产生影响，进而影响市场、就业等方面，最终影响企业的利润水平和居民个人的收入水平。

三、促进经济稳定发展职能

1. 经济稳定与发展的含义

经济稳定是指整个国民经济在一定时期内处于一种均衡和谐的状态，避免因经济大起大落而形成周期性波动。经济稳定要求保持适度的经济增长、实现充分就业、物价稳定和国际收支平衡。

小资料 1-2

适度的经济增长、实现充分就业、物价稳定和国际收支平衡是一国宏观经济追求的四个目标。经济增长要适度，既不能过高，也不能过低，在我国 GDP 保持每年 8% 的增长速度被认为是适度的。充分就业不可理解为百分之百就业，失业率控制在 3%～5% 的幅度内，通常被认为已经实现了充分就业，因为随着科技的进步、经济结构的调整，社会在一定时期总会有人处于就业岗位的转换过程中。物价稳定不能理解为物价固定不变，而应是物价总水平的稳定，物价上涨率控制在 5% 以下，通常是社会可以容忍的。经济稳定要求国际收支不出现大的逆差和顺差。

发展是指在产出增长的同时，经济结构、社会结构、政治条件、思想文化观念等都发生显著的变化。例如，随着经济的增长，农业的比重相应下降，城镇人口增加，公用事业、金融、贸易、服务等第三产业的比重上升；人口素质提高，受教育程度提高，医疗服务水平上升，健康水平提高，平均寿命延长，思想文化观念更新等等。

2. 财政促进经济稳定发展职能的含义、内容及其手段

财政促进经济稳定发展职能是指财政根据现实的社会经济状况，通过调节财政收支的规模与结构，或运用其他财政手段，实现一定时期社会经济发展宏观目标的功能。

财政促进经济稳定发展职能的主要内容是：保持经济稳定、促进社会发展。

财政实现经济稳定发展职能的主要手段如下。

(1) 运用"相机抉择"的财政政策保持经济稳定

经济稳定的目标集中体现为社会总供给和社会总需求的大体平衡。财政政策是保持社会总供给和总需求大体平衡的重要手段之一。财政政策既可以影响总需求，又可以影响总供给。

当总需求超过总供给时，经济处于过热状态。为了抑制总需求、增加总供给，财政可以实行紧缩政策，即减少财政支出、增加税收，或者双管齐下，以期实现总供给和总需求的大体平衡。

当总供给超过总需求时，经济处于萧条状态。为了抑制总供给、增加总需求，财政可以实行宽松政策，即增加财政支出、减少税收，或者二者并用，以期实现总供给和总需求的大体平衡。

当总供给与总需求大体平衡时，经济处于稳定状态。为了保持经济的稳定，财政可以实行中性政策，即保持财政收支的大体平衡。

这种针对不断变化的经济形势而灵活地变化支出和收入的方式，被称为"相机抉择"的财政政策。

(2) 运用"自动稳定器"自动调节经济，以利于经济稳定

财政实践中的某些制度性安排可以发挥"自动"稳定经济的作用，比较典型的有累进税制度和社会救济制度。当经济繁荣时，失业人口减少，居民收入提高，高收入者增加，在累进税制度下，更多的居民适用较高的税率从而多缴税。在一定的社会救济制度下，需要救济的人口减少，社会救济支出减少。这两项制度都会在经济繁荣时减少社会总需求，防止经济过热。当经济萧条时，失业人口增加，居民收入降低，低收入者增加，在累进税制度下，更多的居民适用较低的税率从而少缴税。在社会救济制度下，需要救济的人口增加，社会救济

支出增加。这两项制度都会在经济萧条时增加社会总需求，促使经济复苏。

(3) 增加科教文卫支出的比重，促进社会的全面发展

对发展中国家来说，财政对文教科卫事业的支持，有利于其消除贫困、失业、文盲、疾病和收入分配不公平等现象，这本身就是社会发展的标志。文教科卫事业的发展也将有力地促进经济的增长和经济结构的转换。

★★★★★ **本章学习路径** ★★★★★

本章包括三方面内容：一、财政的一般概念；二、公共财政；三、财政的职能。

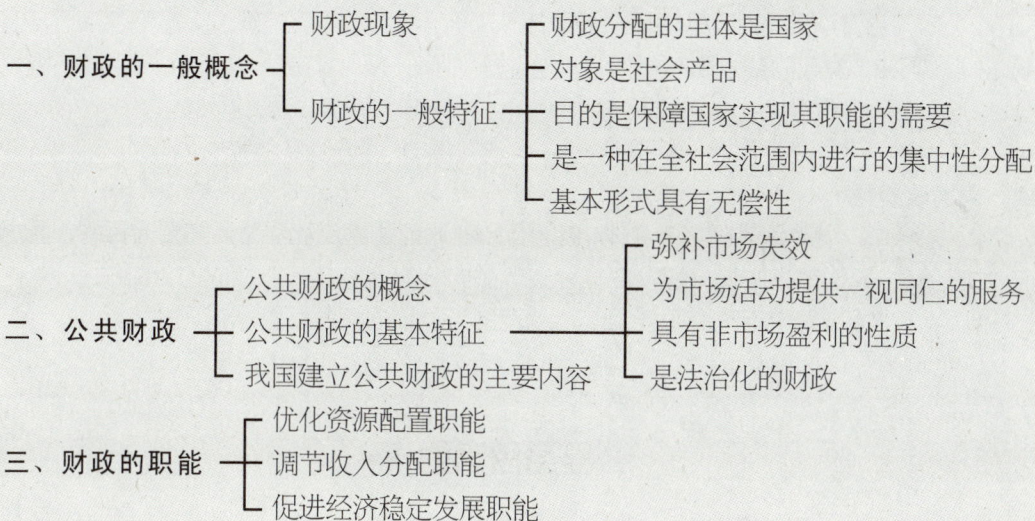

一、财政的一般概念
- 财政现象
- 财政的一般特征
  - 财政分配的主体是国家
  - 对象是社会产品
  - 目的是保障国家实现其职能的需要
  - 是一种在全社会范围内进行的集中性分配
  - 基本形式具有无偿性

二、公共财政
- 公共财政的概念
- 公共财政的基本特征
  - 弥补市场失效
  - 为市场活动提供一视同仁的服务
  - 具有非市场盈利的性质
  - 是法治化的财政
- 我国建立公共财政的主要内容

三、财政的职能
- 优化资源配置职能
- 调节收入分配职能
- 促进经济稳定发展职能

实 训 题

一、填空题

1. 财政的产生必须具备两个最基本的条件：一个是 _____ ，一个是 _____ 。

2. 财政是以 _____ 为主体，以履行 _____ 和 _____ 为目的，通过政府收支活动，_____ 集中地分配一部分 _____ 的分配活动及其所形成的分配关系。

3. 财政的职能通常包括以下三个方面 _____ 、 _____ 、 _____ 。

二、单选题

(   ) 1. 下列各项中不属于财政现象的是 _____ 。

    A. 交警维持交通秩序　　　　　B. 政府拨款救济灾民

    C. 国有企业给职工发工资　　　D. 政府投资建地铁

(   ) 2. 下列各项中不属于纯社会公共需要的是 _____ 。

    A. 行政管理　　　　　　　　　B. 高等教育

    C. 普及教育　　　　　　　　　D. 生态环境保护

三、多选题

（　　）1. 下列各项关于财政一般特征的表述正确的是 _____。

A. 财政分配的主体是国家

B. 财政分配的对象是社会产品

C. 财政分配的目的是保障国家实现其职能的需要

D. 财政分配的基本形式具有无偿性

（　　）2. 下列各项中属于公共财政基本特征的是 _____。

A. 公共财政是弥补市场失效的财政

B. 公共财政应当为市场活动提供公正公平的服务

C. 公共财政具有非市场盈利的性质

D. 公共财政是法治化的财政

（　　）3. 财政的基本职能包括 _____。

A. 提供社会保障职能　　　　　　B. 优化资源配置职能

C. 调节收入分配职能　　　　　　D. 促进经济稳定发展职能

四、判断改错题

（　　）1. 财政是以国家为主体，以履行政府职能和满足社会公共需要为目的，通过政府收支活动，无偿地集中地分配一部分社会产品的分配活动及其所形成的分配关系。

（　　）2. 合理界定政府职能及其活动范围与财政的资源配置职能无关。

复习思考题

1. 试举出几种财政现象和当前处于热点的财政问题。

2. 财政的一般特征有哪些？

3. 财政的本质是什么？

4. 什么是公共财政？公共财政的基本特征是什么？

5. 财政的职能有哪些？

第二章　财政支出

【学习目标】

通过本章的学习，了解财政支出的含义和几种主要的分类；掌握财政支出规模的变化趋势及其影响因素，掌握购买性支出的内容及其管理，掌握转移性支出的内容及其意义；弄清在安排和组织财政支出时，如何贯彻优化财政支出结构、提高支出效益的原则。

第一节　财政支出概述

一、财政支出的概念及形式

1. 财政支出的概念

财政支出是指国家把通过财政收入集中起来的资金，按照一定的方式和渠道，有计划地进行分配的过程，它为政府职能的实现提供了直接的财力支持。

2. 财政支出的形式

财政支出的形式是指国家供应财政资金的具体方式。财政支出的形式通常有以下两种：

(1) 无偿拨款方式

无偿拨款方式是财政部门直接将资金拨付给有关部门和单位使用，不要求使用的部门和单位偿还。

(2) 有偿贷款方式

有偿贷款方式是财政部门把其所掌握的资金采取信贷的方式支付给有关部门和单位使用，并收取一定的利息或占用费。

图表 2-1

财政支出形式适用范围和地位对比表

财政支出的形式	适用范围	地位
无偿拨款方式	满足纯粹的社会公共需要，如行政管理、国防、外交等经费支出，文化、科学、教育等社会事业经费支出，社会优抚、社会救济等社会保障事业资金支出	财政支出的主要形式
有偿贷款方式	有稳定收入来源、具备偿还能力的从事生产经营活动的企事业单位的生产性投资项目的建设	

二、财政支出的分类

分类的标准不同，财政支出的类别也不同。财政支出的分类标准及其划分的具体类别如下：

1. 按财政支出的具体用途分类

按照财政支出具体用途分类的项目也就是预算支出的科目，具体包括：基本建设投资支出，企业挖潜改造支出，科技三项费用支出，地质勘探费支出，支援农业生产支出，工业、交通、商业等部门的事业费支出，文教科卫事业费支出，抚恤和社会福利救济费支出，国防支出，政策性补贴支出以及其他支出。

2006年我国国家财政主要支出项目数额　　　　　　　单位：亿元

财政支出主要项目	财政支出数额
一、基本建设支出	4 390.38
二、企业挖潜改造资金和科技三项费用	1 744.56
三、流动资金	16.58
四、地质勘探费	141.82
五、工业、交通、流通部门事业费	581.25
六、支农支出	2 161.35
七、城市维护建设支出	1 698.69
八、文教、科学、卫生支出	7 425.98
九、抚恤和社会福利救济	907.68
十、社会保障补助支出	2 123.90
十一、国防支出	2 979.38
十二、行政管理费	3 355.81
十三、公检法司支出	2 174.23
十四、武装警察部队支出	388.03
十五、外交外事支出	109.01
十六、对外援助支出	82.37
十七、支援不发达地区支出	220.10
十八、政策性补贴支出	1 387.52
十九、其他部门的事业费	1 461.60
二十、其他支出	3 721.90
二十一、中央预备费	
二十二、地方预备费	
二十三、教育费附加支出	388.64
二十四、行政事业单位离退休支出	1 330.20
二十五、车购税收入安排的支出	656.36
二十六、国内外债务付息支出	975.39
全国财政支出合计	4 0422.73

1. 按财政支出与国家职能的关系分类

按财政支出与国家职能的关系分类，财政支出可以分为以下五大类：

(1) 经济建设支出

经济建设支出主要包括：基本建设投资支出，企业挖潜改造支出，科技三项费用支出，地质勘探费支出，支援农业生产支出，工业、交通、商业等部门的事业费支出，城市维护费支出，国家物资储备支出等。

(2) 科教文卫支出

科教文卫支出包括文化、教育、科学、卫生、出版、通讯、广播、文物、体育、地震、海洋、计划生育等经费、研究费和补助费等。

(3) 行政管理支出

行政管理支出包括用于国家行政机关、事业单位、公安机关、司法检察机关、驻外机构的各种经费、业务费、培训费等。

(4) 国防支出

国防支出包括各种武器和军事设备支出，军事人员给养支出，有关军事的科研支出，对外军事援助支出，用于实行兵役制的公安、边防、武装警察部队和消防队伍的各种经费以及防空经费等。

(5) 其他支出

其他支出包括财政补贴、对外援助支出等。

图表2-3

我国国家财政按国家职能分类的支出数额   单位：亿元

年　份	财政 支出总额	经济 建设费	科教 文卫费	国防费	行政 管理费	其　他
1978	1 122.09	718.98	146.96	167.84	52.90	35.41
1992	3 742.20	1 612.81	970.12	377.86	463.41	318.00
2003	24 649.95	7 410.87	6 469.37	1 907.87	4 691.26	4 170.58
2006	33 930.28	9 316.96	8 953.36	2 474.96	6 512.34	6 672.66

3. 按财政支出是否与商品和劳务相交换分类

按财政支出是否与商品和劳务相交换为标准，可以将财政支出分为购买性支出和转移性支出两大类。

(1) 购买性支出

购买性支出是指政府在商品和劳务市场购买所需商品和劳务的支出。这类支出不仅包括政府购买日常行政管理所需商品与劳务的支出，如文教、行政、国防支出等；而且还包括政府投资兴办各种事业所需商品与劳务的支出，如政府各部门投资拨款。

小知识2-1

购买性支出和转移性支出的经济性质不同，对社会经济的影响也就不同。购买性支出在经济性质上是以财政资金等价交换市场上的商品和劳务。购买性支出具有较强的资源配置功能。

转移性支出通过资金的单方面支付转移了资金的使用权和支配权，其资金的使用权和支配权从政府转移到受益者手中，这对收入分配产生了直接影响。转移性支出具有较强的收入分配功能。

---

(2) 转移性支出

转移性支出是指政府不通过商品劳务市场，不以取得商品和劳务为交换条件的，单方面的、无偿的资金支付。这类支出大体包括社会保障支出、各种财政补贴、捐赠支出和债务利息支出等。

国家不同，购买性支出和转移性支出分别占总支出的比重也不同。同一个国家在不同的发展阶段，购买性支出和转移性支出占总支出比重也是不同的。

图表 2 - 4

国家购买性支出与转移性支出所占比重（％）

支出类别	发达国家	发展中国家
购买性支出	45.2	61.5
其中： 经常性支出	34.9	50.1
资本性支出	10.3	11.4
转移性支出	41.0	22.5
其中： 国债利息	5.6	5.5
补助金	35.4	17.0
其他	13.8	16.0
合计	100.0	100.0

4. 按财政支出的最终用途分类

按财政支出的最终用途，可以将财政支出分为以下三大类。

(1) 补偿性支出

补偿性支出是指用于补偿已消耗的生产资料的支出，如企业挖潜改造资金支出。

(2) 消费性支出

消费性支出是指用于满足社会性消费和部分个人消费方面的支出，如文教科学卫生事业费、抚恤和社会救济费、行政管理费、国防战备费等。

(3) 积累性支出

积累性支出是指用于扩大再生产、增加固定资产的支出，如基本建设支出，流动资金支出，国家物资储备以及新产品试制、地质勘探、支农、各项经济建设事业及城市公用事业等支出中增加固定资产的部分。

5. 其他分类

①按政府部门分类，可以把财政支出分为工业、农业、交通、邮电、商业、文化、教育、国防、外交等部门的支出。

②按照与生产的关系分类，可以把财政支出分为生产性支出和非生产性支出。

③按照与投资、资产经营的关系分类，可以把财政支出分为经常支出和资本支出两大类。

财税金融

第二节　财政支出的规模及其影响因素 *

一、财政支出规模的衡量指标及其发展趋势

1. 财政支出规模的概念及其衡量指标

财政支出规模是指一个国家（或一级政府）在一定时期内财政支出在总体上所呈现的数量水平。财政支出规模可以用绝对数表示，也可以用相对数表示。财政支出规模的绝对数指标通常是财政支出总额，其相对数指标通常是财政支出占国内生产总值（或国民生产总值、国民收入）的比重。

2. 财政支出规模的发展趋势

根据历史数据，西方经济发达国家，财政支出无论在绝对数还是相对数上都呈现出不断增长的趋势。

图表 2 – 5

西方主要经济发达国家财政支出占国内生产总值的比重（％）

年份 国别	1954	1973	1980
丹麦	34.9	41.2	48.1
法国	34.9	43.4	45.2
联邦德国	31.9	40.5	46.2
意大利	28.5	37.7	46.5
荷兰	31.4	49.0	57.7
英国	34.0	40.7	41.7
美国	26.9	31.1	32.7

上述资料表明，西方经济发达国家，财政支出在绝对数和相对数上不断增长的趋势是一种规律性的现象，这与政府活动范围及其职能的不断扩大相一致。

在自由市场经济时期，国家采取自由放任的政策，对经济活动不加干预，国家的职能仅限于维持社会秩序和保卫国家安全；政府的活动范围比较狭窄，在经济、文化、社会等方面很少有所作为。因此这一时期，财政支出总额很小，财政支出占 GDP 的比重也比较小。

在国家干预市场经济时期，政府活动范围及其职能不断扩大，财政支出的规模必然日益增长。为了弥补市场缺陷、克服经济危机、促进经济发展，西方发达国家都不同程度地加强了国家对经济的干预。同时为了防止收入分配过分悬殊导致社会矛盾激化，维持社会稳定，并提高劳动人民的生活福利水平，不得不增加社会保障支出。随着科学技术和教育事业在经济发展中的地位日益重要，用于文教科学卫生等社会性支出也不断增长。

从绝对数指标来看，我国财政支出总额也是不断增长的，这与西方发达国家的财政支出的变化趋势是一致的。但从相对数指标来看，我国财政支出占 GDP 的比重却呈现出先降后升

的变化趋势。这与西方发达国家的变化趋势有着很大不同。

图表 2-6

我国改革开放以来财政支出占 GDP 的比重

年　份	财政支出总额 （亿元）	国内生产总值（GDP） （亿元）	财政支出占 GDP 的比重（%）
1978	1 122.09	3 624.10	30.96
1981	1 138.41	4 862.40	23.41
1982	1 229.98	5 294.70	23.23
1985	2 004.25	8 964.40	22.36
1992	3 742.20	26 638.10	14.05
1995	6 823.72	58 478.10	11.67
1996	7 937.55	67 884.60	11.69
1997	9 233.56	74 462.60	12.40
1998	10 798.18	78 345.20	13.78
1999	13 187.67	82 067.50	16.07
2000	15 886.50	89 468.10	17.76
2002	22 053.15	104 790.60	21.04
2003	24 649.95	116 898.40	21.08
2005	33 930.28	183 084.80	18.53

注：财政支出总额来源于国家财政按功能性质分类的支出表，国内生产总值来源于国家财政收入占 GDP 比重表，财政支出占 GDP 的比重依据以上两类资料计算得出

在经济体制改革前，我国财政支出占 GDP 的比重较高，这是由"统收统支"的计划经济体制决定的。改革开放以后至 1995 年，我国财政支出占 GDP 的比重不断下降，并且呈现出幅度大、速度快的特点。这与国家推行放权让利给企业和劳动人民的政策密切相关。从 1996 年开始，为了扭转我国财政支出占 GDP 的比重过度下滑的不正常状况，我国政府有意识地提高财政支出的规模，使得财政支出占 GDP 的比重出现了缓慢回升的趋势。

二、影响财政支出规模的因素

影响财政支出规模的因素很多，归纳起来主要包括经济因素、政治因素和社会因素。

1. 经济因素

影响财政支出规模的经济因素主要包括经济发展水平、经济体制和政府对经济的干预程度等。

一般说来，经济发展水平越高，财政支出的规模就越大。在经济发展的早期阶段，为了促进经济发展，政府大量投资于社会基础设施，如道路、运输系统、环境卫生系统、法律与秩序、健康与教育等。在这一阶段政府投资在社会总投资中所占的比重较高。在经济发展的成熟阶段，财政支出将从基础设施支出转向教育、保健与福利等各项社会性支出。由此可见，在经济发展的不同时期，财政支出的结构会呈现出不同的特点，但财政支出的规模却始终随着经济的发展而不断扩大。

一般说来，实行高度集中经济管理体制的国家，其财政支出的相对规模会很大；实行市场经济体制的国家，财政支出的规模不仅应该维持在相对较高的水平上，而且应随着市场经济的发展而不断增长。在由计划经济向市场经济转轨的初期阶段，财政支出的相对规模必然会经历一个快速下滑的过程。我国改革开放以来财政支出相对规模的变化趋势就是经济体制影响财政支出规模的最好例证。见图表 2 － 6 及其注释。

国家干预经济的程度低，财政支出的规模便很小；国家干预经济的程度高，财政支出的规模就大。实践证明，在由自由市场经济向国家干预市场经济发展的过程中，国家干预经济从无到有，干预程度从低到高，财政支出的规模也从小到大，其中国家干预经济这一因素对财政支出规模的影响最为明显。

2. 政治因素

影响财政支出规模的政治因素主要包括政局稳定状况和政体结构的行政效率。如果一国政局不稳，出现内乱、外部冲突甚至战争等突发事件时，财政支出的规模必然会超常规地扩大。但当政局不稳定的因素消除以后，已经膨胀了的财政支出规模并不会回复到原来的水平。

通常情况下，行政效率高，政府可以用较少的资源满足较多的公共需要，也就是通常所说的少花钱多办事，财政支出的规模相对于低效率的政体结构而言必然处于较低的水平；如果行政效率低，提供一定的公共服务，需要消耗较多的资源，多花钱未必能办好事，财政支出规模的增长也就确定无疑了。通常，行政机构臃肿、职能交叉重叠、办事推诿扯皮、人浮于事，都是行政效率低下的表现。

小资料2-2

我国改革开放以来国务院机构改革情况

1982 年至今，我国先后进行过五次大的行政管理体制改革。1982 年国务院 100 个部门裁了 39 个；1988 年，国务院组成部门、直属机构由原有的 67 个缩减为 60 个，国务院人员编制比原来减少了 9700 多人；1993 年国务院组成部门，直属机构从原有的 86 个减少到 59 个，人员减少 20%；1998 年，国务院的 40 个组成部门，仅保留 29 个；2003 年设立国务院国资委、银监会，组建商务部、国家食品药品监督管理局。

作为改革开放后的第六次国务院机构大改革，"大部门体制"改革方案正处于证求意见的尾声。

在新一轮机构改革中，国务院组成部门的改革重点将依然是三个方面：一是对具有经济调节和市场监管职能的部门进行改革，加强宏观调控，减少微观干预；二是对具有公共服务职能的部门进行改革，通过机构改革促进事业单位改革；三是对国有企业进行改革，为市场经济的进一步发展创造良好的竞争环境。

近日完成了一份关于政府机构改革的课题报告。该报告建议，大部门体制改革可分两个阶段进行，2008 年小范围试点大部制，在交通和农业等领域试点，总结经验教训；然后在事业单位改革逐步推进的基础上，推进公共服务领域的机构改革。2013 年在巩固以注改革成果基础上，进一步进行政治、职能和组织层面的改革。

中华人民共和国国家经济贸易委员会大门

3. 社会因素

人口状况、文化背景、风俗习惯、民族传统等社会因素，在一定程度上也对财政支出的规模产生影响。人口规模、结构、素质、经济状况及其发展趋势都会影响财政支出的规模。发展中国家人口基数大，增长快，决定了发展中国家必须安排足够的财政支出用于教育、保健以及救济贫苦人口的需要。一些经济发达国家，人口出现老龄化趋势，公众对改善社会生活质量抱有较高的期望，因此对养老、医疗等社会保障和社会福利，环境保护，娱乐，休闲，保健等方面提出了新的更高的要求，对增加财政支出的规模产生了不小的影响。

第三节　财政支出的原则*

通过国家参与社会产品的分配和再分配而取得的各项财政收入，必须合理分配和正确使用，以便有效地实现政府的各项职能，维持社会的稳定，促进经济的发展。所以政府对各项财政支出资金的安排和使用，必须遵循若干基本的行为准则。而政府在安排和组织财政支出的过程中应遵循的基本行为准则就是财政支出的原则。目前，我国的财政支出应遵循以下原则。

一、支出总量适度原则

坚持支出总量适度的原则就是在财政工作中贯彻执行"收支平衡、略有节余"的财政工作方针。为此，必须注意以下几个方面的问题：

1. 有效满足社会公共需要

向社会提供公共产品和服务是国家的基本职能。财政支出必须确保国家基本职能的实现。政府在统筹安排各项财政支出时，必须优先考虑满足社会公共需要所必需的财政资金，这是一定时期财政支出规模的起点。用于满足社会公共需要的财政支出，必须以节约、高效为前提。政府的职能应该科学界定，政府的活动范围应该限定在实现政府职能的合理限度内。各项社会公共需要必须突出重点、合理安排、统筹兼顾。

这类支出的突出特点是具有较强的硬性约束，很难削减，属于政府必须确保的支出。

2. 促进经济稳定健康发展

促进经济稳定健康发展是财政的基本职能之一。通常情况下，现代市场经济国家财政在满足了社会公共需要这一最低需要的基础上，还要满足经济建设支出的需要。财政通过一定时期经济建设支出总量及其结构的安排，以达到社会稳定、经济发展、人民生活水平提高等宏观调控目标。

政府满足经济建设支出的需要属于第二层次的需要，这类支出虽然是重要的财政支出项目，但是政府在安排这类支出的总量和结构时具有较大的灵活性。在具体安排财政支出时，政府有必要对财政收入来源进行认真的分析，在确保满足了社会公共需要之后，再根据财力的允许范围，实事求是地安排各种经济建设支出项目，防止超出国力、增加财政负担，切实做到量力而行。

3. 坚持量入为出的理财思想

在安排财政支出时，坚持量入为出的理财思想，就是要坚持财政支出总量不能超过财政收入总量。财政收入和财政支出是财政分配的两个不同的重要环节，受不同因素的影响。一个国家一定时期的财政收入，由于受到客观经济因素的制约，是不可能无限扩张的，总存在一个不可强行突破的最高界限。财政支出是为了满足社会公共需要和经济建设支出需要的，经济和社会发展以及政府职能的实现都要求财政给予更多的支持。因此，这就产生了财政收入与财政支出的矛盾。在安排财政支出时，如果不坚持量入为出的理财思想，财政支出的需要就会大大超过财政收入的可能，形成巨额的财政赤字，对经济和社会的稳定发展造成一定的不利影响。坚持量入为出的理财思想，就是在安排财政支出时，要保持清醒的头脑，防止财政支出总量的失控，坚持把财政支出的总量控制在财政收入可以提供的总量限度内。

二、优化支出结构原则

优化财政支出结构是指对现存的财政支出结构进行适度调整，改变其与国民经济和社会发展的现状，以及和发展变化趋势不相适应的部分，以促进经济和社会的协调发展。

小知识2-2

财政支出结构是指财政支出的各个类别、各个项目及其比例关系。在市场经济的发展过程中，财政支出结构的变化具有一定的规律性。在经济发展的早期，投资性支出占财政支出的比重较大，社会性支出所占的比重相对较低。在经济发展的中期，投资性支出的比重呈现逐步下降的趋势。到经济发展的成熟期，社会福利和社会保障等方面的社会性支出急剧增长。

小资料2-3

在西方发达国家，社会性支出通常超过财政支出的一半以上，如德国已超过60%。在社会性支出中教育经费也保持了一个较高的比重，如20世纪80年代的美国为14%，法国为8%。社会福利和社会保障支出所占的比重相当高。1980年和1984年，美国联邦政府支出中社会保险福利支出所占的比重分别为34.11%和32.08%，同期德国分别为49.23%和50.22%。

实现财政支出结构的优化，要处理好以下两个方面的关系。

1. 正确处理购买性支出和转移性支出的关系

购买性支出和转移性支出的比重不同，财政支出对社会经济的整体影响也就不同。这主要是由这两类支出的不同职能决定的。购买性支出具有显著的资源配置职能，影响国民经济运行的效率；转移性支出具有显著的收入分配职能，成为缩小收入差距、实现公平分配的重要工具。如果购买性支出的比重较高并且支出合理，则财政支出的资源配置功能较强，经济运行的效率也比较高。如果转移性支出的比重提高，则财政支出的收入分配功能增强，能更好地体现收入的公平，为构建和谐社会创造条件。

2. 正确处理投资性支出与社会公共消费性支出的关系

投资性支出有利于社会经济的发展；社会公共消费性支出有利于保持社会经济的正常运行，维持社会经济的现状。所以投资性支出与社会公共消费性支出的比例关系实质上就是财政支出中的发展性支出与维持性支出的比例关系。

发展是硬道理，政府通过投资性支出促进经济的发展是非常必要的。但投资和消费是一对矛盾。在财政支出总量一定的情况下，用于投资性支出增加了，用于社会公共消费性支出就可能会减少。消费不仅是生产的目的，而且消费对生产会产生一定的影响。消费需求不足，会抑制生产的发展，消费需求膨胀会导致生产过热。所以必须正确处理投资性支出与社会公共消费性支出的关系，坚持"先维持，后发展"的顺序，坚持先保证基本的"吃饭"问题，然后再根据量力而行的原则来安排发展性支出。

小资料2-4

进一步调整和优化支出结构，加大以改善民生为重点的社会建设的投入力度。要按照完善公共财政体系的要求，统筹兼顾，有保有压，调动各级政府的积极性，整合各种财政资源，增加对公共服务领域的投入，优先保障和改善民生，向新农村、新牧区建设倾斜，向社会事业发展的薄弱环节倾斜，向困难地区、基层和群众倾斜。重点加大对"三农"、教育、科技、医疗卫生、就业、社会保障、住房保障、生态环境、节能减排、信息网络等方面的投入。要规范收入分配秩序，发挥财税政策稳定物价的作用，密切关注价格上涨对民生的影响，及时落实各项财政补贴政策，进一步提高城乡居民收入水平，促进社会和谐稳定。

三、讲究支出效益原则

资源是有限的，资源的使用必须讲究效益。在市场经济条件下，政府和私人部门都能够根据自身的原则和特点有效使用资源。在不同的领域，政府和私人部门使用资源的效益是不同的。当某一领域，由政府占有资源比由微观主体占有资源能发挥更大效益时，这一领域就应该由政府占有资源并加以支配使用，如国防、外交、义务教育、基础科研等，这必然会增加整个社会的利益。

由此可见，优化财政支出结构，本身就体现了讲究效益的原则。提高财政支出的效益是财政支出的核心问题，其应该采取的措施和方法，比优化财政支出结构要广泛得多。其主要的措施包括以下三个方面：

1. 在提高财政支出预算科学性和合理性的基础上，严格按照政府预算使用财政资金

在安排财政支出时，要合理确定财政支出项目。对于已经确定的财政支出项目，要根据当时的社会经济实际情况进行科学排序，尽可能准确地分出轻重缓急，真正做到有保有压有倾斜。在具体确定财政支出各项目的数额时，一定要精打细算，并通过法定的程序列入政府预算。预算获得批准之后，一定要按照已批准的政府预算使用各项财政资金，不得随意调整。

2. 完善与财政支出相关的管理制度，加大对违法违纪行为的查处力度

目前我国行政事业单位的财经制度还不太完善，财政支出在使用过程中还存在着一些漏洞，还存在着较多的"跑、冒、滴、漏"现象。所以，要进一步完善行政事业单位的财经制度，强化财经纪律，加强对财政支出资金使用过程的监督管理和政府审计；在财政支出的使用过程中要切实奉行厉行节约、讲究效益的理财思想；在监督检查过程中发现违法违纪行为的，要坚决依法处理。

3. 运用科学方法进行决策和引导，提高财政支出预算编制、执行全过程的效益

提高财政支出的效益，不仅要注重财政支出预算执行过程的管理，还要注重财政支出预算编制过程的管理。要注意运用科学的决策方法，如成本——效益分析法、最低费用选择法等，对财政支出各项目进行效益分析，为选择各项目的具体方案提供依据。也可以选择一些行之有效的管理方法，如公共劳务收费法、政府采购制度等，引导行政事业单位提高财政支出的效益。

(1) 成本——效益分析法

成本——效益分析法的具体步骤是：根据政府确定的建设目标，拟订若干具体方案；预计每一个具体方案的全部成本与全部收益，并进行成本效益分析；根据分析结果进行比较，选择效益最高的项目作为政府投资项目。政府的经济建设支出通常可以采用这种方法分析确定。

(2) 最低费用选择法

最低费用选择法的具体步骤是：根据政府确定的建设目标，拟订若干备选方案；然后分别计算出各备选方案的各种有形费用并相加；根据计算结果，按各备选方案费用高低的顺序进行排序；最后选择费用最低的方案作为最佳方案。该方法多被用于军事、政治、文化、卫生等财政支出项目上。

该方法不预计各备选方案的收益，因而也就不计算各备选方案的效益，进而不以各备选方案效益的高低为标准进行项目评价，而直接以各备选方案有形成本的高低作为选择标准。

(3) 公共劳务收费法

公共劳务收费法是指通过公共劳务的定价，使公共劳务得到最有效、最节约的使用，并达到提高财政支出效益的目的。公共劳务的定价包括免费、低价、平价、高价四种。

图表2-8

公共劳务各种定价方法的适用范围对比表

定价方法	适用范围	
	公共劳务类别	具体公共劳务
免费或低价	普遍使用或需要鼓励使用的公共劳务	义务教育、卫生保健、计划生育用品、公园等
平价	无需特别鼓励也无需特别限制的公共劳务	邮电、医疗、公路、铁路等
高价	必须限制使用的公共劳务	居民身份证件的补办等

小资料2-5

公共劳务在财政学上是指国家机关为了行使其职能而展开的各项工作，包括军事工作、行政工作、城市给排水工作、道路的建设与维修工作、住宅供应工作和邮电工作等。

(4)政府采购制度

（将于本章第四节第四部分详细介绍）

小资料2-6

为加强财政支出管理，建立科学、规范、高效的财政资金分配和管理体系，启东市政府已出台了财政支出绩效评价试行办法。该办法确定财政支出绩效评价以经济性、效率性、有效性、真实性、科学性、规范性和定量分析与定性分析相结合为原则。采取成本效益比较法、目标预定与实施效果比较法和专家评议与问卷调查法（公众评判法）等方法进行财政支出绩效评价。

第四节 购买性支出

一、购买性支出的内容及其对经济的影响

1. 购买性支出的内容

政府购买性支出是指政府在商品和劳务市场上购买商品和劳务所形成的那部分财政支出，包括社会公共消费性支出和政府投资支出两大类。如果政府购买的商品和劳务是用于政府各部门开展日常的政务活动，则这部分购买性支出应属于社会公共消费性支出，包括政府各部门的事业费（如国防费、行政管理费、科教文卫支出等）。如果政府购买的商品和劳务是用于政府各部门的投资拨款，则这部分购买性支出应属于政府投资支出。政府投资性支出形成固定资产，包括政府对基础设施、基础产业、支柱产业、住宅建设等方面的基本建设支出和更新改造支出。

财税金融

政府职能范围不同，社会公共消费性支出和政府投资性支出在政府购买性支出中的比重也不同。发达国家政府投资性支出的比重相对较小，是因为其政府职能侧重于提供公共产品和公共服务。发展中国家政府投资性支出的比重一般较高，是因为其肩负着发展经济、改善公共设施的重任。

购买性支出最突出的特点是直接性、等价性和市场性。直接性是指政府直接以商品和劳务的普通购买者的身份采购商品和劳务，政府直接参与市场活动，成为微观市场活动的重要主体之一。等价性是指政府在采购商品和劳务的过程中必须遵循等价交换的原则，政府在获得商品和劳务的同时，必须向商品和劳务的提供者支付等额的资金。市场性是指在购买性支出的形成过程中，供需双方除了必须遵循等价交换的原则之外，还必须遵循其他各项市场规则，如公平竞争、平等、合法等。

2. 购买性支出对经济的影响

购买性支出的特点显示了其与市场运行的密切关系，购买性支出能够对市场运行产生直接的影响。市场的一项重要功能就是资源配置，所以购买性支出能够对资源配置产生直接的影响。

(1) 购买性支出总量的增减直接影响国民经济总量的变动

购买性支出的增减影响国民经济总量变动的过程如图表 2 — 9 所示：

图表 2-9

购买性支出的增减影响国民经济总量变动的过程图

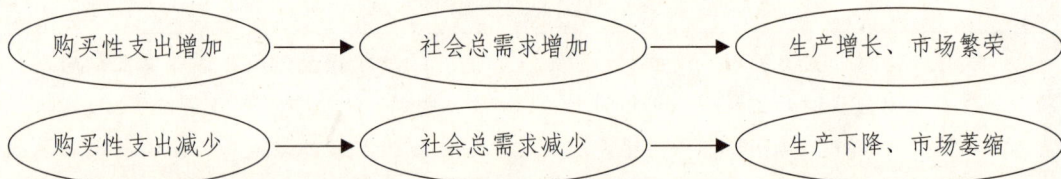

(2) 购买性支出结构的变动直接影响经济结构的变动

经济结构的变动反映了资源配置状况的变化。购买性支出的结构是指政府购买的各种商品和劳务的数量及其比例。如果政府增加某种商品或劳务的购买，必将引起该商品或劳务需求的增加，进而引起该商品或劳务生产的增长，资本利润和劳动报酬也将随之增长。在政府购买性支出总量不变的情况下，政府增加某种商品或劳务的购买，必将减少对另一种商品或劳务的购买，该商品或劳务需求必将减少，导致该商品或劳务生产的萎缩，资本利润和劳动报酬也将随之减少。一种商品或劳务的萎缩，另一种商品或劳务的增长，必然引起资源的重新配置和经济结构的变动。

(3) 购买性支出对收入分配产生间接影响

购买性支出不是直接影响收入分配，而是直接影响市场，通过市场再间接影响收入分配。其作用过程可以参见图表 2 — 9 以及关于购买性支出结构的变动直接影响经济结构的变动的相关论述。

3. 购买性支出成为宏观经济调控的重要手段

一般说来，当经济过热时，为了减少总需求、抑制通货膨胀，政府可以削减购买性支出。当经济处于萧条阶段，为了刺激生产和投资需求，缓解生产萎缩和过度失业的矛盾，政府可以增加购买性支出。

二、社会公共消费性支出

1. 行政管理支出

(1) 行政管理支出的性质

行政管理支出是指国家各级权力机关、行政管理机关以及外事机构行使其职能所需要的经费支出。行政管理支出属于国家政权建设支出，具有社会消费性和非生产性。

(2) 行政管理支出的内容

在我国行政管理支出的具体内容包括：

①行政支出　行政支出包括行政机关经费、行政业务费、干部训练费和其他行政经费，主要是用于国家党政机关、民主党派和人民团体的经费。在我国，民主党派和人民团体虽不具有行政管理机关性质，但其经费视同国家机关经费。

②公安支出　公安支出包括公安机关经费、公安业务费、警校和公安干校经费和其他公安经费。

③司法检察支出　司法检察支出包括司法检察机关经费、业务费、司法学校及干部培训经费和其他司法检察经费。

④外交支出　外交支出包括驻外机构经费、出国费、招待费、国际组织会费、捐赠支出和其他外事费。

行政管理支出按其最终用途划分，可分为人员经费和公用经费两部分。

(3) 行政管理费的支出管理

行政管理费应本着"保障供给、厉行节约"的原则，严格控制，高效使用。结合目前我国经济体制和政治体制改革的实际，应当把握好以下几个问题：

①转变政府职能，合理界定政府的事权范围，精简机构　目前，行政管理机构臃肿、人员过多、支出过大的问题依然十分严重。据统计，我国吃"皇粮"的党政机关公务人员人数已经由改革初期的 1 000 多万人增加到目前的 3 000 多万人。为此必须大力推进机构改革，进一步精简机构，严格控制和压缩人员编制，真正转变政府职能。

②加强财务监管，严控行政经费开支　为了有效抑制行政管理费增长过快的势头，必须在建立健全行政财务管理制度的同时，利用审计、监察、物价等部门的资源优势和制度约束，加强财务监管，督促行政管理人员节约使用财政资金。

小资料2-7

李金华在 2007 年 12 月 26 日在北京召开的全国审计工作会议上说，2008 年审计工作重点主要有以下五个方面：

——加强对党中央、国务院提出的重大战略部署和各项重大任务贯彻落实情况的审计。

——继续注重查处重大违法违规和经济犯罪问题，维护国家资金和国有资产的安全。

——密切关注与人民群众利益关系紧密的财政资金使用情况。切实加强对农业、环保、社保、医疗、教育等关系民生的财政资金的监督，推进社会主义新农村建设，促进各项惠民政策的落实。

——加大效益审计力度。投入更多的力量，采取更为有效的措施，大力推进效益审计，逐步建立中国特色的效益审计模式。

——加强经济责任审计。把经济责任审计与财政审计、金融审计、企业审计结合起来，积极推进任中审计。

③加快机关单位后勤服务社会化改革步伐,提高后勤服务效率,减少行政管理费支出　机关单位后勤服务社会化改革的主要方法是：将机关中的后勤部门在人员编制、资产管理、经费预算等方面与行政机关分离；机关单位的各项后勤保障，如：用车、食堂、托幼、卫生保健及设备维修等，由机关单位按照市场原则从机关单位以外的服务类实体中获得。

2. 国防支出

国防支出是指财政用于国防建设、国防科研事业、军队正规化建设等方面的费用支出。同行政管理支出一样，国防支出也属于国家政权建设支出，具有社会消费性和非生产性。

我国的国防支出包括国防费、国防科研事业费、民兵建设费，以及用于专项工程的经费和其他的支出。

我国的国防费的开支从20世纪80年代开始基本上呈下降的趋势，国防支出在财政支出所占的比重，1980年为15.98%，2003年为7.74%。

安排国防支出必须考虑国际政治经济形势、国家财力以及政府调控经济的目标。当国际形势趋向缓和，国内以经济建设为中心，经济建设需要大量资金时，政府适当削减国防支出是合理的。但是，目前国际环境并不安宁，爆发局部战争的危险依然存在，国际恐怖组织活动猖獗，我国经济发展要取得举世瞩目的成就，我国政府适度增加国防支出是十分必要的。

小资料2-8

我国一贯坚持按照国防建设与经济建设协调发展的方针合理安排国防费。近年来，随着中国经济的发展，国防费用有所增加。根据国务院提请十届全国人大五次会议审议批准的2007年中央预算草案中的国防费预算为3509.21亿元，约合449.4亿美元。国防费预算比上年预算执行数增加529.9亿元，增长17.8%。国防费预算占当年全国财政支出预算的7.5%。2004年国防支出占全国财政支出的比重为7.7%，2005年为7.3%，2006年为7.4%，与前几年相比，所占比重大体持平。

2007年中国增加的国防费主要用于三个方面：一是提高军队人员工资和津贴标准，保证部队官兵及离退休干部收入水平随着经济社会的发展得到相应提高；二是提高军队公务事业费和伙食费标准，改善部队官兵训练、生活条件；三是适度增加装备建设经费，提高军队在信息化条件下的防卫作战能力。

3. 文教科学卫生支出

(1) 科教文卫支出的性质

科教文卫支出是指财政用于文教科卫等事业单位的经费支出。科教文卫支出的性质，可以从两个方面来考察：

①科教文卫支出属于社会公共消费性支出　文教科卫服务是一种准公共产品。教育是一

种准社会公共需要。一方面，接受教育是广大劳动人民应该享受的基本权利，教育水平的提高有利于促进社会经济的发展。另一方面，教育需要具有一定的排他性，即受教育者可以从教育服务中获得自身的社会经济利益，专业教育相对于义务教育更是如此。基础科研成果的成本很难通过市场规则，从运用科研成果所获得的利益中进行补偿，因而也具有准公共产品的性质。医疗卫生服务也具有同样的性质。由于科教文卫支出不包括政府对相关部门的投资性支出，所以科教文卫支出属于社会公共消费性支出。

②科教文卫支出属于非生产性支出　文教科卫等部门是非物质生产部门，它们不生产物质产品，也不提供生产性劳务。

文教科卫事业是推动社会经济发展的重要力量。科学技术是第一生产力。发达国家社会经济的发展、劳动生产率的提高，60%～80%归因于科学技术的进步。发达国家已经进入知识经济时代。我国为了迎接科技革命的挑战，抓住机遇大力发展经济，必须高度重视文教科卫事业的发展。在安排财政支出时，应保证科教文卫支出占有一个适当的比例，并随着经济的发展而逐步提高。

(2) 科教文卫支出的内容

科教文卫支出的内容多、范围广，因此，可以对其进行不同的分类。

①按支出的部门划分　科教文卫支出可以分为文化事业费、教育事业费、科学事业费、卫生事业费、体育事业费、通讯事业费、广播电视事业费以及出版、文物、档案、地震、海洋、计划生育等的事业费。

②按支出的用途划分　科教文卫支出可以分为人员经费支出和公用经费支出。

人员经费支出包括用于文教科卫等单位的工资、补助工资、职工福利费、离退休人员费用、奖学金等开支项目。

公用经费支出包括公务费（如办公费、水电费、会议费等）、设备购置费（如办公一般设备及车辆购置费、图书购置费等）、修缮费（如维修固定资产所开支的费用、零星的建筑工程费用等）、业务费（如科学考察研究费、教学实验费、生产实习费等）。

(3) 科教文卫支出的管理

科教文卫支出管理的任务是：保证供应、增强效果，努力做到"少花钱，多办事"。

科教文卫支出管理的主要措施：

①建立有效的事业单位预算管理形式　1996年10月，财政部对事业单位统一实行"核定收支、定额或定项补助、超支不补、节余留用"的预算管理办法。

②实行定员定额管理　定员定额管理是指根据事业单位的工作任务和业务需要，制定人员编制和财务收支限额，以此来安排和控制事业单位支出的管理制度，包括定员管理和定额管理。

定员管理是指根据"精兵简政"的原则，规定文教科卫等事业单位完成一定工作任务所必需的职工人数，以此作为其人员编制指标，事业单位在执行过程中不得突破，如教职工与学生人数之比。先进合理的人员编制指标不仅成为财政部门供应人员经费的科学依据，而且有利于控制科教文卫支出的规模。

定额管理是指根据"保证供应，厉行节约"的原则，根据财务收支的项目制定文教科卫等事业单位收支标准，并采取切实措施，在预算管理中认真严格执行。文教科卫单位的定额包括收入定额和支出定额。

③强化预算管理，加强财务监管　2005年中央审计发现某些高校、医院等事业单位财务管理比较混乱，部分事业单位存在转移挤占业务经费的现象。为此，审计报告指出：要加强财务知识培训，重视财务管理，落实管理责任，避免损失浪费，改变预算编制方法，加强监督检查。

三、政府投资性支出

1. 政府投资性支出的含义和特点

政府投资性支出是指财政支出中用于补偿已消耗的生产资料、扩大再生产、增加固定资产等项支出。包括基本建设支出，企业挖潜改造资金支出，流动资金支出，国家物资储备，以及新产品试制、地质勘探、支农、各项经济建设事业及城市公用事业等支出中增加固定资产的部分。

政府投资性支出的特点是：政府投资的项目大、期限长；政府投资支出具有较高的社会效益；政府可以通过调节政府投资的规模和结构来调控经济运行，以促使国民经济可持续发展。

2. 政府投资的方向和领域

(1) 政府投资的方向

政府投资的方向应该是社会公益类项目的投资和部分经济基础类项目投资，而不应参与竞争类项目的投资。

> **小知识2-3**
>
> 社会总投资包括政府投资和私人投资，其投资方向可以归纳为以下三大类：①社会公益类项目的投资，包括国防、政府行政机构、文教科卫等部门的设施，以及环保和其他城市公用设施等；②经济基础类项目的投资，包括能源、交通、邮电和通讯业等；③竞争类项目的投资，包括制造业、建筑业、现代服务业等。

(2) 政府投资的领域

可以将上述政府投资的方向分解为以下几个主要的投资领域：

①基础设施投资领域　基础设施包括社会基础设施和公用基础设施。社会基础设施是指一国文教科卫等社会公共事业发展赖以依存的基础物质条件。公用基础设施是指一国经济发展赖以依存的基础物质条件，它构成一国经济发展的外部环境。公用基础设施包括道路、供水、供电、供热、通讯、排水和固定废物的处理等。政府对基础设施进行投资，可以提高社会成员的整体素质，促进经济的健康发展，提高经济增长的质量和效率，提高人民生活水平，促进社会的全面进步。

②基础产业领域　基础产业是指关系国计民生的重要产业，如交通、邮电、水利、通讯、能源、军工等。这些产业投资大、建设周期长、投资回收慢，私人投资通常不愿意也无力进行投资。通过政府投资建立国有企业，或者政府与其他社会资金共同投资创办经济实体并由政府控股，由此支持基础产业的发展，从而为国民经济的协调发展创造条件。

③新兴产业和高新技术产业领域　新兴产业和高新技术产业都是高风险的产业，政府直接投资于这些产业，可以有力地扶持这些产业的发展。

四、政府采购制度

1. 政府采购及其原则

政府采购是指各级国家机关、事业单位和团体组织，使用财政性资金，采购依法制定的集中采购目录以内的或者采购限额标准内的货物、工程和服务的行为。政府采购不仅是指具体的采购过程，而且是采购政策、采购程序、采购过程及采购管理的总称，是一种公共采购管理的制度。

货物是指各种形态和种类的物品，包括原材料、燃料、设备、产品等。工程是指建设工程，包括建筑物和构筑物的新建、改建、扩建、装修、拆除、修缮等。服务是指除货物和工程以外的其他政府采购对象。

小资料2-9

美国在1778年的《宪法》中就有了政府采购条款，英国在1782年便设立了专门的政府采购机构——文具公用局。目前发达国家的政府采购占GDP的比重较高，一般为10%~20%。在我国，1996年上海率先进行政府采购的试点，并于当年先后在北京、河北、江苏、山东、安徽、山西等省市推广。我国政府采购规模1998年为31亿元，到2002年增加到1 000多亿元。

政府采购应当遵循公开透明原则、公平竞争原则、公正原则和诚实信用原则。

2. 政府采购的意义

通过政府采购可以提高财政资金的使用效益，维护国家利益和社会公共利益，保护政府采购当事人的合法权益，促进廉政建设。

小资料2-10

政府采购节约成本有两大优势：集聚规模效益，可以降低采购成本；公开招标等采购形式，让政府支出走在"阳光"下，则减少了不透明操作带来的资金流失。

扩展采购内容，规模再扩大，从以货物为主，到更多地融入了建设工程和服务项目。服务采购如财务会计信用等级评定、绿化养护、道路保洁等。这可大大节约采购资金。

上海市长宁区从今年开始采取协议采购模式：先向社会公开招标，确定供应商，然后再按变动的市场价格随时购买。这一新的采购模式为预算单位设立了虚拟库存。

3. 政府采购制度的要素

(1) 严密科学的政府采购方式

根据是否需要委托采购代理机构代理采购，政府采购可以分为集中采购和分散采购。我国实行集中采购与分散采购相结合的制度。

根据采购程序的不同，政府采购可以分为公开招标、邀请招标、竞争性谈判、单一来源采购、询价等采购方式，其中公开招标是最基本的方式。我国《政府采购法》对各种采购方式的适用条件进行了严格的规定。

（2）专门的采购机构和人员

对于政府集中采购，采购人必须委托专设的机构和人员办理采购事宜。我国采购代理机构的资格必须经国务院有关部门或者省级人民政府有关部门认定。这是政府采购的国际经验。

（3）公开、透明、富有效率的采购程序

我国《政府采购法》在第四章按照不同的采购方式规定了相应的采购程序，作为政府采购的法定程序，政府采购各当事人必须遵照执行。

（4）规范的采购合同

采购人应当与供应商签订采购合同，以明确双方的权利和义务。政府采购合同的双方当事人不得擅自变更、中止或者终止合同。

（5）严格的监督检查制度

政府采购监督管理部门（在我国是各级人民政府的财政部门）应当加强对政府采购活动以及集中采购机构的监督检查。审计机关应当对政府采购进行审计监督。监察机关应当加强对参与政府采购活动的国家机关、国家公务员和国家行政机关任命的其他人员实施监察。

4. 我国关于对外开放政府采购市场的目标

根据国际通行做法，政府采购不仅限于本国市场，外国厂商也可以参与政府采购的竞标。我国在加入WTO时，已经签署了《政府采购协议》，承诺向成员国开放政府采购市场，这是加入WTO的先决条件。我国承诺，最迟于2020年与各APEC成员国对等开放政府采购市场。为此，我国企业必须提高其产品和服务的国际竞争力，政府必须积累经验、培养人才，为按期开放政府采购市场作好充分的准备。

第五节 转移性支出

一、转移性支出的内容及特点

转移性支出是指政府根据经济体制、财政管理体制、社会经济发展状况、社会保障制度等，将一部分财政收入的所有权单方面地、无偿地转移给地方政府、有关单位和个人而形成的财政支出。包括各种社会保障支出、财政补贴支出、政府债务的利息支出，以及中央政府对地方政府的税收返还或补助等。

转移性支出具有以下特点：转移性支出具有非购买性、无偿性。转移性支出对社会经济的影响是间接的。例如，政府以财政补贴的形式将一部分财政收入转移给企业及居民后，政府就失去了对这部分财政收入的支配权，企业及居民什么时候使用、如何使用这部分收入，完全由企业及居民自行决定，政府不直接施加影响。

无论是发达国家，还是发展中国家，抑或是新兴工业化国家，转移性支出在财政支出中的比重都呈日益上升的趋势。这种发展趋势体现了"以人为本"财政理念，体现了财政支出变动的规律。

二、社会保障支出

1. 社会保障的概念及其特征

(1) 社会保障的概念

属于财政支出一部分的社会保障支出是指依据社会保障制度，在一定时期内直接由政府负担的用于各项社会保障事业的支出。显然，社会保障支出与社会保障制度紧密相联。社会保障制度是指政府将通过一定方式筹集的社会保障基金，按照一定的标准，向丧失劳动能力、失去就业机会，以及遇到其他事故而面临经济困难的弱势群体，提供基本生活保障的一种社会经济制度。

(2) 社会保障的基本特征

社会保障具有以下基本特征：

①社会保障是由政府在全社会范围内组织实施　政府可以通过以下方面来履行自己的社会保障职能：制定社会保障发展规划并组织实施；提出社会保障立法草案，提请立法机关审议；调整财政支出结构，增加社会保障的资金投入；监督检查社会保障法律、法规和政策的贯彻落实。需要指出的是，社会保障由政府在全社会范围内组织实施并不意味着全部社会保障基金的初始来源都出自政府。实际上，社会保障基金来源于政府、社会和个人三个方面。

②社会保障受益人的非普遍性　社会保障的受益人不是全体社会公民，而是一部分特殊的弱势群体，即公民中遇到生、老、病、残、失业、灾害等情况而亟需物质帮助的人。

③社会保障的规范性　现代市场经济国家都建立了适合自己国情的社会保障计划，并根据社会经济状况的发展变化，及时进行改革和调整。将社会保障的内容、对象，社会保障基金的筹集方式，社会保障基金的支出及其投资保值和监督管理等方面制度化、规范化，并上升为国家法律是国际上的一种通行做法。

2. 社会保障制度的意义

①社会保障制度是现代市场经济体制的重要组成部分。　没有完善的社会保障体系，现代市场经济就无法有效运行。市场经济是讲效率的经济。但在市场经济中，社会成员的收入差距必然拉大，那些丧失劳动能力、失去就业机会以及遇到其他事故的弱势群体必然面临经济困难，其基本生活难以为继。但市场经济本身并不同情弱者，这只有靠社会保障制度为上述弱势群体提供基本的生活保障。

②社会保障制度可以有效地维护国家的稳定，为构建和谐社会创造条件。　健全社会保障制度是各国政府社会政策的重要组成部分，它直接涉及千千万万的社会成员，是社会成员基本权益的保护伞，社会稳定的"安全网"，也是经济列车高速运行的"减震器"。

③社会保障制度能够有力地促进一国社会经济的发展。　社会保障制度能够减少贫困、提高人口素质、改善人民的生活状况，这些都会大大促进一国社会经济的发展。

3. 社会保障支出的内容

社会保障支出的内容十分广泛，由于国情的不同，各国社会保障支出的内容存在一定差异。但是，一般说来，各个国家的社会保障支出又有一些共同的内容：

(1) 社会保险支出

社会保险支出是指由社会保险制度规定按照保险原则建立的专用基金中应该由政府支出的部分。包括养老保险、医疗保险、伤残保险、失业保险、生育保险、工伤保险等，它构成社会保障制度的核心部分。

(2) 社会救济支出

社会救济支出是指国家通过财政拨款的形式，向生活确有困难的城乡居民提供基本生活救济或自然灾害救济而形成的财政支出。包括城乡困难居民的社会救济、农村"五保户"救济、灾民救济等，它构成最低层次的社会保障。

(3) 社会优抚支出

社会优抚支出是指国家财政通过民政部门给予军烈属、复员退伍军人、残废军人的抚恤费、生产补助费或安置费等而形成的财政支出，它是社会保障支出的特殊构成部分。

(4) 社会福利支出

社会福利支出是指国家财政通过民政部门向盲聋哑和鳏寡孤独等社会成员给予各种物质帮助而形成的财政支出。

小资料2-11

日本的社会保障制度由社会保险和公共扶助两大支柱组成。社会保险包括医疗、养老、就业、灾害和护理保险制度；公共扶助包括生活保护、公共服务、社会福利和公共卫生。

挪威的社会保障制度由养老金、抚恤金、伤残补助、康复补贴、患病和生育时的医疗补助、病休和产育现金补贴、失业救济、工伤补贴、单亲父母补贴、丧葬补贴、育儿补贴、幼儿父母的现金补贴等项目组成。

---

4. 财政支出与社会保障资金来源

资金问题是社会保障制度建设的核心问题。挪威的全民社会保障的主要资金来源为劳动者、自由职业者（律师、医生、建筑师、顾问、出租车主等）及其他受保人交纳的会员费（保险费）、雇主税以及国家财政拨款。由此可见，挪威采取缴费、税收和国家财政拨款等多种方式筹集社会保障资金，国家、社会和个人共同负担，国家财政拨款只构成社会保障资金的一部分。

我国社会保障制度的资金由企业、职工个人和政府共同负担。其中，企业和职工个人缴纳的社会保险费是社会保障资金的主要来源，不足部分由财政支出。例如，我国《失业保险条例》规定：统筹地区的失业保险基金不敷使用时，由失业保险调剂金调剂，地方财政补贴。1998年以来，中央财政调整财政支出结构，较大幅度地提高了社会保障的资金投入，主要用于弥补地方下岗职工基本生活保障和养老金支付缺口。

5. 社会保障资金的管理

我国各项社会保障基金必须存入财政部门在国有商业银行开设的社会保障基金财政专户，实行收支两条线管理，由财政部门依法进行监督。

三、财政补贴

1. 财政补贴的概念和特点

财政补贴是指一国政府根据一定时期内的政治经济形势及方针政策，为了实现特定的政治、经济和社会目标，在一定时期内，向符合条件的企业或居民个人提供无偿的补助或津贴而形成的财政支出，它属于转移性支出。

财政补贴具有政策性、灵活性、可控性和时效性等特点。财政补贴措施一般都是依据一定时期的国家政策需要制定的，是为实现国家的政策目标服务的。因此，当国家的某些政策发生变化时，财政补贴措施也应作相应调整。

2. 财政补贴的主要内容

目前，我国的财政补贴主要有以下内容：

(1) 价格补贴

价格补贴是指在价格体制改革或价格政策调整的情况下，国家为了保证城乡人民生活水平不因此而降低，或弥补相关企业因此而发生的亏损而给予的补贴。价格补贴是我国财政补贴最主要的组成部分。价格补贴按照产品的类别划分，分为农副产品价格补贴、农业生产资料价格补贴、日用工业品价格补贴、工矿企业价格补贴和进出口商品价格补贴等。

(2) 政策性亏损补贴

政策性亏损补贴是指国家对那些为满足社会需要，因执行国家政策发生经营性亏损的企业给予的补贴。

(3) 财政贴息

财政贴息是指国家财政根据一定时期的经济政策，对某些规定用途的贷款利息，在一定的期限内提供全部或一定比例的补贴。目前，我国可享受财政贴息的贷款主要有：促进企业联合贷款、发展优质名牌产品贷款、支持沿海城市和重点城市引进先进技术和设备贷款、贫困大学生助学贷款、支持西部大开发贷款、支持东北老工业基地振兴贷款等。

(4) 福利补贴

福利补贴是指财政直接给予城镇居民和行政事业单位职工的各种福利性的生活补贴，其中大部分已经包含在财政支出中的公共消费性支出中。

(5) 税式支出

税式支出是指根据税法规定给予企业和个人的各种各样的税收优惠的总称，包括免税、减税、退税、税收抵免和延期纳税等。

★★★★★ **本章学习路径** ★★★★★

本章包括五方面内容：一、财政支出的概念、形式和分类；二、财政支出的规模及其影响因素；三、财政支出的原则；四、购买性支出；五、转移性支出。

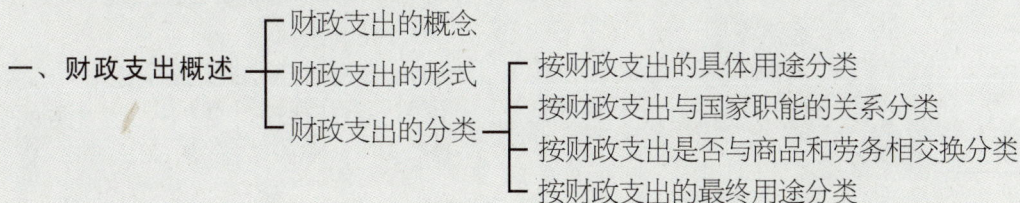

```
                    ┌── 财政支出的概念
                    │
一、财政支出概述 ────┼── 财政支出的形式        ┌── 按财政支出的具体用途分类
                    │                         │
                    │                         ├── 按财政支出与国家职能的关系分类
                    └── 财政支出的分类 ────────┤
                                              ├── 按财政支出是否与商品和劳务相交换分类
                                              │
                                              └── 按财政支出的最终用途分类
```

财税金融

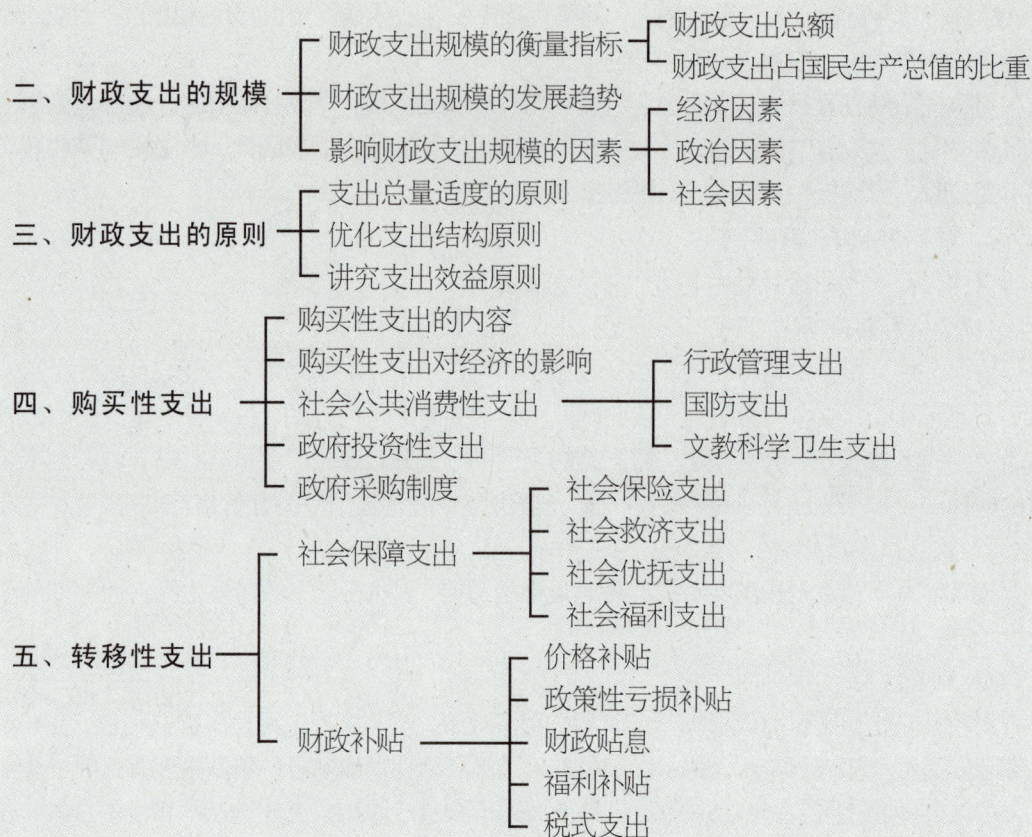

```
                            ┌── 财政支出规模的衡量指标 ──┬── 财政支出总额
                            │                            └── 财政支出占国民生产总值的比重
 二、财政支出的规模 ────┼── 财政支出规模的发展趋势       ┌── 经济因素
                            │                            ├── 政治因素
                            └── 影响财政支出规模的因素 ──┤
                                                         └── 社会因素
                            ┌── 支出总量适度的原则
 三、财政支出的原则 ────┼── 优化支出结构原则
                            └── 讲究支出效益原则
                            ┌── 购买性支出的内容
                            ├── 购买性支出对经济的影响      ┌── 行政管理支出
 四、购买性支出 ──────┼── 社会公共消费性支出 ──────┼── 国防支出
                            ├── 政府投资性支出              └── 文教科学卫生支出
                            └── 政府采购制度
                                                ┌── 社会保险支出
                            ┌── 社会保障支出 ──┼── 社会救济支出
                            │                  ├── 社会优抚支出
                            │                  └── 社会福利支出
 五、转移性支出 ──────┤                  ┌── 价格补贴
                            │                  ├── 政策性亏损补贴
                            └── 财政补贴 ──────┼── 财政贴息
                                                ├── 福利补贴
                                                └── 税式支出
```

实训题

一、填空题

1. 按财政支出与国家职能的关系分类，财政支出可以分为以下五大类：_____、_____、_____、_____ 和 _____。

2. 影响财政支出规模的因素很多，归纳起来主要包括 _____、_____ 和 _____。

3. 政府购买性支出是指政府在商品和劳务市场上购买商品和劳务所形成的那部分财政支出，包括 _____ 和 _____ 两大类。

4. 按支出的用途划分，文教科卫支出可以分为 _____ 和 _____。

二、单选题

（　　）1. 下列各项中，不属于影响财政支出规模的经济因素的是 _____。

    A. 经济发展水平　　　　　　　B. 经济体制

    C. 人口状况　　　　　　　　　D. 政府对经济的干预程度

（　　）2. 下列各项安排财政支出的制度或措施中，充分体现讲究支出效益原则的是 _____。

    A. 有效满足社会公共需要

    B. 建立政府采购制度

C. 正确处理购买性支出和转移性支出的关系

D. 坚持量入为出的理财思想

三、多选题

（　　）1. 按财政支出是否与商品和劳务相交换为标准，可以将财政支出分为
_____。

A. 消费性支出   B. 购买性支出

C. 积累性支出   D. 转移性支出

（　　）2. 为了提高财政支出的效益，政府可以采用的管理方法有 _____。

A. 成本——效益分析法   B. 最低费用选择法

C. 公共劳务收费法   D. 政府采购制度

四、判断改错题

（　　）1. 转移性支出具有较强的资源配置功能。

（　　）2. 国家财政通过民政部门给予残废军人的抚恤费而形成的财政支出属于社会保障支出。

复习思考题

1. 什么是财政支出？

2. 按财政支出与国家职能的关系可以将财政支出分为哪几类？

3. 按财政支出是否与商品和劳务相交换可以将财政支出分为哪几类？

4. 我国预算支出的主要科目有哪些？

5. 衡量财政支出规模的指标有哪些？

6. 财政支出规模的发展趋势是什么？

7. 影响财政支出规模的因素有哪些？

8. 财政支出应坚持哪些原则？

9. 哪些支出属于购买性支出？购买性支出对经济有何影响？

10. 社会公共消费性支出的具体内容有哪些？如何加强社会公共消费性支出的管理？

11. 什么是政府采购制度？为什么要实行政府采购制度？

12. 政府采购制度的要素是什么？

13. 政府投资性支出的方向是什么？政府投资的主要领域是什么？

14. 什么是转移性支出？

15. 社会保障支出的主要内容有哪些？

16. 建立健全社会保障制度的意义是什么？

17. 财政补贴的主要内容有哪些？

第三章　财政收入

【学习目标】

通过本章的学习，了解财政收入的概念和财政收入的结构，了解确定和调整财政收入规模的方法，了解国债的分类、发行方法和偿还方式；掌握财政收入的形式，掌握影响财政收入规模的因素，掌握国债的功能；弄清影响国债规模的因素。

第一节　财政收入的形式

一、财政收入的概念

财政收入是指国家为了满足社会公共需要，依据其政治权力和经济权利，参与社会产品分配与再分配活动取得的由国家支配的一定量的社会产品价值。

财政收入是财政分配活动的一个重要过程。在现代市场经济条件下，财政收入主要表现为一定量的货币资金。

二、财政收入的形式

财政收入的形式是指国家为了取得财政收入所采取的方式和方法，主要包括税收、国有资产收益、国债等。

1. 税收

税收是国家履行政府职能和满足社会公共需要，凭借政治权力，强制无偿取得财政收入一种最直接、最稳定的方式。目前，税收是世界各国取得财政收入最基本、最主要的形式，税收还是实现财政各项职能的重要手段。我国经过二十多年的改革，税收也已经成为我国财政收入的基本形式。

图表 3-1

我国 1978 年和 2006 年税收收入和非税收入比重变化图

1978 年　　　　　　　　　　　　　　　　2006 年

注：2006 年的企业亏损补贴 180.22 亿元作为税收入的减少处理

2. 国有资产收益

国有资产收益是指国家凭借国有资产所有权取得的利润、租金、股息、红利和资金占用费等收入的总称。

图表 3-2

我国不同时期代表年份财政总收入和来自国有资产收入对比表　　　　单位：亿元

年份	财政总收入	来自国有资产收入
1958	379.62	189.19
1978	1132.26	571.99
1993	4348.95	49.49
2006	38760.20	—

财税金融

图表 3-3

我国不同时期代表年份财政总收入和来自国有资产收入对比分析折线图

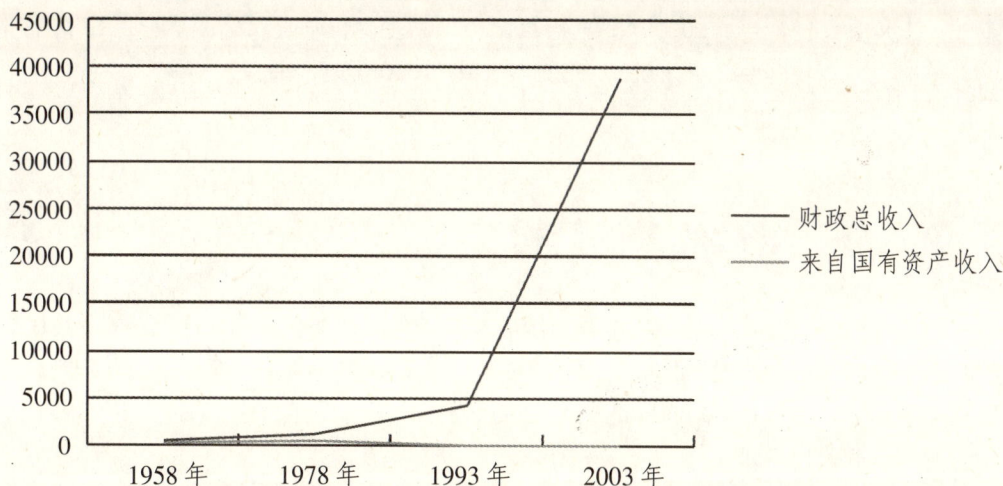

注：财政收入中来自于国有资产收入包括国有企业上交财政折旧基金等，而不仅仅是国有资产收益

> **小思考 3-1**
>
> 为什么我国自 1978 年以来，在财政总收入不断增加的同时，来自企业的收入却逐年减少？

3. 国债

国债是指国家凭借其信誉，采用有借有还的信用方式从国内、国外筹措财政收入的一种形式。

4. 其他形式

除上述几种形式之外，国家还以其他形式筹集财政收入，如规费收入、罚没收入、国有资产管理收入、公产收入及其他杂项收入等。

规费是指国家机关在为居民或单位提供某些特殊服务时所收取的手续费和工本费，如执照费、证书费、契约费、管理费、经办手续费等。

罚没收入是指工商、税务、海关、公安、司法等国家机关和经济管理部门按规定依法收取的罚没款以及处理追回赃款和赃物的变价收入。

国有资产管理收入是指经国家批准开采或利用矿藏、森林、河流等资源的单位按规定向国家缴纳的管理费。

公产收入是指国有山林、芦苇等公产的产品收入，政府部门主管的公房和其他公产的租赁收入，以及公产的变价收入等。

通常，这些形式的收入数量有限，在财政收入中的比重也不大。但依然必须加强对这部分收入的征收管理。因为这部分收入量虽少面却广，政策性也很强。对其依法征收，能够维护和营造良好的经济秩序和经营环境，有助于提高财政的法治化水平，推动国家的廉政建设，促进社会经济的稳定发展。

第二节　财政收入的结构 *

财政收入结构是指财政收入的项目组成及各项收入在财政总收入中的比重。具体包括财政收入的价值构成、所有制构成、部门构成、形式构成和地区构成等。财政收入的价值构成已在第一章作了介绍，财政收入的形式构成已在本章第一节进行了介绍，所以本节着重介绍所有制构成和部门构成。

一、财政收入的所有制结构

1. 财政收入所有制结构的概念

财政收入的所有制结构是指由税收、国有资产收益、国债等各种不同形式的财政收入汇集成的财政总收入中，来自于各种所有制形式的财政收入项目（如来自于国有经济的财政收入、个体经济的财政收入等）占财政总收入的比重。

2. 国民经济的所有制结构和财政收入的所有制结构

国民经济的所有制结构是指各种所有制形式在国民经济中的比重。

市场经济要求财政收入的所有制结构应该与国民经济的所有制结构相近似，这有利于不同所有制形式的企业形成公平税负、平等竞争的市场环境。但改革开放以后至 1994 年，我国财政收入的所有制结构与国民经济的所有制结构出现了严重的背离。

建国初期，我国个体经济和私营经济在国民经济中占有相当的比重，与此相适应，同一时期来自这两方面的财政收入占财政总收入的比例达到 40% 以上。随着生产资料私有制社会主义改造的完成，我国个体经济和私营经济已经退居次要地位，国有经济和集体经济已经居于国民经济的主体地位。这一时期，来自国有经济和集体经济的财政收入分别占财政总收入的 69.4% 和 9.8%，来自于其他所有制形式的财政收入只占财政总收入极小的比重。

随后，一直到 1978 年改革开放以前，国有经济在国民经济中的比重进一步提高，来自于国有经济的财政收入占财政总收入的比重也在不断提高，最高时已经超过 85%。

从建国初期至 1978 年的近 30 年时间里，我国财政收入的所有制结构与国民经济的所有制结构大体上是一致的。

1979 年改革开放至 1994 年，集体经济、个体经济、私营经济等非国有经济迅速发展，在国民经济中的比重大幅度提高，国有经济的比重相应降低。就工业经济而言，据统计，自 1979 年以来，国有经济在工业总产值中的比重从 77.63% 下降到 36.37% 左右；集体经济已从 19.2% 上升到 38.11%；个体经济、私营经济等其他所有制形式的经济已由零增长到 36.37%。但是由于当时我国税收制度是分所有制形式制定的，不同所有制形式的企业税收负担不平衡，国有企业高于集体企业，集体企业高于其他所有制形式的企业，所以，个体经济、私营经济等非国有经济的迅速发展，并没有引起来自于非国有经济的财政收入的同步增长。

有关资料显示，这一时期，在工农业总产值中，非国有经济所占的比重已达到50%以上，但是其所提供的财政收入却只占财政总收入的30%左右。这对于促进非国有经济的飞速发展起到了重要的作用，但这显然增加了国有经济的负担，不利于国有经济与其他经济成分的平等竞争。

1994年，我国税收制度进行了重大改革：实行了以增值税为主体税种的流转税制，统一了内资企业所得税，并加强了税收征管，财政收入以较快的速度增长，从1994年到2003年，我国工商税收平均每年以1 000多亿元的规模递增。这除了国民经济稳定增长的因素以外，非国有经济对财政收入的贡献大幅增加也是一个重要原因。

二、财政收入的部门结构

1. 国民经济的部门结构

国民经济的部门结构是指国民经济各部门在国民经济中的地位、相互关系及其贡献大小。国民经济的部门有：工业、农业、建筑业、交通运输业、商业服务业以及金融保险业、旅游业、饮食业、文化娱乐业等。

农业是国民经济的基础，是国民经济其他各部门赖以生存和发展的基本条件。我国是一个农业大国，农业是经济发展、社会安定、国家自主的基础。农业、农村和农民问题是我国国民经济目前面临的重大问题。

工业是国民经济的主导，对国民经济的发展和人民生活的改善起着骨干作用。我国工业化的过程并没有结束，实现工业化仍然是我国现阶段一项艰巨的任务。我国应该把实现工业化与我国的现代化、国民经济的信息化结合起来。在工业化的进程中提高工业领域的信息化水平；在国家信息化的进程中，有意识地改造传统工业、发展新兴工业，努力提高我国工业的科技含量和经济效益，降低资源消耗，减少环境污染。这是一条新型的工业化道路。

流通过程是生产过程的继续，在市场经济条件下，担负着实现商品价值和使用价值的任务。交通运输业和商业服务业都属于流通过程。交通运输作为生产流通领域的继续，不仅创造商品价值，而且沟通商品交换、促进商品流通。商业活动是以货币为媒介的商品交换活动，商品的价值和使用价值是在商业活动中实现的。邮电通讯业为国民经济提供信息支持，金融业为国民经济的发展提供资金支持。随着国民经济的发展，人民生活水平的提高，旅游、饮食、娱乐等第三产业将获得越来越大的发展空间。

2. 国民经济的部门结构与财政收入的部门结构

国民经济的部门结构往往与财政收入的部门结构不相一致。因为财政收入的部门结构不仅受到国民经济的部门结构的制约，还受到国民经济各部门劳动生产率的高低、经济效益的大小、国家对不同部门的税收政策以及征税环节等因素的影响。通常，直接来自于农业部门的财政收入比较少，来自于工业部门的财政收入相对较多。这与国家对农业的轻税政策以及征税环节绝大多数选择在产制环节有关。

(1) 农业部门与财政收入

农业部门为国家提供的财政收入主要表现在两个方面：

①直接为财政提供的收入　包括农牧业税、农林特产税及其他税收收入。随着我国税收政策对农业的倾斜，农业直接为财政提供的收入会越来越少，甚至有可能全部取消。

②间接为财政提供的收入　在农产品价格偏低的情况下，农业部门创造的一部分价值就通过较低的价格转移到以这些农产品为原材料的工业部门，形成工业部门的利润或收入，并依法纳税。

注：根据人大常委会的有关决定，从2006年1月1日起，取消农业税。

(2) 工业部门与财政收入

相对于农业部门而言，工业部门劳动生产率较高，且大多数工商税收选择在产制环节课税，以及国家对农业的轻税政策，还受到第三产业相对落后、在国民经济中的比重不高等因素的影响，我国来自工业部门的财政收入最多。但我国长期以来，工业部门科技含量不高，劳动生产率跟西方发达国家比，差距较大，加之经济效益下滑（近几年有所改善），来自工业部门的财政收入占财政总收入的比重有所下降。

(3) 第三产业与财政收入

随着经济的发展和产业结构的调整，第三产业必将迅速发展，来自第三产业的财政收入也将随之增加。

据统计，美日等发达国家第三产业占国内生产总值的比重已超过60%，由其提供的财政收入也占到美日财政总收入的50%以上。在我国，虽然第三产业占国内生产总值的比重还比较小，但第三产业已经逐渐显露出迅速增长的势头。有资料显示：2003年我国第三产业增加值达到37 669亿元，占同期国内生产总值的比重已达32.28%。可以预见，第三产业将成为我国财政收入新的增长点和重要来源。

第三节　财政收入规模的界定

财政收入规模是指一国在一定时期内财政收入在绝对量和相对量上所达到的总水平，通常用财政收入总额、财政收入占国民收入或国民生产总值的比重来表示。财政收入规模不宜过大，也不宜过小，必须适度。财政收入规模过大，不利于社会经济的发展和人民生活水平的提高；过小，则无法满足政府实现其职能的需要。

一、衡量财政收入规模的指标

1. 财政收入的绝对量

财政收入的绝对量是指一国在一定时期内所取得的由国家支配的社会产品的总价值，即财政所取得的货币资金总额。

图表3-4

我国不同时期代表年份财政收入总额图

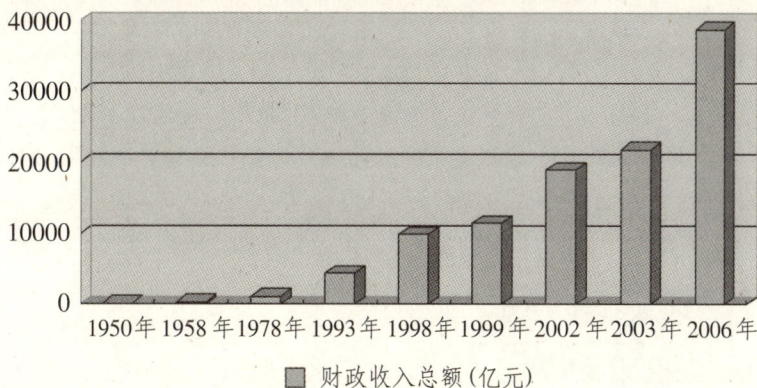

■ 财政收入总额（亿元）

从图表3-4可以看出，我国财政收入总额随着经济发展而不断增加，改革开放后，财政收入总额增加较快，特别是1994年我国税收制度重大改革以来，我国财政收入总额每年以1 000多亿元的规模在增加。2003年以来，我国财政收入加速增长，小资料3-1显示：2007年财政收入总额将在49 000多亿元以上，全年的增速预计会超过30%。

2. 财政收入的相对量

财政收入的相对量是指一定时期内财政收入与有关经济指标或社会指标的比率，如财政收入占国民收入（NI）的比重、财政收入占国民生产总值（GNP）的比重、财政收入占国内生产总值（GDP）的比重、人均财政收入等。

小知识 3-1

国内生产总值（GDP）是指一个国家或地区范围内的所有常住单位，在一定时期内生产最终产品和提供劳务价值的总和。国民生产总值（GNP）是指一个国家或地区的所有常住单位在一定时期内在国内和国外所生产的最终成果和提供的劳务价值。在社会总产品中，扣除已消耗掉的生产资料，余下的那部分净产品，用货币表示就是净产值，称作国民收入（NI）。

图表3-5

我国1978年以来代表年份财政收入占国内生产总值的比重图

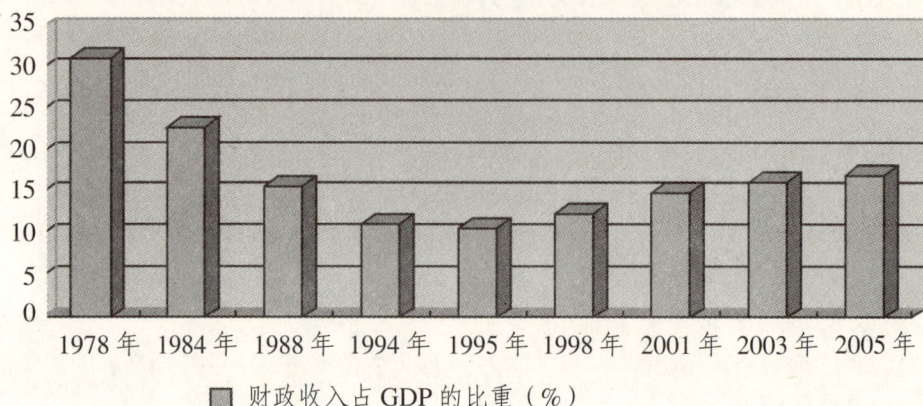

■ 财政收入占 GDP 的比重（%）

　　财政收入的总额越大、财政收入占 GDP 的比重越高，表明社会经济资源由政府集中配置的数量越多，由企业和居民配置的资源就相对较少。

> **小思考3-2**
> 　　从图表3-5可以看出自1978年改革开放直至2003年，我国财政收入占 GDP 的比重以1995年为拐点，1995年以前呈逐年下降的趋势，1995年以后又开始逐年攀升。这是为什么？这一现象说明了什么问题？

二、影响财政收入规模的因素

　　财政收入规模受国民经济发展水平、生产技术水平等因素的制约。

1. 经济发展水平

　　经济发展水平是指一国在一定时期内国民经济所达到的总规模。它是一国社会产品丰富程度和经济效益高低的综合反映，通常可以用国内生产总值、国民生产总值、国民收入等货币指标来表示。

　　通常情况下，经济发展水平越高，财政收入的规模就越大。当一国经济处于稳定的、持续的良性发展过程中，则该国的财政收入的持续增长也就有了稳固的基础。经济发展水平不断提高是财政收入规模不断扩大的源泉。

　　从世界各国现阶段的实际情况看，经济发展水平不同的国家，财政收入占 GNP 的比重也不同。低收入国家，财政收入占 GNP 的比重低；高收入国家，比重高；中等收入的国家，比重居中。

图表 3-6

不同收入国家财政收入占国民生产总值的比重图

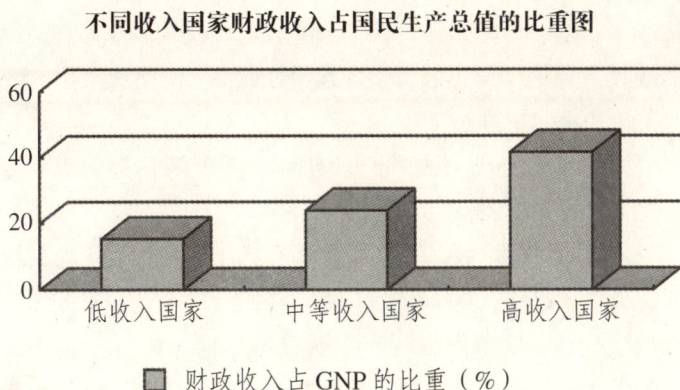

财政收入占 GNP 的比重（%）

2. 生产技术水平

生产技术水平是指在生产中采用先进技术的程度。随着科学技术的发展，一国生产技术水平是不断提高的，这一过程可以称为技术进步。

生产技术水平是制约财政收入规模的重要因素，它包含于经济发展水平之中。一定的经济发展水平总是对应着一定的生产技术水平。技术进步是推动经济发展的重要因素之一。

图表 3-7

技术进步对财政收入的影响路径图

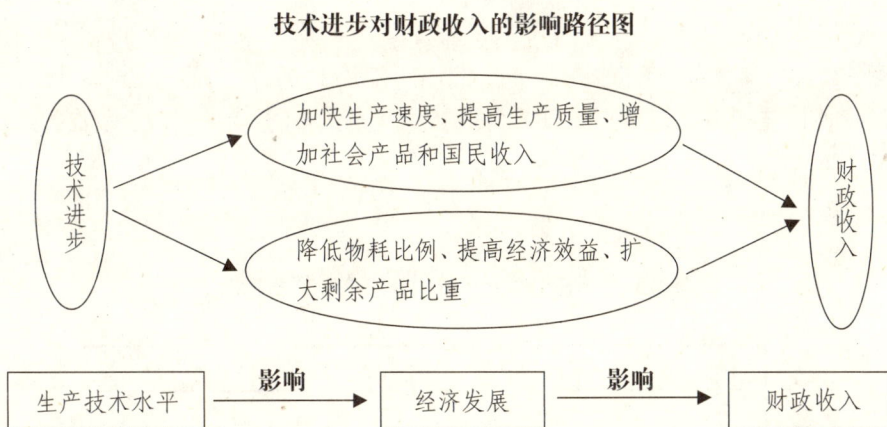

技术进步对财政收入的影响更加明显和突出。20世纪初期，英美等发达国家经济增长的因素中，技术进步所占比重约为5.2%；到20世纪中叶，该比重已上升到40%；20世纪70年代进一步上升到60%以上，其中美日等国已高达80%左右。我国生产技术水平比较落后，20世纪50年代工业企业技术进步对产值的贡献率为20%，到了80年代，为40%左右。近几年，在"科教兴国"战略的作用下，我国科学技术获得了长足的进步，技术进步对产值的贡献率进一步提高。

3. 价格及分配体制

价格及分配体制也是影响财政收入规模的重要因素。图表 3—5 显示的我国财政收入占GDP 的比重以 1995 年为拐点先降后升的变化趋势形成的一个重要原因就是分配体制对其产生的影响。

财税金融

(1) 价格对财政收入规模的影响

在市场经济体制下，财政分配是一种价值分配，财政收入表现为一定量的货币资金。以货币形式表现的财政收入总是与一定的价格总水平相联系。价格总水平的变动不仅影响财政收入的规模，而且影响财政收入的结构。

通常情况下，价格总水平上升，财政收入增加，但是扣除价格总水平变动后的实际财政收入不一定增加。实际财政收入增减变化情况如下：

当财政收入增长率低于物价上涨率，实际财政收入出现负增长。当财政收入增长率高于物价上涨率，实际财政收入是增长的，但增长幅度要扣除物价上涨率的影响。当财政收入增长率与物价上涨率大体一致，实际财政收入既不增加也不减少。

价格总水平上升，使得从价计征的流转税税收收入在财政收入中的比重提高。在物价普遍上涨的情况下，并不是所有的商品价格都按同一上涨率上升。实际上，不同的商品，物价上涨率是不同的。如果国家提高农产品的收购价格，而工业品的价格并没有同步上涨，这会增加财政对工业企业的财政补贴。再如，当石油价格及其石化产品（汽油、柴油等）大幅上涨时，而其他产品或服务的价格小幅上涨或维持原价不变，这也可能会增加政府的财政补贴。在我国财政对企业的政策性亏损补贴是作为财政收入的减项列示的。这些都会影响财政收入的规模。

(2) 分配体制对财政收入规模的影响

分配体制是制约财政收入规模的又一个重要因素。从总量上看，一般情况下，财政收入总额总是随着经济发展水平的提高而增加。但是，从相对量上看，或者更具体地说，就财政收入占 GDP 的比重上看，在相同的 GDP 水平或者更高的 GDP 水平上，财政收入占 GDP 的比重可能不同，甚至更低。

图表 3–8

1978～1995 年部分年份国内生产总值变化图

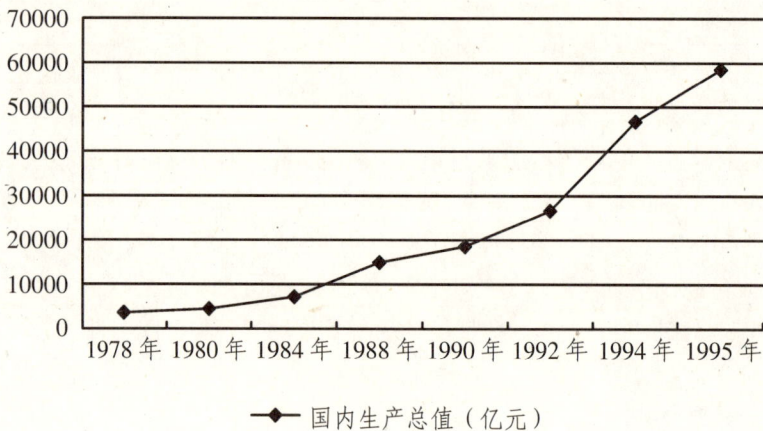

——国内生产总值（亿元）

图表 3-9

1978~1995 年部分年份财政收入占国内生产总值的比重变化图

—◆— 财政收入占 GDP 的比重（%）

　　将图表 3-8 与图表 3-9 进行对比可以看出，1978 年至 1995 年，国内生产总值稳步上升，但财政收入占 GDP 的比重却逐年下降。相对于国民经济的发展水平而言，我国财政收入的规模却呈下降的趋势，这是与国家的经济发展状况背道而驰的。其结果是，我国财政规模偏小，财政收入难以保证实现国家职能的需要，财政赤字增加。

> **小知识 3-2**
>
> 　　财政赤字是指一国在一定时期内（通常是一年）财政收入低于财政支出，即收不抵支的差额。实质是将不属于国家支配的资金在一定时期内让渡给国家使用，是社会资金使用权单方面的转移。

　　出现这种状况的重要原因之一是国家分配体制的改革。自 1978 年改革开放以来，我国对国家与企业之间的分配关系进行了一系列的改革，其结果是国有企业的资金支配权扩大，留利增加，国民收入的分配向企业和个人倾斜。这对调动企业的生产经营积极性，发展经济，提高人民生活水平，都具有积极的意义，但是国家财政收入由于让利于企业，而不能保持与国民经济的同步增长，导致财政收入占 GDP 的比重不升反降。这种状况必须改变，否则国家财政将进一步拮据，不利于社会经济的长期稳定发展。

4. 政治及社会因素

　　政治和社会因素对财政收入的规模也存在一定的影响。政治和社会因素往往首先影响财政支出的规模，形成增加财政支出的压力，并转化为增加财政收入的压力，最终影响财政收入的规模。在某些特定情况下，这种影响还是相当大的，其具体分析，可以参见第三章第二节关于政治和社会因素对财政支出的影响的论述。

三、财政收入规模的确定与调整

　　确定财政收入的规模可以采用两种方法。

1. 因素分析法

　　因素分析法是指在综合分析影响财政收入规模各项因素的基础上，找出各项影响因素之间的内在联系，进而列出相关因素之间的数量关系式，并利用这种数量关系式确定财政收入的规模。

2. 支出测定法

　　支出测定法是指通过测定预算期内各种社会公共需要各自对财政资金的需求量，并汇总出需求总量，作为同期财政支出的总规模，然后根据财政分配的基本目的是满足社会公共需要这一财政的一般特征，将已经测定的财政支出总规模视为该预算期内应该组织的财政收入数额。

第四节 国 债

一、国债的概念、分类和功能

1. 国债的概念

国债是指国家为了实现其职能，平衡财政收支，增强政府的经济建设能力，依据有借有还的信用原则，通过向国内外发行债券，或向银行、外国政府借款等方式筹集财政资金的一种形式。

国债是一个特殊的财政范畴。它首先是一种财政收入，是国家筹集财政资金的一种形式；其次是一种预期的财政支出。国债与税收不同，国债具有偿还性，需要还本付息。

国债也是一个特殊的债务范畴。国债是以政府的信誉作为担保的，所以在一般情况下，国债比私人债务要可靠得多，通常被称为"金边债券"。

2. 国债的分类

(1) 按国家举债的形式分类

按国家举债的形式分类，国债可以分为国家借款和发行债券。我国从 1993 年开始禁止财政部向中央银行借款。

(2) 按国债筹措和发行的地域分类

按国债筹措和发行的地域分类，国债可以分为国内国债（内债）和国外国债（外债）。内债是指国家在本国的借款和发行的债券。

小资料 3-4

我国政府自 1981 年恢复发行内债，迄今已经有二十多年历史。这二十多年里，内债发行规模不断扩大，由 80 年代初每年发行几十亿元，到 2004 年发行近七千亿元。

外债是指国家向其他国家政府、银行、国际金融组织的借款和在国外发行的债券。

小资料 3-5

1987 年，我国财政部代表我国政府在德国法兰克福发行 3 亿德国马克债券。1993 年，财政部再次代表我国政府先后在欧洲资本市场和亚洲资本市场分别发行了 300 亿欧洲日元债券和 3 亿美元的"小龙债券"。1993 年，我国的主权国债信誉评级由过去的 3B 上升为 3A。

财税金融

(3) 按国债的流动性分类

按国债的流动性分类，国债可以分为可转让国债和不可转让国债。国家的借款通常是不可转让的，但国家发行的债券有可转让和不可转让之分。

可转让国债是指可以在二级市场流通转让的国家债券。通常，大多数国家债券都是可以流通转让的，如主要发达国家可出售国债的发行量占全部国债发行量的70%以上。

不可转让国债是指发行后不能进入二级市场流通转让的国债，如美国的"储蓄券"和我国1984年以前发行的国库券。

(4) 按国债的期限分类

按国债的期限分类，国债可以分为短期国债、中期国债和长期国债。

短期国债是指还本期限为1年或1年以内的国债。中期国债是指还本期限在1年以上（不含1年）、10年以下的国债。长期国债是指还本期限在10年以上（不含10年）的国债。

小资料3-6

2004年我国共发行国债17期，实际发行总额6924.3亿元，其中短期国债634.8亿元，中期国债6289.5亿元。国债还本期限最短的3个月，发行金额253.2亿元；最长的10年，发行金额242.4亿元。3年期、5年期的国债发行额占总发行额的比重比较大。

---

(5) 按国债发行的对象和流动性综合分类

按国债发行的对象和流动性综合分类，可以将国债分为记账式国债和凭证式国债。

记账式国债是指面向机构投资者发行的可流通的国债。凭证式国债是指面向个人投资者发行的不可流通的国债。

小资料3-7

2004年我国共发行国债17期，实际发行总额6924.3亿元，其中凭证式国债发行额2510.4亿元，共发行6期，还本期限分别为2年、3年和5年。记账式国债发行额4413.9亿元，共发行11期，还本期限分别为3个月、2年、3年、5年、7年和10年等。

---

3. 国债的功能

(1) 弥补财政赤字

一旦出现财政赤字，政府财政部门可以通过增加税收、向中央银行透支或借款、发行国债等方式予以弥补。增加税收会受到经济发展速度、效益以及法律程序的制约，一般不易被广大纳税人接受，对经济发展会产生负面影响。通过向中央银行透支或借款，会扩大流通中的货币量，引起通货膨胀，对经济发展不利。通过发行国债的方式弥补财政赤字一般不会影响经济发展，可能产生的副作用也较小。改革开放初期，我国财政连年出现赤字。自1981年开始，我国财政每年都发行一定数量的国库券，这与平衡财政收支是有一定关系的。

(2) 筹集建设资金

国债具有筹集建设资金的功能是显而易见的。公共财政的基本目的是为了满足社会公共需要。大型基础设施、基础产业等方面的建设需要被视为社会公共需要，为这些社会公共需要筹措财政资金是公共财政的基本任务之一。当经常性的财政资金不足时，通过发行国债筹集建设资金，就显得十分必要。日本的《财政法》明确规定政府可以举借建设公债，用于公共设施建设，为经济发展奠定坚实的物质基础。

在社会主义国家，国债的这一功能更加突出。我国从 1987 年开始发行了专门用于重点项目和重点企业的建设债券，如电力债券、钢铁债券、石油化工债券和有色金属债券等。我国政府发行的这些建设债券为保证重点项目建设、调整投资结构筹措了大量的财政资金。

(3) 调节经济

国债对经济的总量和结构都具有一定的调节作用。国债是财政收入的组成部分，国债发行的成功，意味着由国家支配的经济资源的增加。国家利用取得的国债收入安排财政支出，形成有效的社会总需求，可以促使社会总供给和总需求的平衡，维持经济的稳定。国家还可以通过对国债收入投放方向的合理选择，调节经济结构，促使国民经济平衡发展。如增加生产建设支出，可以增加积累的规模；增加社会集团的购买力，则会增加消费的规模。中央银行还可以利用国债进行公开市场操作，以此调节流通中的货币量。

二、国债的规模

1. 国债规模的概念及其指标

国债的规模是指一国在一定时期（通常为一年）或者在某一时点上（通常为年末），国债在数量上的总水平。它可以用年末国债余额、当年发行的国债总额和当年到期需还本付息的债务总额表示。

2. 国债的限度及其制约因素

(1) 国债限度

国债的规模不可能无限制的扩大，国债规模扩大总会受到某些因素的制约，因而总有一个限度。国债限度是指一国在一定时期（通常为一年）或者在某一时点上（通常为年末）国债规模的最高额度。

(2) 国债规模的制约因素

①认购人负担能力　国债规模首先受认购人负担能力的制约，认购人负担能力的高低是决定国债规模的主要因素。

认购人的负担能力实际上是由购买国债的资金来源决定的。购买国债的资金来源可以从两个方面来观察。

从国民经济总体来看，购买国债的资金来源于国内生产总值，所以可以用下式来表示认购人的负担能力：（其指标可称为国民经济承担率）

$$国民经济承担率 = \frac{年末国债余额}{当年国内生产总值} \times 100\%$$

从全体居民的角度来看，购买国债的资金来源于居民储蓄。居民储蓄是居民收入扣除消费支出和其他投资后的余额。所以从全体居民的角度来看，可以用下式来表示认购人的负担能力：（其指标可称为居民负担率）

$$居民负担率 = \frac{当年国债发行额}{当年居民储蓄} \times 100\%$$

②政府偿债能力　政府的偿债能力是制约国债规模又一个重要因素。国债是需要还本付息的，偿还国债的资金来源是政府的财政收入，所以可以用以下指标表示政府的偿债能力：

$$国债偿债率 = \frac{当年还本付息额}{当年财政收入总额} \times 100\%$$

③国债依存度　国债依存度是指一国一定时期内（通常为1年）国债发行数量占当年财政支出总额的比率，计算公式为：

$$国债依存度 = \frac{当年国债发行额}{当年财政支出总额} \times 100\%$$

这一指标反映了财政支出中有多少是依靠发行国债来筹措的。

④其他制约因素　国债的使用方向、结构和效益也是制约国债负担能力和限度的重要因素，从一定意义上说是一个决定性的因素。

小资料3-8

国际公认的国民经济承担率的警戒线是60%。1991~1995年发达国家这一指标平均为30%，赤字规模比较大的发展中国家平均为34%，亚洲新兴工业化国家为15%，我国为5.5%。

从国债依存度来看，1991~1995年发达国家这一指标平均为10%，赤字规模比较大的发展中国家平均为25%，亚洲新兴工业化国家（1968~1990年）为9%，我国为53%。

小思考3-3

依据小资料3-8可以看出，我国国债依存度过高、国民经济承担率相对较低。前一指标表明，我国财政处于脆弱状态；后一指标说明，我国国债规模还有很大的拓展余地。如何理解这一似乎矛盾的现象呢？

三、国债的发行及偿还

1. 国债的发行

国债的发行是指国债售出或被个人、企业、投资机构认购的过程，其核心是确定国债售出的方式，即国债的发行方式。国债的发行主要有以下几种方式：公募法、承购法、公卖法和摊派法等。

(1) 公募法

公募法是指由国家财政部门或中央银行作为发行机构，在金融市场上通过公开招标发行国债的方式。具体的拍卖方法是多种多样的，主要包括：价格拍卖、收益拍卖、竞争性出价和非竞争性出价。

①价格拍卖　在国债票面利率和票面价格已定的情况下，认购者根据自身掌握的信息对

未来金融市场的利率走势进行预测，再根据预测结果对国债的发行价格进行投标。投标价格可以高于面值也可以低于面值。发行机构则先按投标价格由高到低进行排序，再根据购买数额按序依次出售，直至额满为止。发行后，财政按债券面值和票面利率计算支付利息，债券到期按面值还本。

②收益拍卖　发行机构确定国债的出售价格，不确定国债的利率，国债的利率由认购者根据其对未来金融市场的利率走势的预期进行投标。国债的利率实际上就是国债的认购者投资于国债的投资收益率。发行机构则先按投标利率由低到高进行排序，再根据购买数额按序依次出售，直至额满为止。发行后，财政按确定价格和投标利率计算支付利息，国债到期按固定价格还本。

③竞争性出价　财政部门事先只公布国债的发行数量，既不确定国债的利率，也不确定国债的出售价格，国债的利率和出售价格都由认购者根据其对未来金融市场的利率走势的预期和资金的供求关系进行投标。发行机构根据认购者的投标价格和投标利率，或者按照国债投标价格由高到低，或者按照投标利率由低到高进行排序，再根据购买数额按序依次出售，直至额满为止。

④非竞争性出价　对于一般小额认购者或不懂此项业务的认购者，可只报拟购债券数量，发行机构对其按当天成交的竞争性出价的最高价与最低价的平均价格出售。

(2) 承购法

承购法是指财政部门根据一定的发行条件，经过与金融机构协商，先由金融机构将财政本期发行的国债全部承购，然后再由金融机构向社会销售的方式。如果金融机构不能将已经承购的国债全部销售出去，其差额部分由金融机构持有。

(3) 公卖法

公卖法是指政府委托国债推销机构利用金融市场直接出售国债。这种发行方式要求有较发达的证券市场。在公卖法下，国债的发行价格由证券市场的资金供求行势决定并且不断波动。

(4) 摊派法

摊派法是指政府利用政治强权根据事先规定的认购者条件和确定的发行价格、利率和期限等，向符合条件的企业、单位和居民分配购买国债的任务指标，以迫使其购买国债的一种强制性的发行方式。我国1981年及其以后几年，即恢复发行国债的初期，由于国民对国债还缺乏认识，加之居民收入还不高，我国国债的发行基本上采取摊派法。目前，我国国债的发行已不再采用摊派法。

2. 国债的偿还

国债到期就要还本付息，清偿债务。偿还国债需要一定的资金，需要采用一定的方法。

(1) 国债偿还资金的来源

偿债资金的来源通常有以下几个方面：

①偿债基金　偿债基金是指由政府预算设置的专门用于偿还国债的基金，即每年从财政收入中拨交一笔专款而设立的基金，该基金由特定机关管理，专门用作偿付国债，不准挪作他用。

②财政盈余　财政盈余是指政府在预算年度结束时形成的当年财政收支的结余。政府将这笔盈余作为偿债资金。盈余多，偿债数额就多；盈余少，偿债数额就少。

③预算列支的数额 预算列支的数额是指政府将每年的国债偿还数额作为财政支出的一个项目（如债务还本项目），列入当年的预算支出，以通过预算的法律效力，确保从正常的财政收入（主要是税收）中形成的一笔用于偿还国债的资金。

④举借新债 举借新债是指政府为了偿还到期国债，而采取发行新的国债所取得的资金。

(2) 国债的偿还方式

各国可选择的偿还国债的方式主要有以下几种：

①分期偿还法 分期偿还法是指对一种债券规定几个偿还期，每期按比例偿还其中的一部分，到债券的最终到期日，偿还所有剩余部分的偿还方式。这种方式包括抽签法。

②买销法 买销法是指在债券到期前，由国家根据具体情况定期或不定期地直接从证券市场上，按市价买回一定比例的国债，并不再卖出，以销却债务的偿还方法。此法只适用于可上市的国债的偿还。

③到期一次偿还法 到期一次偿还法是指政府在一种债券的到期日按照债券的票面价值一次清偿全部债券本金的方法。在这种方法下，一种国债只有一个偿还期，国债未到期前不偿还债券的本金。

④以新债替换旧债偿还法 以新债替换旧债偿还法是指国家通过发行新债券以替换到期旧债券以偿还国债的方法。这可以是用发行新债券的收入来收回旧债券，也可以是采取新旧债券直接交换的方式。

★★★★★ 本章学习路径 ★★★★★

本章包括四方面内容：一、财政收入形式；二、财政收入的结构；三、财政收入的规模；四、国债。

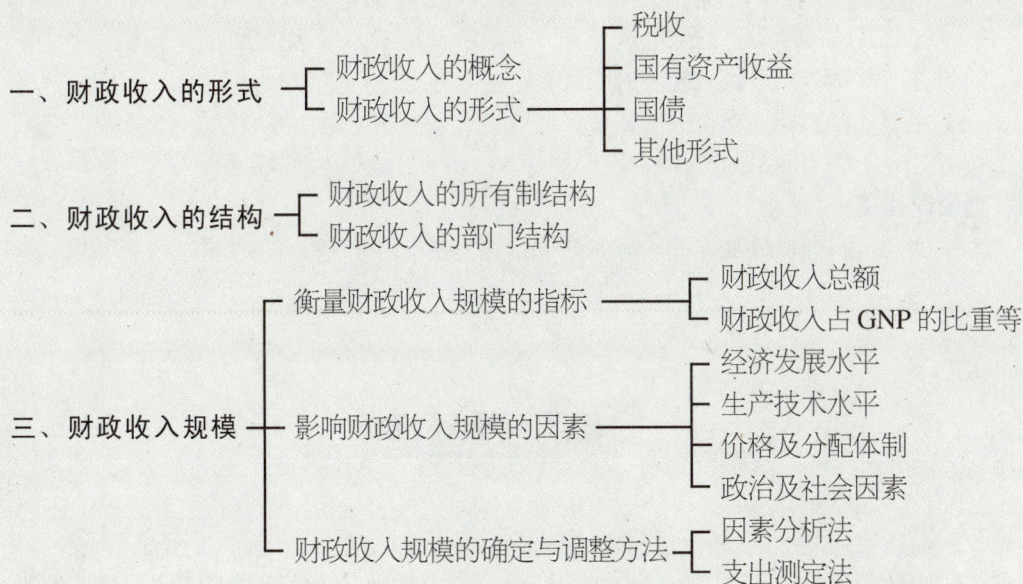

一、财政收入的形式 ┬ 财政收入的概念
                   └ 财政收入的形式 ┬ 税收
                                    ├ 国有资产收益
                                    ├ 国债
                                    └ 其他形式

二、财政收入的结构 ┬ 财政收入的所有制结构
                   └ 财政收入的部门结构

三、财政收入规模 ┬ 衡量财政收入规模的指标 ┬ 财政收入总额
                                         └ 财政收入占 GNP 的比重等
                 ├ 影响财政收入规模的因素 ┬ 经济发展水平
                 │   ├ 生产技术水平
                 │   ├ 价格及分配体制
                 │   └ 政治及社会因素
                 └ 财政收入规模的确定与调整方法 ┬ 因素分析法
                                               └ 支出测定法

财税金融

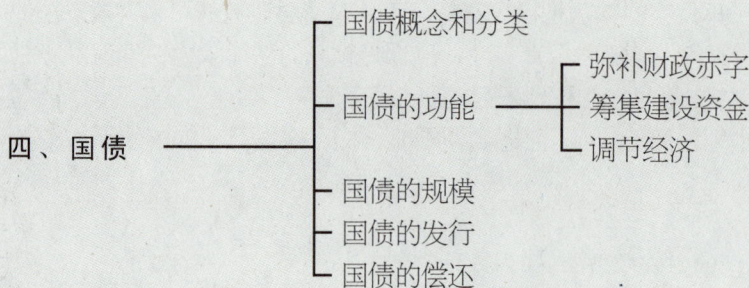

```
                              ┌─ 国债概念和分类
                              │                      ┌─ 弥补财政赤字
                              ├─ 国债的功能 ─────────┤── 筹集建设资金
四、国债 ──────────────────────┤                      └─ 调节经济
                              ├─ 国债的规模
                              ├─ 国债的发行
                              └─ 国债的偿还
```

实 训 题

一、填空题

1. 财政收入是指国家为了满足社会公共需要，依据其 _____ 和 _____，参与社会产品分配与再分配活动而取得的由国家支配的一定量的 _____。

2. 财政收入的形式是指国家取得财政收入所采取的方式和方法，主要包括 _____、_____、_____ 等。

3. 财政收入规模受 _____、_____ 等因素的制约。

二、单选题

（　　）1. 我国政府组织财政收入的基本形式是 _____。

        A. 国有资产收益　B. 税收　　　　　C. 国债　　　　D. 规费

（　　）2. 目前，我国来自 _____ 的财政收入最多。

        A. 农业部门　　B. 工业部门　　C. 商业部门　　D. 交通运输部门

三、多选题

（　　）1. 国债的功能包括 _____。

        A. 弥补财政赤字　　　　　　　　B. 筹集建设资金

        C. 实现公平分配　　　　　　　　D. 调节经济

（　　）2. 影响财政收入规模的因素有 _____。

        A. 国民经济发展水平　　　　　　B. 生产技术水平

        C. 价格及分配体制　　　　　　　D. 政治及社会因素

四、判断改错题

（　　）1. 我国财政收入的所有制结构始终与国民经济的所有制结构保持一致。

（　　）2. 国债的使用方向、结构和效益对国债负担能力和限度产生重要影响。

复习思考题

1. 什么是财政收入？

2. 财政收入的形式一般有哪些？最基本、最稳定的财政收入形式是什么？

3. 为什么自改革开放以后至 1994 年，我国财政收入的所有制结构与国民经济的所有制结构出现了严重的背离？

4. 财政收入的部门结构的发展变化趋势是什么？

5. 衡量财政收入规模的指标有哪些？

6. 影响财政收入规模的因素有哪些？

7. 生产技术水平是如何影响财政收入规模的？

8. 如何确定和调整财政收入规模？

9. 什么是国债？国债有何特点？

10. 国债的分类方法有哪几种？

11. 国债有哪些功能？

12. 影响国债规模的因素有哪些？

13. 国债的发行方式有哪些？

14. 偿还国债的资金来源有哪些？

第四章　税收及税收制度

【学习目标】

通过本章的学习，了解税收制度的概念及模式，了解税收制度的意义及原则，了解国际税收的概念及税收管辖权；掌握税收的概念、特征及主要分类，掌握税收制度的构成要素，掌握避免或减轻国际重复征税的方法；弄清国际税收协定的主要内容。

第一节 税收的概念、特征及其分类

一、税收的概念

税收是国家为了实现其职能、满足社会公共需要，凭借其政治权力，按照税法强制地、无偿地从企业、单位和个人手中取得财政收入的一种形式。

二、税收的特征

税收与其他财政收入形式相比，具有强制性、无偿性和固定性三个基本特征（简称"三性"）。只有同时具备上述"三性"的财政收入形式才可称其为税收。

1. 强制性

税收的强制性是指国家凭借其政治权力，依据税法向纳税人强制课征，纳税人必须依据税法严格履行纳税义务，如果纳税人拒不履行纳税义务，必然会受到国家有关法律的制裁。

小资料4-1

《中华人民共和国税收征收管理法》规定：对纳税人偷税的，由税务机关追缴其不缴或者少缴的税款、滞纳金，并处不缴或者少缴的税款50%以上5倍以下的罚款；构成犯罪的，依法追究刑事责任。

2. 无偿性

税收的无偿性是指国家在取得税收收入的同时，不需要向纳税人进行任何直接的返还。国家向纳税人征税以后，不需要像国债那样在债券到期日向国债持有人偿还，也不需要像规费那样在取得收入的同时直接向缴费者提供相应的服务。

不过税收的无偿性是就具体纳税人而言的。国家征税的目的是为了满足社会公共需要的。国家通过征税向纳税人取得的财政收入，又通过各项财政支出用于国防、安全、行政管理、教育、卫生等社会事业，所以就整个财政活动来看，税收又具有有偿性的一面。

3. 固定性

税收的固定性是指以税法为表现形式的国家与纳税人之间的征纳关系的固定性，特别是指以法律的形式预先规定的课税对象和征收数额之间的数量比例（即税率）的固定性，征纳双方不得超越法律规定而随意改变。

税收的固定性还包含连续性征收的含义，即这种课征要定期进行，而非只征收一次了事。

小资料4-2

财政部、国家税务总局 财税[2004]40号

近期以来，部分地区违反税法和全国统一规定，擅自提供个人所得税"工资、薪金所得"费用扣除标准和扩大不征税项目的适用范围，违背了依法治税的原则。

当然，税收的固定性只是相对而言的，因为税率从长期来看不可能一成不变。

三、税收的分类

税收可以按照不同的标准进行分类，下面介绍一些主要的分类方法。

1. 按课税对象分类

西方市场经济国家，按课税对象分类主要分为商品和劳务税类、所得税类、社会保障税类、财产税类、关税、其他税类等六种类型。这是最基本的分类方法。

(1) 商品和劳务税类

商品和劳务税类是指以商品或劳务流转额为课税对象的税收体系。商品和劳务税类的计税依据是商品销售额或业务收入额。包括销售税、营业税、国内产品税、增值税、消费税等。

商品和劳务税类对生产、流通、分配各个环节都能进行调控，税源广泛，纳税人取得收入后就要缴纳税款，不受成本费用的影响，所以，其征收效率最大。

(2) 所得税类

所得税类是指以所得额、收益额为课税对象的税种类别。所得税是以纯收益额为征税对象的税收体系。其中包括个人所得税、公司所得税、资本利得税、超额利润税、房地产收益税等。

小知识 4-1

纯收益额是指总收入扣除成本、费用以及损失后的余额。

公司所得税一般采用比例税率，可以促进公平竞争。个人所得税一般采用累进税率，所得多者多征，所得少者少征，无所得者不征，对调节纳税人的收入具有特殊作用。

(3) 社会保障税类

社会保障税类是指以社会保障税（费）、社会保险税（费）为主要内容的税收体系。主要包括国家保险、二级保险、雇主退休金三种形式。

国家保险是指根据政府提供的保险(包括退休、医疗、伤残、失业和其他社会保险)计划，由雇主和雇员分担比例税率的保障税。

二级保险是指按照退休金计划，在国家保险基础上增加的保险金收入。

雇主退休金是指雇主自己实施的经国家有关部门认可的保险金计划。但雇主实行这种雇主退休金计划的，可以不参加国家二级保险，国家保险的税率也会有不同程度的降低。

社会保障（险）税或费有两种征缴形式，一是向雇主收缴，如英国规定由雇主在支付时扣除缴纳；二是由雇主和雇员共同缴纳，如德国规定，健康保险费和失业保险费由雇主和雇员共同缴纳，雇员应负担部分由雇主从其薪金中代扣代缴。

(4) 财产税类

财产税类是指以各种财产为课税对象的税收体系。财产税类税种的课税对象是财产的收益或财产所有人的收入，主要包括房产税、财产税、遗产税和赠予税等税种。

对财产课税，对于促进纳税人加强财产管理、提高财产使用效率具有特殊的作用。

(5) 关税

关税是指以进出一国国境或关境的货物、物品为课税对象的税收体系。关税是以进口关税和出口关税为内容的一个独立的税收类型。进口关税和出口关税统称为关税。

(6) 其他税类

其他税类是指除上述税类以外的其他各税种组成的税收体系。

小资料4-4

我国按课税对象分类，一般分为流转税类、所得税类、资源税类、财产和行为税类。我国近年来开征社会保障税的呼声浪高，但尚未立法。流转税类包括增值税、消费税、营业税、关税等。所得税类包括企业所得税、个人所得税等。资源税类包括资源税、土地增值税、城镇土地使用税等。财产和行为税类包括房产税、城市房地产税、车船税、印花税、契税、屠宰税、筵席税等。

---

2. 按税收管理与使用权限分类

按税收管理与使用权限分类，可分为中央税、地方税、中央和地方共享税。

①中央税是指属于中央政府固定收入的税种。这类税的特点是税源集中、收入大、涉及面广，需要全国统一管理。

②地方税是指属于地方政府固定收入的税种。这类税与地方联系密切，税源比较零星分散，由地方根据因地制宜的原则征收。

③中央和地方共享税是指属于中央政府和地方政府共同享有，按照一定比例分成的税种。这类税既要兼顾中央和地方的利益，又要有利于调动中央和地方组织收入的积极性。

过去我国是按企业的隶属关系划分收入的，自1994年税制改革开始，我国实施分税制。经过几年实践，证明它在处理各级政府的责、权、利关系，调动中央和地方组织收入的积极性等方面，确实有着重要作用。但也存在着一些问题，需要进一步完善。

中央税、地方税和中央地方共享税的具体税种可参见图表4—6。

3. 按税收负担能否转嫁分类

按税收负担能否转嫁分类可以分为直接税和间接税。

①直接税是指纳税人直接作为负税人，税负不能或不易发生转嫁的税种，包括个人所得税、企业所得税、外商投资企业和外国企业所得税等。

②间接税是指纳税人并非是实际的负税人，纳税人在纳税后可以通过提高销售商品的价格、降低购入商品的价格等手段，将所纳税款全部或部分转嫁给他人负担的税种，主要包括增值税、销售税、营业税、消费税等税种。

税收负担是指由于国家征税而给纳税人带来的利益损失或经济利益的转移，简称税负。

税负转嫁是指纳税人通过一定途径将税收负担转移给他人的经济现象。

税负归宿是指处于转嫁中的税负的最终落脚点，即税负转嫁的最终结果。

负税人是指在税负转嫁过程结束后，最终承担税负的企业、单位和个人。在存在税负转嫁的情况下，纳税人并非总是实际的负税人。

4. 按课税对象的计量标准分类

按课税对象的计量标准分类，可以分为从价税、从量税和从价从量复合税。

①从价税是指以课税对象的价格（或价值量）为计税依据的税种。应纳税额随价格（或价值量）的变化而变化。

②从量税是指以课税对象的数量（重量、面积、容量等）为计税依据的税种。应纳税额随课税对象数量的变化而变化。

③从价从量复合税是指对课税对象规定从价和从量两种税率，两种方法同时征收的税种。

第二节　税收制度

一、税收制度的概念及模式

1. 税收制度的概念

税收制度是指一个国家在一定时期内，根据社会经济发展的需要和国家承担的职能，用立法的形式制定征税的各种准则的总称，包括税收法律、法规、条例、规章、实施细则以及征收管理办法等。税收制度简称税制，它是国家财政经济制度的重要组成部分。

2. 税收制度的模式

由于经济制度不同、社会经济结构不同、文化背景不同，世界各国税收制度存在着一定的差异，具体征税办法也千差万别。即使是同一个国家，其税收制度也会随着社会经济形式的变化而变化。因此税收制度存在着不同的模式。

税收制度的模式是指一个国家在一定时期组成该国税收体系的各个税种及其在税收体系中的地位所呈现出的特征。通常情况下，可以将税制分为单一税制和复合税制。

单一税制是指一个国家在一定时期内实行只有一种或一类税的几个税种的税制，如单一消费税制、单一土地税制、单一财产税制等。

由于单一税制难以充分发挥筹集财政资金和调节经济活动的作用，因此，并没有哪个国家真正实行过单一税制。

复合税制是指一个国家在一定时期内实行由多个税种组成的税收制度。在这种税收制度中，各税种的功能相互补充、作用相辅相成、地位有主有次，从而形成一种能够较好地实现财政职能、结构严密的税收体系。世界各国普遍实行的都是复合税制。

二、税收制度的意义

1. 税收制度是处理税收分配关系的载体

税收的多少决定着国民收入在纳税人和国家之间的分配比例，通过税款的征缴所形成的国家同纳税人之间的经济关系就是税收的分配关系。税收制度的建立与变革实际上就是对国家与纳税人之间税收分配关系的规范与调整。

由此可见，税收制度是处理税收分配关系的载体，要正确处理国家同纳税人的经济分配关系，必须建立合理完善的税收制度。

2. 税收制度是实现税收作用的载体

一个国家要切实发挥税收的作用，离开税收制度是不行的。建立符合客观经济情况的税收制度，是正确发挥税收调节经济作用的前提和保证。要实际发挥税收作用则必须有效执行已经建立的税收制度。

税制不同，税种不同，税负水平不同，征管范围不同，税收调节经济的内容、方向和力度也不相同。而税种的设置、税负水平的高低、征管范围的大小，必须由税制来规范。

所以确定税收调节经济的内容、方向和力度并促使其达到预期的效果，离开了税收制度的建立和执行，那就是空谈。

和市场交易量放大的共同作用下，前三季度证券交易印花税完成 1 436亿元，增长11. 7倍，增收 1 322亿元，拉动整体税收增长4.7个百分点；为促使土地合理利用，自 2007年1月1日起，调整城镇土地使用税税率标准和证税范围，前三季度城镇土地使 用税增长 70.2%，同时，加强对土地增值税预证和清算的证管力度，房地产业营业税 和土地增值税分别增长 42.9% 和增长 82.8%。

3. 税收制度是证纳税款的依据

税收是通过征税主体的征收活动和纳税主体的缴纳活动实现的。无论是作为征税主体的 税务机关，还是作为纳税主体的纳税人，如果没有税收制度作为依据，税务机关和纳税人两 方的责任、义务都得不到明确，税收的征纳就难以做到科学、客观、公正、有序。因此，税 收制度是征纳税款的依据。

三、税收制度的原则

税收制度不能随意建立，必须遵循一定的指导思想；税收制度的执行也不能缺少基本的 规范。税收制度建立和执行的指导思想和基本规范，就是税收制度的原则。

税收制度的原则一般包括财政原则、公平原则、效率原则、普遍原则和简便原则等。

1. 财政原则

财政原则是指一个国家的税收制度的建立与变革必须有利于保证国家的财政收入，满足 国家行使其职能的资金需要，同时又要兼顾需要与可能，注意征税的限度。

税收制度的设计，必须兼顾需要与可能，既要有利于国家取得财政收入，又不能超越客 观的承受能力。

2. 公平原则

公平原则是指对所有的纳税人都公正，或者说对所有的纳税人都平等相待。公平原则实 际上也就是税负合理的原则。这是市场经济的内在要求。在市场经济体制下，参加市场竞争 的各个主体需要有一个平等竞争的环境，而税收的公平原则是实现平等竞争的重要条件。

公平原则主要体现在三个方面：

(1) 根据纳税人的税收负担能力公平征税

从税收负担能力上看，负担能力大的应多纳税，负担能力小的应少纳税，没有负担能力 的不纳税。

小资料 4-7

我国现行的个人所得税存在税负不公的问题。按照现行个人所得税法的规定，同 样数额的收入因其来源不同而税收不同。如工薪收入的最高税率为 45%，财产租赁收 入的税率为 20%，当工薪收入大于 2.7 万元时，其税负高于像歌星演唱的劳务收入、 出租房屋的财产租赁及稿酬等的税率。

(2) 为纳税人营造一个公平的生产经营环境

在某些领域，纳税人所处的生产经营环境有优有劣。为此，国家可以通过对税种、税目和税率的设计，将因纳税人生产经营条件优越而形成的超额收入或级差收益，以税收的形式缴纳给国家，并且超额收入或级差收益越多，纳税越多；反之纳税越少。

(3) 促进地区之间、行业之间的税负平衡

从税负平衡的角度看，不同地区、不同行业及多种经济成分之间的实际税负必须尽可能公平。

小资料4-8

我国1994年以前对不同经济成分的企业按不同的税率征收所得税。国营大中型企业适用55%的固定比例税率；国营小型企业和集体企业适用八级超额累进税率；私营企业适用35%的固定比例税率；城乡个体工商业户适用十级超额累进税率。这显然不利于不同经济成分之间税负的平衡。

3. 效率原则

效率原则是指税收制度的设计应该有利于在税收的征纳过程中尽可能地降低征纳双方的费用，同时税收制度的施行不能妨碍市场机制调节作用的发挥，要促进资源的有效配置。

效率原则包括行政效率和经济效率两个方面。

(1) 税收的行政效率

税收的行政效率可以从征税费用和纳税费用两方面分别考察。

征税费用是指税务机关在征税过程中所发生的各种费用。征税费用占所征税款的比重就是征税效率。

征税效率的高低与税务机关本身的工作效率密切相关。

小知识4-4

征税效率依税种的不同而存在差异。所得税的征税费用最高，增值税次之，按照销售额征收的营业税等又低于增值税。

(2) 税收的经济效率

税收的经济效率是指国家征税不能妨碍市场机制调节作用的发挥，不能使纳税人遭受税款之外的超额负担。

4. 法治原则

法治原则是指税收的立法，符合客观的社会经济条件；税法的执行严格，必须存在一套有效的监督网络；税法的遵守普遍，必须使征纳双方都形成强烈的依法治税的意识。

5. 简便原则

简便原则是指适度简化税制。税制不能过分简化，如果税制过于简化，虽然征纳方便，但是税收的职能作用就不能充分发挥，通过征税筹集财政收入的任务就不能完成。但税制也不能过于繁杂，否则就会给计算缴纳税收工作带来不便，增加征税费用，降低税收的行政效率。

财税金融

四、税收制度的构成要素

任何一个国家，不论采用什么样的税收制度，构成税制的要素都不外乎以下几项：纳税人，课税对象，税目，税率，纳税环节，纳税期限，减税、免税、加成和附加，起征点和免征额以及违章处理等，其中纳税人、课税对象、税率是构成税收制度的三个最基本的要素。

1. 纳税人

纳税人是指税法规定的直接负有纳税义务的法人、自然人，以及其他经济组织，是纳税义务人的简称。它们是纳税的主体，主要解决"对谁征税"的问题。

任何税种都有纳税人。

2. 课税对象

课税对象是指税法规定的课税的目的物，主要解决对什么征税的问题。课税对象是一个税种区别于另一税种的主要标志。每一种税都必须明确规定对什么征税，体现着税收范围的广度。一般来说，不同的税种有着不同的课税对象，不同的课税对象决定着税种所应有的不同性质。国家为了筹措财政资金和调节经济的需要，可以根据客观经济状况选择课税对象。

3. 税目

税目是指课税对象的具体项目。

设置税目的目的：一是为了体现公平原则，根据不同项目的利润水平和国家经济政策，通过设置不同的税率进行税收调控；二是为了体现"简便"原则，对性质相同、利润水平相同且国家经济政策调控方向也相同的项目进行分类，以便按照项目类别设置税率。

有些税种不分课税对象的性质，一律按照课税对象的应税数额采用同一税率计征税款，因此没有必要设置税目，如企业所得税。有些税种具体课税对象复杂，需要规定税目，如消费税、营业税，一般都规定有不同的税目。

4. 税率

税率是指应纳税额与课税对象之间的比例，是计算应纳税额的尺度，它体现征税的深度。

税率主要解决"征收多少税"的问题。税率的设计，直接反映着国家的有关经济政策，直接关系着国家的财政收入的多少和纳税人税收负担的高低。

我国现行税率的基本形式有比例税率、累进税率和定额税率。

(1) 比例税率

比例税率是指对同一征税对象不论数额大小，都按同一比例计征的税率，一般适用于商品流转额的课税。

比例税率的优点表现在：同一课税对象的不同纳税人税收负担相同，能够鼓励先进，鞭策落后，有利于公平竞争；计算简便，有利于税收的征收管理。但是，比例税率不能体现能力大者多征、能力小者少征的原则。

比例税率在具体应用上可分为单一比例税率和差别比例税率。差别比例税率通常包括行业比例税率、产品比例税率、地区差别比例税率和幅度比例税率等。

小知识4-5

> 比例税率在具体应用上可分为单一比例税率和差别比例税率。差别比例税率通常包括行业比例税率、产品比例税率、地区差别比例税率和幅度比例税率等。

(2) 累进税率

累进税率是指按征税对象数额的大小，划分若干等级，每个等级由低到高规定相应的税率，征税对象数额越大税率越高，数额越小税率越低。

累进税率因计算方法和依据的不同，又可分为许多种。我国现行税制中主要有超额累进税率和超率累进税率。

超额累进税率是指把征税对象按数额大小划分为若干等级，每个等级部分由低到高规定相应等级的税率，每个等级分别按该级的税率计税，各级税额之和为应纳税额，如个人所得税。

超率累进税率是指将课税对象数量按照各种比率划分为若干等级，对每一等级由高到低分别规定相应级别的税率，分别计算税额，各级税额之和为应纳税额，如土地增值税。

(3) 定额税率

定额税率是指按照课税对象的计量单位规定固定税额，根据课税对象的数量和固定税额计算征税的一种税率，它不是按照课税对象规定征收比例，按比例计算征税。这种税率又称为固定税额，是税率的一种特殊形式，一般适用于从量计征的税种，如资源税、消费税的某些税目。

在具体运用上，定额税率可进一步分为地区差别税额、幅度税额和分类分级税额等。

5. 纳税环节

纳税环节是指税法规定的课税对象从生产到消费的流转过程中，应当缴纳税款的环节。纳税环节的确定主要是为了解决在什么环节课税和课几道税的问题。

任何税种都要确定纳税环节，有的比较明确、固定，有的则需要在许多流转环节中选择确定。如对一种产品，在生产、批发、零售诸环节中，可以选择只在生产环节征税，称为一次课征制，也可以选择在两个环节征税，称为两次课征制。还可以实行在所有流转环节都征税，称为多次课征制。

6. 纳税期限

纳税期限是负有纳税义务的纳税人向国家缴纳税款的最后时间限制。它是税收强制性、固定性在时间上的体现。

纳税期限包括多长时间纳一次税和在什么时间缴纳。前者是指纳税人交纳税款的时间间隔，后者是指税款的入库期限。

小资料4-10

营业税的纳税期限，分别为5日、10日、15日或者1个月……纳税人以1个月为一期纳税的，自期满之日起10日内申报纳税。

---

7. 减税、免税、加成和附加

减税是指对应纳税额少征一部分税款；免税是指对应纳税额全部免征。减税免税是对某些纳税人和征税对象给予鼓励和照顾的一种措施。减税免税的类型有：一次性减税免税、一定期限的减税免税、困难照顾型减税免税、扶持发展型减税免税等。

加成是指按照规定的税率计算应纳税额后，再加征一定成数的税额，如加征一成为加征10%，加征二成为加征20%。

附加是指在征收正税以外，附加征收的预备费税款。

加成和附加都属于加重纳税人负担的措施。

8. 起征点和免征额

起征点是指课税对象所达到的应当纳税的数额界限。课税对象未达到起征点时就不需要纳税，达到并超过起征点的，则就其全部数额课税。免征额是指准予从课税对象中扣除的免予征税的数额。

小资料4-11

营业额达到或超过起征点即照章全额计算纳税，营业额低于起征点则免予征收营业税。税法规定营业税的起征点如下：按期纳税的起征点（除另有规定外）为月营业额200～800元……财税[2002]208号文规定：对下岗失业人员再就业的，自2003年1月1日起至2005年2月31日止，提高营业税的起征点，将按期纳税的起征点提高到月销售额1000～5000元。

---

9. 违章处理

违章处理是指对有违反税法行为的纳税人采取的惩罚措施，包括加收滞纳金、处以罚款、送交人民法院依法处理等。

违章处理是税收强制性在税收制度中的体现，纳税人必须按期足额的缴纳税款，凡有拖欠税款、逾期不缴税、偷税逃税等违反税法行为的，都应受到制裁(包括法律制裁和行政处罚制裁等)。

财税金融

第三节　国际税收 *

税收国际化是经济、贸易国际化的重要组成部分。其突出的特点是出现了跨国的纳税人和跨国的征税对象。经济、贸易的国际化以及跨国公司的出现，使得国家之间的税收利益发生矛盾和冲突。协调国家之间的税收利益，对国家的征税权加以约束，就成为各国政府必须面对和解决的问题。

改革开放以来，我国不仅引进了大量的外国资本，而且对外输出了大量的劳务，国家对外经济合作与交往越来越紧密，跨国所得和跨国纳税人大量增加，从而产生了我国的国际税收问题。近几年来，我国国际经济交往进一步加深，不仅加入了WTO，而且在中国的提议下，2005年已经建立了中国——东盟自由贸易经济区，中国与其他国家或国际经济组织的交往也日益密切。特别是随着我国经济实力的提升，开放程度的进一步提高，我国企业也开始走向世界，频频在海外市场进行跨国兼并，进出口贸易额急剧增加。在这种大背景下，我国的国际税收问题也就显得越来越重要了。

一、国际税收概述

1. 国际税收的概念

国际税收是指涉及两个或两个以上国家权益的税收活动形成的国与国之间的税收分配关系。

国家税收是国际税收的基础，没有国家税收就没有国家之间的税收关系，国际税收就无从谈起。

> **小知识4-6**
>
> 跨国所得是指纳税人在本国（居住国）以外的所得。跨国纳税人是指有跨国所得并在两个或两个以上的国家都负有纳税义务的纳税人。

2. 税收管辖权

国际税收问题涉及国家权益。例如，当两个或两个以上的国家对同一跨国纳税人的同一所得进行征税时，必然会引起下列问题：该由哪个国家征税，相关国家各征多少税，跨国纳税人会不会被重复征税，如何避免等，这些问题都与国家权益有关，都属于国际税收问题。

与国际税收问题相关的国家权益实际上就是税收管辖权。

(1) 税收管辖权的概念

税收管辖权是指一个国家在征税方面所拥有的对谁征税、征什么税以及征多少税的决定权。

(2) 税收管辖权的种类

一个国家可以按属地原则或属人原则确立税收管辖权。按属人原则确立税收管辖权称为居民税收管辖权或公民税收管辖权；按属地原则确立税收管辖权称为地域税收管辖权或收入来源地税收管辖权。

①居民税收管辖权或公民税收管辖权　居民税收管辖权或公民税收管辖权是指一国政府有权对本国居民或公民的收入（所得）征税，而不管这些所得是来源于国内还是国外，但

对非本国居民或公民的收入（所得）则不征税。

②地域税收管辖权或收入来源地税收管辖权　地域税收管辖权或收入来源地税收管辖权是指对发生在本国领土范围内的收入来源，不论纳税人是哪一个国家的企业或居民，都要征税，但对于来源于国外的收入则不征税。

图表4-1

甲国两种税收管辖权下收入（所得）征税权示意图

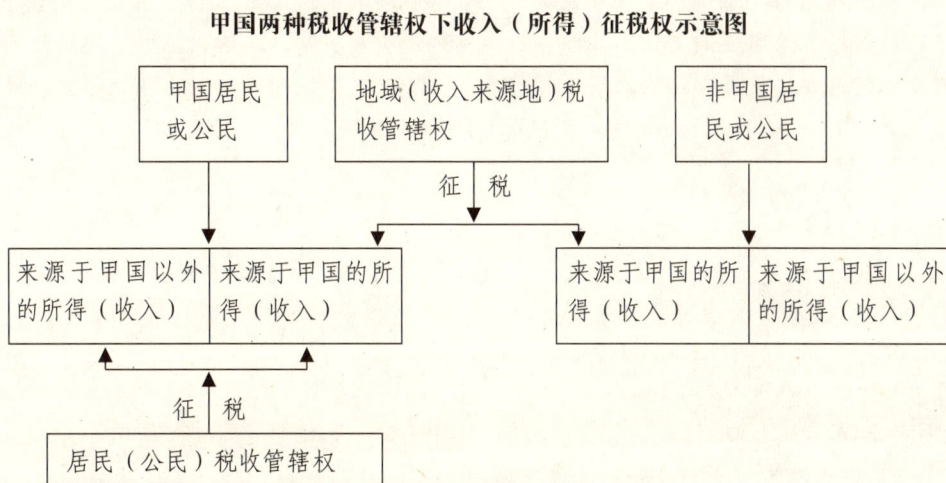

小思考4-1

多数国家为了维护本国的经济利益，往往同时行使两种税收管辖权。但发达国家更加强调居民（公民）税收管辖权，发展中国家更加强调地域（收入来源地）税收管辖权。这是为什么？

二、国际重复征税及其减除

1. 国际重复征税的概念

国际重复征税是指两个或两个以上的国家，在同一时期内，对同一跨国纳税人的同一课税对象征收相同或类似的税收。

2. 国际重复征税产生的原因

国际重复征税是不同国家的税收管辖权交叉重叠使用的结果。国与国之间税收管辖权的交叉重叠可以分为两种情况：一种是两种不同的税收管辖权相互重叠，另一种是两种相同的税收管辖权相互重叠。

世界上多数国家都同时采用两种税收管辖权，所以两种不同的税收管辖权相互重叠的情况最为普遍。

小思考4-2

刘玫是中国居民，她在美国从事劳务活动并在美国获得一笔收入，则中国和美国可以分别依据哪一种税收管辖权而同时对刘玫这笔收入征税？

两种相同的税收管辖权相互重叠形成的国际重复征税主要是由于有关国家判定所得来源地或居民身份的标准相互冲突造成的。

小思考 4-3

杰克公司在美国注册，其总部设在日本。如果美国和日本都行使居民税收管辖权，则美国和日本是否有权对该公司的生产经营所得征税？

小思考 4-4

如果世界各国统一行使一种税收管辖权——居民（公民）税收管辖权或地域（收入来源地）税收管辖权，并采用同样的标准确定居民（公民）身份或收入来源地，还会不会产生国际重复征税问题？

3. 避免或减轻国际重复征税的方法

为了避免或减轻国际重复征税，世界各国一般采用以下几种方法：

(1) 免税法

免税法是指一国政府对本国居民（公民）的国外所得免予征税，而仅对来源于国内的所得征税。

由于免税法使居住国完全放弃对本国居民（公民）国外所得的征税权，从而使纳税人只须负担国内的税收，因此它可以有效地消除国际重复征税。鉴于此，经合组织范本和联合国范本都将免税法列为避免国际重复征税的推荐方法之一。

(2) 扣除法

扣除法是指一国政府在对本国居民（公民）的国外所得征税时，允许其将该所得已负担的外国税款作为费用从应税国外所得中扣除，只对扣除后的余额征税。

根据扣除法，一国政府对本国居民已负担国外税收的跨国所得仍要按本国税率征税，只是应税所得可被外国税款冲减一部分，因此，扣除法只能减轻而不能免除所得的国际重复征税。

(3) 低税法

低税法是指一国政府对本国居民（公民）的国外所得在标准税率的基础上减免一定比例，按较低的税率征税；对其国内所得则按正常的标准税率征税。

由于低税法只是居住国对已缴纳外国税款的国外所得按减低的税率征税，而不是完全对其免税，所以它与扣除法一样，也只能减轻而不能免除国际重复征税。

（4）抵免法

抵免法是指一国政府在对本国居民（公民）的国外所得征税时，允许其用国外已纳的税款冲抵在本国应缴纳的税款，从而实际征收的税款只为该国居民（公民）应纳本国税款高于已纳外国税款的差额。

小资料4-13

中国和希腊消除双重征税的方法

一、在希腊，消除双重征税如下：

（一）对希腊居民从中国取得的所得，按照本协定规定在中国缴纳的税额，希腊允许其在就该项所得缴纳的税收中扣除，扣除额等于在中国所缴纳的所得税额。

但该项扣除，不应超过属于可以在中国征税的所得在扣除前计算的所得税额。

（二）从中国取得的所得是中国居民公司支付给希腊居民的股息，除根据本款第（一）项规定可抵免的任何税收外，该项抵免应考虑支付该股息公司就该项所得缴纳的税收。

二、在中国，消除双重征税如下：

中国居民从希腊取得的所得，按照本协定规定在希腊缴纳的税额，可以在对该居民征收的中国税收中抵免。但是，抵免额不应超过对该项所得按照中国税法和规章计算的中国税收数额。

小资料4-13显示，希腊采用扣除法消除中国和希腊之间的重复征税；中国采用抵免法消除两国间的重复征税。

抵免法可以有效地免除国际重复征税。由于抵免法既承认所得来源国的优先征税权地位，又不要求居住国完全放弃对本国居民国外所得的征税权，有利于维护各国的税收权益，因而被世界各国普遍采用。

与税收抵免有关的一个重要概念是税收饶让。

小知识4-7

税收饶让是指一国政府在对本国居民（公民）在国外得到减免的税收，视同已纳税款，并允许在本国税收中予以抵免。

★★★★★ 本章学习路径 ★★★★★

本章包括三方面内容：一、税收概述；二、税收制度；三、国际税收。

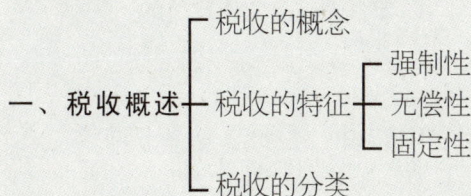

```
                    ┌─ 税收的概念
                    │               ┌─ 强制性
一、税收概述 ────────┼─ 税收的特征 ──┼─ 无偿性
                    │               └─ 固定性
                    └─ 税收的分类
```

财税金融

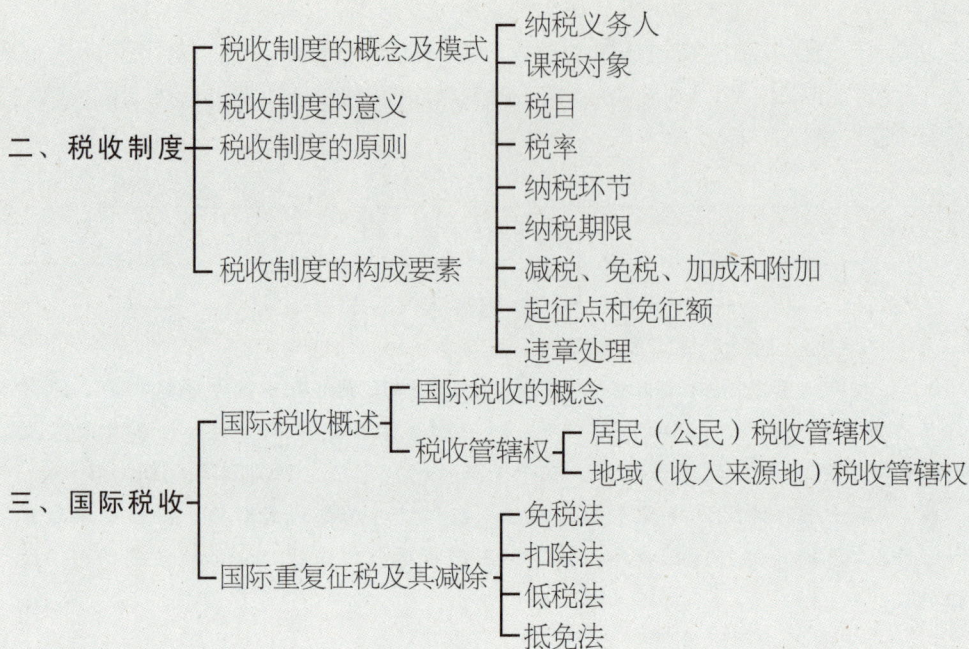

```
                          ┌─ 纳税义务人
         ┌─ 税收制度的概念及模式  ├─ 课税对象
         │                      ├─ 税目
         ├─ 税收制度的意义        ├─ 税率
二、税收制度─┤─ 税收制度的原则      ├─ 纳税环节
         │                      ├─ 纳税期限
         │                      ├─ 减税、免税、加成和附加
         └─ 税收制度的构成要素    ├─ 起征点和免征额
                                └─ 违章处理

                        ┌─ 国际税收的概念
         ┌─ 国际税收概述─┤                 ┌─ 居民（公民）税收管辖权
         │              └─ 税收管辖权──────┤
         │                               └─ 地域（收入来源地）税收管辖权
三、国际税收─┤
         │                ┌─ 免税法
         └─ 国际重复征税及其减除─┤─ 扣除法
                          ├─ 低税法
                          └─ 抵免法
```

实 训 题

一、填空题

1. 税收与其他财政收入形式相比，具有 _____、_____ 和 _____ 三个基本特征。

2. 西方市场经济国家，按课税对象分类主要分为 _____、_____、_____、_____、_____、其他税类等六种类型。这是最基本的分类方法。

3. 按税收管理与使用权限分类，可分为 _____、_____、_____。

4. 税收制度的原则一般包括 _____、_____、_____、法治原则和简便原则等。

5. _____、_____、_____ 是构成税收制度的三个最基本的要素。

6. 按属人原则确立税收管辖权称为 _____；按属地原则确立税收管辖权称为 _____。

二、单选题

（　　）1. 根据我国按课税对象分类，关税应属于 _____。

    A. 流转税类　　　B. 所得税类　　　C. 资源税类　　　D. 财产和行为税类

（　　）2. 下列各项避免或减轻国际重复征税的方法中，既可以有效地免除国际重复征税，又不要求居住国完全放弃对本国居民国外所得的征税权的方法是 _____。

    A. 免税法　　　　B. 扣除法　　　　C. 低税法　　　　D. 抵免法

三、多选题

（　　）1. 构成税收制度的最基本的要素有 _____。

    A. 纳税人　　　　B. 税率　　　　C. 税目　　　　D. 课税对象

（　　）2. 税收的基本特征是 _____。

    A. 强制性　　　　B. 无偿性　　　　C. 固定性　　　　D. 客观性

四、判断改错题

( ) 1. 税收的无偿性是指国家在取得税收收入的同时不需向纳税人进行任何返还。

( ) 2. 起征点是指准予从课税对象中扣除的免予征税的税额。

复习思考题

1. 什么是税收？税收的形式特征是什么？

2. 税收按课税对象可以分为几类？

3. 什么是税收制度？建立税收制度和意义是什么？原则有哪些？

4. 税收制度的构成要素有哪些？其中最基本的要素是什么？

5. 什么是国际税收？

6. 什么是税收管辖权？有哪几种？

7. 什么是国际重复征税？减除国际重复征税的方法有哪些？

第五章　对流转额的课税

【学习目标】

通过本章的学习，了解增值税、消费税、营业税和关税的概念及征收管理；掌握一般纳税人和小规模纳税人增值税应纳税额的计算，掌握消费税、营业税应纳税额的计算，掌握关税完税价格及应纳税额的计算；弄清增值税的税率、消费税和营业税的税目与税率，弄清进出口税则和关税税率，弄清增值税、消费税、营业税和关税的征收范围和纳税义务人。

第一节　增值税

流转税是指以流转额为课税对象的各税种的总称，主要包括增值税、消费税、营业税和关税等税种。下面介绍的就是增值税的内容。

一、增值税的概念、征收范围和纳税义务人

1. 增值税的概念

增值税是指对在我国境内销售货物或者提供加工、修理修配劳务，以及进口货物的单位和个人，就其取得的货物或应税劳务的销售额，以及进口货物的金额计算税款，并实行税款抵扣制的一种流转税。

小资料 5-1

20 世纪 50 年代，法国首先创立了增值税制度。法国创立实施了增值税后，很快引起了国际上的广泛注意和效仿。到目前，世界上大多数国家和地区都实行了增值税。

---

2. 增值税的征收范围

(1) 销售或者进口货物

货物是指有形动产，包括电力、热力、气体在内。

(2) 提供的加工、修理修配劳务

加工是指受托加工货物，即委托方提供原料及主要材料，受托方按照委托方的要求制造货物并收取加工费的业务。修理修配是指受托对损伤或丧失功能的货物进行修复，使其恢复原状和功能的业务。

3. 增值税的纳税义务人

(1) 增值税纳税义务人的一般规定

在中华人民共和国境内销售货物或者提供加工、修理修配劳务以及进口货物的单位和个人，为增值税的纳税义务人（以下简称纳税人）。

(2) 小规模纳税人和一般纳税人

为了严格增值税的征收管理，我国《增值税暂行条例》将纳税义务人按其经营规模大小及会计核算健全与否划分为小规模纳税人和一般纳税人。

①小规模纳税人　小规模纳税人是指年销售额在规定标准以下，并且会计核算不健全，不能按规定报送有关税务资料的增值税纳税义务人。

小规模纳税人的确认，由主管税务机关依税法规定的标准认定。

②一般纳税人　一般纳税人是指年应税销售额超过增值税实施细则规定的小规模纳税义务人标准的企业和企业性单位（以下简称企业）。

增值税一般纳税人须向税务机关办理认定手续，以取得法定资格。

二、增值税税率

我国增值税设置两档税率，一档为基本税率，一档为低税率，此外还对出口货物实行零税率。

1. 基本税率

纳税人销售或者进口货物，提供加工、修理修配劳务，除列举的外，税率均为17%。

2. 低税率

纳税人销售或进口下列货物的，按低税率计征增值税，低税率为13%。

①粮食、食用植物油；

②自来水、暖气、热气、冷气、煤气、石油液化气、天然气、沼气、居民用煤炭制品；

③图书、杂志、报刊；

④饲料、化肥、农药、农机、农膜（后来国家又出台相关优惠政策）；

⑤国务院规定的其他货物，包括对农业产品、金属矿采选产品、非金属矿采选产品，也实行13%的低税率。

3. 零税率

纳税人出口货物，税率为零，但是国务院另有规定的除外。

4. 征收率

小规模纳税人实行按销售额与征收率计算应纳税额的简易办法。小规模纳税人适用征收率的规定是：商业企业属于小规模纳税人的，其适用的征收率为4%；商业企业以外的其他企业属于小规模纳税人的，其适用的征收率为6%。

三、应纳税额的计算

1. 一般纳税人应纳税额的计算

（1）计算公式

一般纳税人增值税应纳税额的计算公式为：

$$应纳税额＝当期销项税额－当期进项税额$$

（2）销项税额的计算

①销项税额的概念　　销项税额是指纳税人销售货物或者应税劳务，按照销售额和增值税税率计算并向购买方收取的增值税额。

②销项税额的计算公式

$$销项税额＝销售额×适用税率$$

③销售额　　销售额是指纳税人销售货物或者应税劳务向购买者收取的全部价款和价外费用。

增值税的销售额是不含税销售额，因而在确定销售额时，应注意将价外费用合并销售额后也是不含税的，如果其销售额和价外费用是价税合并收取的，应换算成不含税销售额。

④不含税销售额的换算　　将含税销售额换算为不含税销售额的计算公式为：

$$不含税销售额＝含税销售收入÷（1＋适用税率）$$

（3）进项税额

①进项税额的概念　　进项税额是指纳税义务人购进货物或者接受应税劳务所支付或者负担的增值税额。

②销项税额与进项税额的对应关系　　销售方收取的销项税额就是购买方支付的进项税额。每一个一般纳税人都会有收取的销项税额和支付的进项税额。

增值税的核心就是用纳税人收取的销项税额抵扣其支付的进项税额，其余额为纳税人实际应缴纳的增值税额。

③准予从销项税额中抵扣的进项税额　　并不是纳税人支付的所有的进项税额都可以从销项税额中抵扣。

准予从销项税额中抵扣的进项税额有：

第一，从销售方取得的增值税专用发票上注明的增值税额；第二，从海关取得的完税凭证上注明的增值税额；第三，购进免税农业产品准予抵扣的进项税额，按照买价和规定的扣除率（13%）计算；第四，运费扣除率为7%；第五，废旧物资扣除率为10%。

④不允许从销项税额中抵扣的进项税额　　下列进项税额不允许从销项税额中扣除：

纳税人购进固定资产；购进的货物或者接受的应税劳务用于非应税项目，用于免税项目的，用于集体福利或者个人消费。

非正常损失的购进货物、非正常损失的在产品、产成品所耗用的购进货物或者应税劳务，已经支付的税额不允许扣除。

小资料 5-3

免税项目包括：（一）农业生产者销售的自产农业产品；（二）避孕药品和用具；（三）古旧图书；（四）直接用于科学研究、科学试验和教学的进口仪器、设备；（五）外国政府、国际组织无偿援助的进口物资和设备；（六）来料加工、来件装配和补偿贸易所需进口的设备；（七）由残疾人组织直接进口供残疾人专用的物品；（八）销售的自己使用过的物品。

实例 5-1

汇联超市为一般纳税人，适用的增值税税率为17%，2005年8月购入各种商品均取得了增值税专用发票，专用发票上注明的价款为200万元，增值税款34万元。当月向消费者销售商品，不开具增值税专用发票，销售额351万元。汇联超市2005年8月实际应纳的增值税额是多少？

实例详解

汇联超市2005年8月购入各种商品均取得了增值税专用发票，所以其支付的进项税额可以从销项税额中抵扣，其当期进项税额为34万元。

汇联超市2005年8月向消费者销售商品，其销售额为含税销售额，需将其换算为不含税销售额。

不含税销售额＝351÷（1＋17%）＝300（万元）

汇联超市2005年8月的销项税额＝300×17%＝51（万元）

汇联超市2005年8月增值税的应纳税额＝51－34＝17（万元）

小资料5-4

下列情形不得开具专用发票（指增值税专用发票）：（1）向消费者销售应税商品；（2）销售免税商品；（3）销售报关出口的货物、在境外销售应税劳务；（4）将货物用于非应税项目；（5）将货物用于集体福利或个人消费；（6）提供非应税劳务、转让无形资产或销售不动产。

2. 小规模纳税人应纳税额的计算

(1) 小规模纳税人应纳税额的计算公式

小规模纳税人实行简易办法计算应纳税额，不得抵扣进项税额。公式为：

$$应纳税额＝销售额×征收率$$

(2) 含税销售额的换算

小规模纳税人销售货物或提供劳务时，只能开具普通发票，取得的销售收入均为含税销售额。小规模纳税人不含税销售额的换算公式为：

$$不含税销售额＝含税销售收入÷（1＋征收率）$$

实例5-2

浦江工厂为增值税小规模纳税人，2005年6月，购进原材料已取得增值税专用发票，其注明的价款5万元，增值税额0.85万元。当月销售商品开具的普通发票上注明的销售额7.95万元。试计算浦江工厂2005年6月增值税的应纳税额。

实例详解

浦江工厂为增值税小规模纳税人，实行简易征收办法，所以其购进原材料即使已取得增值税专用发票，其进项税额也不得抵扣。

浦江工厂销售商品只能开具普通发票，所以其销售额为含税销售额，需将其换算为不含税销售额。

浦江工厂属于商业企业以外的小规模纳税人，其适用的征收率为6%。

浦江工厂2005年6月的不含税销售额＝7.95÷（1＋6%）＝7.5（万元）

浦江工厂2005年6月增值税应纳税额＝7.5×6%＝0.45（万元）

3. 进口货物增值税的应纳税额的计算

进口货物增值税的应纳税额按照组成计税价格计算。其计算公式为：

$$应纳税额 = 组成计税价格 \times 税率$$
$$组成计税价格 = 关税完税价格 + 关税 + 消费税$$

实例 5-3

源深公司为一般纳税人，适用的增值税税率为 17%，2005 年 7 月进口货物一批，关税完税价格 40 万元，货物的进口关税税率 10%。货物报关后，源深公司按规定缴纳了进口环节的增值税并取得了海关开具的完税凭证。试计算源深公司 2005 年 7 月进口货物在进口环节应缴纳的增值税额。源深公司不需缴纳消费税。

实例详解

组成计税价格 = 40 + 40 × 10% = 44（万元）

应纳税额 = 44 × 17% = 7.48（万元）

四、增值税的管理与征收

1. 纳税义务发生时间

《增值税暂行条例》明确规定了增值税纳税义务的发生时间。销售货物或者应税劳务的纳税义务发生时间，按销售结算方式的不同而不同，如采取直接收款方式销售货物，不论货物是否发出，均为收到销售款或取得索取销售额的凭据，并将提货单交给买方的当天。进口货物为报关进口的当天。

2. 纳税期限

增值税的纳税期限分别为 1 日、3 日、5 日、10 日、15 日或者 1 个月。不能按照固定期限纳税的，可以按次纳税。

纳税人以 1 个月为一期纳税的，自期满之日起 10 日内申报纳税；以 1 日、3 日、5 日、10 日或者 15 日为一期纳税的，自期满之日起 5 日内预缴税款，于次月 1 日起 10 日内申报纳税并结清上月应纳税额。

3. 纳税申报

增值税纳税人应按规定办理纳税申报，填报纳税申报表。

第二节　消费税

一、消费税的概念、征收范围及纳税人

1. 消费税的概念

消费税是指以特定消费品为课税对象所征收的一种流转税。

目前，世界上已有一百多个国家开征了消费税或类似税种。我国现行的消费税是1994年税制改革中新设置的一个税种。

小知识 5-2

在对货物普遍征收增值税的基础上，选择少数消费品再征收一道消费税，目的是为了调节产品结构，引导消费方向，保证国家财政收入。

2. 消费税的征收范围

我国选择了以下五种类型的消费品列入消费税征税范围：

①一些过度消费会对人身健康、社会秩序、生态环境等方面造成危害的消费品，如：烟、酒、鞭炮、焰火等。

②奢侈品、非生活必需品，如：化妆品、贵重首饰、珠宝玉石等。

③高能耗和高档消费品，如：摩托车、小汽车、高档手表、高尔夫球及球具等。

④不可再生和替代的稀缺资源消费品，如：成品油、木制一次性筷子、实木地板等。

⑤税基宽广、具有一定财政意义的消费品，如：汽车轮胎等。

3. 消费税的纳税人

消费税的纳税人是我国境内从事生产、委托加工和进口属于消费税征税范围的消费品的单位和个人。

这表明消费税的纳税环节选择在生产环节，实行一次课征制，目的是为了通过源头控制减少纳税义务人数量，降低征收费用，防止税款流失。

二、消费税的税目、税率

1. 税目

我国《中华人民共和国消费税暂行条例》确定征收消费税的税目只有11个，它们是烟、酒、化妆品、护肤护发品、贵重首饰及珠宝玉石、鞭炮焰火、汽油、柴油、汽车轮胎、摩托车、小汽车；有的税目还进一步划分为若干子目。2006年财政部和国家税务局下发了关于调整和完善消费税政策的通知，该通知新增了高尔夫球及球具、高档手表、游艇、木制一次性筷子、实木地板税目；取消汽油、柴油税目，增列成品油税目，汽油、柴油改为成品油税目下的子目，另外新增石脑油、溶剂油、润滑油、燃料油、航空煤油五个子目；取消护肤护发品税目，将原属于护肤护发品征税范围的高档护肤类化妆品列入化妆品税目；取消小汽车税目下的小轿车、越野车、小客车子目，在小汽车税目下分设乘用车、中轻型商用客车子目。税目及子目的调整自2006年4月1日起执行。

2. 税率

消费税采用比例税率、定额税率两种。

消费税根据不同的税目和子目确定相应的税率或单位税额。《消费税暂行条例》规定的消费税税目、税率如图表5-1所示：

消费税税目、税率（税额）表

税　目	征收范围	计税单位	税率（税额）
一、烟			
1. 卷烟			
定额税率		每标准箱（50 000支）	150元
		每标准条（200支）对外	
		调拨价格在50元以上的	
比例税率		（含50元，不含增值税）	45%
		每标准条（200支）对外	
		调拨价格在50元以下的	30%
2. 雪茄烟			25%
3. 烟丝			30%
二、酒及酒精			
1. 粮食白酒			
定额税率		每斤（500克）	0.5元
比例税率			25%
2. 薯类白酒			
定额税率		每斤（500克）	0.5元
比例税率			15%
3. 黄酒		吨	240元
		每吨出厂价（含包装物及	
		包装物押金）在3 000元	
		（含3 000元，不含增值税）	
		以上的	250元
4. 啤酒		每吨出厂价在3 000元以下的	220元
		娱乐业和饮食业自制的每吨	250元
三、化妆品	含成套化妆品		30%
四、护肤护发品			8%
五、贵重首饰及珠宝玉石	包括各种金、银、珠宝首饰及珠宝玉石		5%或10%
六、鞭炮、焰火			15%
七、汽油（无铅）		升	0.2元
汽油（含铅）		升	0.28元
八、柴油		升	0.1元
九、汽车轮胎			10%
十、摩托车			10%
十一、小汽车			

财
税
金
融

1. 小轿车			
汽缸容量（排气量，下同）在2 200毫升以上的（含2 200毫升）			8%
汽缸容量在1 000毫升至2 200的（含1 000毫升）			5%
汽缸容量在1 000毫升以下的			3%
2. 越野车			
汽缸容量在2 400毫升以上的（含2 400毫升）			5%
汽缸容量在2 400毫升以下的			3%
3. 小客车			
汽缸容量在2 000毫升以上的（含2 000毫升）			5%
汽缸容量在2 000毫升以下的			3%

小资料5-6

（1）自2001年1月1日起，对"护肤护发品"税目中的香皂已停止证收消费税。

（2）金银首饰、钻石及钻石饰品消费税已由10%的税率减按5%的税率证收。

（3）含铅汽油按0.28元／升、无铅汽油按0.2元／升的单位税额证收。

（4）自2001年5月1日起，对粮食白酒、薯类白酒实行从量定额和从价定率相结合的复合计税办法。

（5）自2001年6月1日起，对卷烟实行从量定额和从价定率相结合的复合计税办法。

　　2006年财政部和国家税务局下发的关于调整和完善消费税政策的通知中新增税目的税率、征收范围和计税单位如图表5-2所示：

图表5-2

新增消费税税目、税率表

税　目	征收范围	计税单位	税率（税额）
一、高尔夫球及球具	包括高尔夫球、高尔夫球杆及高尔夫球包（袋）等；高尔夫球杆的杆头、杆身和握把属于本税目的征收范围		10%
二、高档手表	销售价格（不含增值税）每只在10000元（含）以上的各类手表		20%
三、游艇	包括艇身长度大于8米（含）小于90米（含），内置发动机，可以在水上移动，一般为私人或团体购置，主要用于水上运动和休闲娱乐等非牟利活动的各类机动艇		10%
四、木制一次性筷子	包括各种规格的木制一次性筷子。未经打磨、倒角的木制一次性筷子属于本税目征税范围		5%
五、实木地板	包括各类规格的实木地板、实木指接地板、实木复合地板及用于装饰墙壁、天棚的侧端面为榫、槽的实木装饰板。未经涂饰的素板属于本税目征税范围		5%
六、成品油			
1. 汽油（无铅）		升	0.2元
汽油（含铅）		升	0.28元
2. 柴油		升	0.1元
3. 石脑油	包括除汽油、柴油、煤油、溶剂油以外的各种轻质油	升	0.2元
4. 溶剂油	包括各种溶剂油	升	0.2元
5. 润滑油	包括以石油为原料加工的矿物性润滑油，矿物性润滑油基础油。植物性润滑油、动物性润滑油和化工原料合成润滑油不属于润滑油的征收范围	升	0.2元
6. 燃料油	包括用于电厂发电、船舶锅炉燃料、加热炉燃料、冶金和其他工业炉燃料的各类燃料油	升	0.1元
7. 航空煤油	包括各种航空煤油	升	0.1元

　　2006年财政部和国家税务局下发的关于调整和完善消费税政策的通知中调整的有关税目的税率、及小汽车各新增子目的征收范围和计税单位、税率如图表5-3所示：

消费税有关税目的税率调整表

税 目	征收范围	计税单位	税率（税额）
一、小汽车 　1. 乘用车	电动汽车不属于本税目征收范围 包括含驾驶员座位在内最多不超过9个座位（含）的，在设计和技术特性上用于载运乘客和货物的各类乘用车		
气缸容量(排气量，下同)在1.5升(含)以下的			3%
气缸容量在1.5升以上至2.0升(含)的			5%
气缸容量在2.0升以上至2.5升(含)的			9%
气缸容量在2.5升以上至3.0升(含)的			12%
气缸容量在3.0升以上至4.0升(含)的			15%
气缸容量在4.0升以上的			20%
2. 中轻型商用客车	含驾驶员座位在内的座位数在10至23座（含23座）的在设计和技术特性上用于载运乘客和货物的各类中轻型商用客车		5%
二、摩托车 气缸容量在250毫升(含)以下的			3%
气缸容量在250毫升以上的			10%
三、汽车轮胎			3%
四、酒及酒精 　1. 粮食白酒 　　定额税率 　　比例税率		每斤(500克)	0.5元 20%
2. 薯类白酒 　　定额税率 　　比例税率		每斤(500克)	0.5元 20%
五、化妆品	包括各类美容、修饰类化妆品、高档护肤类化妆品和成套化妆品		30%

财税金融

注：图表5-2和图表5-3都是根据《财政部 国家税务总局关于调整和完善消费税政策的通知》仅仅对新增税目、调整的子目的税率以及已调整税率的税目进行选编的，税目及其子目、税率没有调整的，没有编列在图表5-2和图表5-3中，如酒及酒精税目中的黄酒、啤酒的税率每没有调整，图表5-3中酒没有编列。另外取消的护肤护发品税目没有从图表5-1中删除，图表5-1与《消费税暂行条例》规定的税目税率保持一致。《财政部 国家税务总局关于调整和完善消费税政策的通知》自2006年4月1日起执行。

小资料5-7

关于消费税减税免税的调整：

1.石脑油、溶剂油、润滑油、燃料油暂按应纳税额的30%证收消费税；航空煤油暂缓证收消费税；

2.子午线轮胎免证消费税。

三、消费税应纳税额的计算

消费税应纳税额的计算方法分为从价定率计算方法、从量定额计算方法、从价定率和从量定额复合计算方法。

1. 从价定率计算方法

(1) 计算公式

从价定率计算方法的基本计算公式是：

$$应纳税额＝销售额×适用税率$$

(2) 销售额的确定

销售额是指纳税人销售应税消费品向购买者收取的全部价款和价外费用。

应税消费品在缴纳消费税的同时，与一般货物一样，还应缴纳增值税。应税消费品的销售额，不包括应向购货方收取的增值税税款。

(3) 含增值税销售额的换算

如果纳税人的应税消费品的销售额因为各种原因而包含有增值税税款的，在计算消费税时，应将含增值税的销售额换算为不含增值税税款的销售额。其换算公式为：

$$应税消费品的销售额＝含增值税的销售收入÷（1＋增值税税率或征收率）$$

实例5-4

淮海化妆品公司为化妆品生产企业，属于增值税一般纳税人，2005年9月8日向利津大卖场销售化妆品一批，开具了增值税专用发票，其注明的价款20万元，增值税3.4万元。9月份通过非独立的门市部陆陆续续向乔媛女士等消费者销售化妆品若干，分别开具了普通发票，当月全部普通发票合计的销售额为1.17万元。试计算淮海化妆品公司2005年9月应缴纳的消费税额。

实例详解

淮海化妆品公司2005年9月销售应税消费品的销售额分为两种情况，一种是开具了增值税专用发票的不含增值税的销售额，共20万元；一种是向普通消费者销售的应税消费品，开具了普通发票，其销售额为含增值税的销售收入，共1.17万元。

在计算当期应缴纳的消费税时，应将含增值税的销售收入换算为不含增值税的销售额。

财
税
金
融

不含增值税的销售额＝1.17÷（1＋17%）＝1（万元）

因淮海化妆品公司是增值税的一般纳税人，其化妆品适用的增值税税率为17%，所以上式采用17%的增值税税率进行换算。

淮海化妆品公司当期全部应税消费品的销售额＝20＋1＝21（万元）

淮海化妆品公司当期应缴纳的消费税额＝21×30%＝6.3（万元）

化妆品适用的消费税税率为30%，见图表5－1。

2. 从量定额计算方法

（1）从量定额计算方法的计算公式

$$应纳税额＝销售数量×单位税额$$

（2）销售数量的确定

销售数量是指纳税人生产、加工和进口应税消费品的数量。具体规定为：

①销售应税消费品的，为应税消费品的销售数量。

②自产自用应税消费品的，为应税消费品的移送使用数量。

③委托加工应税消费品的，为纳税人收回的应税消费品数量。

④进口的应税消费品，为海关核定的应税消费品进口征税数量。

小资料 5-8

计量单位的换算标准：

啤酒	1 吨 = 988 升		溶剂油	1 吨 =1282 升
黄酒	1 吨 = 962 升		润滑油	1 吨 =1126 升
汽油	1 吨 = 1388 升		燃料油	1 吨 =1015 升
柴油	1 吨 = 1176 升		航空煤油	1 吨 =1246 升
石脑油	1 吨 =1385 升			

实例5-5

沪新黄酒厂2005年6月份销售黄酒300吨，每吨出厂价3600元。试计算沪新黄酒厂2005年6月应缴纳的消费税额。

实例详解：

黄酒实行从量定额计算方法计算消费税，单位税额240元/吨；销售数量为300吨。

应纳税额＝销售数量×单位税额

$$＝300×240＝72\,000（元）$$

3. 从价定率和从量定额复合计算方法

现行消费税的征收范围中只有卷烟、粮食白酒、薯类白酒采用复合计算方法。其基本计算公式为：

$$应纳税额＝应税销售数量×定额税率＋应税销售额×比例税率$$

四、消费税的征收与管理

1. 纳税义务发生时间

纳税人生产的应税消费品于销售时纳税，进口消费品应当于应税消费品报关进口环节纳税。消费税纳税义务发生的时间，以货款结算方式或行为发生时间分别确定。

2. 纳税期限

消费税的纳税期限分别为 1 日、3 日、5 日、10 日、15 日或者 1 个月。纳税义务人的具体纳税期限，由主管税务机关根据纳税人应纳税额的大小分别核定；不能按照固定期限纳税的，可以按次纳税。

纳税人以 1 个月为一期纳税的，自期满之日起 10 日内申报纳税；以 1 日、3 日、5 日、10 日或者 15 日为一期纳税的，自期满之日起 5 日内预缴税款，于次月 1 日起 10 日内申报纳税并结清上月应纳税款。

3. 纳税申报

消费税纳税人应按有关规定及时办理纳税申报，并应如实填写《消费税纳税申报表》。

第三节　营业税

一、营业税的概念、征收范围及纳税人

1. 营业税的概念

营业税是指对在我国境内提供应税劳务、转让无形资产和销售不动产的单位和个人所取得营业额为课税对象所征收的一种税。

2. 营业税的征收范围

现行营业税的征收范围是在我国境内提供应税劳务、转让无形资产或者销售不动产。
具体地讲，包括了 9 个征税项目：

(1) 交通运输业

交通运输业包括陆路运输、水路运输、航空运输、管道运输和装卸搬运五大类。

(2) 建筑业

建筑业包括建筑、安装、修缮、装饰和其他工程作业等项内容。

(3) 金融保险业

金融保险业包括金融、保险、典当。

(4) 邮电通信业

邮电通信业包括邮政、电信。

(5) 文化体育业

文化体育业包括文化业和体育业。

(6) 娱乐业

娱乐业包括歌厅、舞厅、卡拉 OK 歌舞厅、音乐茶座、台球、高尔夫球、保龄球、游戏机房、网吧、游艺等。

(7) 服务业

服务业包括代理业、旅店业、饮食业、仓储业、租赁业、广告业和其他服务业。

(8)转让无形资产

转让无形资产包括转让土地使用权、转让商标权、转让专利权、转让非专利技术、出租电影拷贝、转让著作权、转让商誉。

(9)销售不动产

销售不动产包括销售建筑物或构筑物和销售其他土地附着物。

小知识5-3

营业税的应税劳务是指属于营业税征收范围的交通运输业、建筑业、金融保险业、邮电通信业、文化体育业、娱乐业、服务业等提供的劳务。

小思考5-1

应税劳务与非应税劳务是相对于具体税种而言的。如就增值税而言，应税劳务是指属于增值税征收范围的加工、修理修配劳务；而就营业税而言，加工、修理修配劳务则属于非应税劳务。就增值税而言，交通运输业、建筑业、金融保险业、邮电通信业、文化体育业、娱乐业、服务业等提供的劳务是应税劳务还是非应税劳务呢？

3. 营业税的纳税人

凡在我国境内提供上述应税劳务、转让无形资产或者销售不动产的单位和个人，均为营业税的纳税人。

小知识5-4

在我国境内是指税收行政管辖权的区域。

小资料5-9

营业税的纳税人除了上述一般规定以外，还有一些特殊规定。如中央铁路运营业务的纳税人为铁道部等。

二、营业税的税目、税率和应纳税额的计算

1. 税目

营业税的税目按照行业、类别的不同分别设置；现行营业税共设置了9个税目，即交通运输业、建筑业、金融保险业、邮电通信业、文化体育业、娱乐业、服务业、转让无形资产、销售不动产9个税目。

2. 税率

营业税按照行业、类别的不同分别采用了不同的比例税率，具体规定为：

①交通运输业、建筑业、邮电通信业、文化体育业税率为3%；

②服务业、转让无形资产、销售不动产和金融保险税率为5%；

财税金融

③娱乐业多属于高消费的范围，因此规定了 5% 到 20% 的幅度税率，具体适用的税率由各省、自治区、直辖市人民政府根据当地的实际情况在税法规定的幅度内决定。

3. 应纳税额的计算

(1) 计算公式

营业税税款的计算比较简单。纳税人提供应税劳务、转让无形资产或者销售不动产，按照营业额和规定的适用税率计算应纳税额。计算公式为：

$$应纳税额 = 营业额 × 适用税率$$

(2) 计税营业额的确定

营业税的计税依据是营业额，营业额为纳税人提供应税劳务、转让无形资产或者销售不动产向对方收取的全部价款和价外费用。

实例 5-6

月影卡拉 OK 歌舞厅 2005 年 3 月份门票、台位费、烟酒饮料费等各项营业额共计 110 万元，试计算该歌舞厅 2005 年 3 月份应缴纳的营业税税额。

实例详解

　　根据小知识5-5，月影卡拉OK歌舞厅2005年3月份的计税营业额为110万元。

　　卡拉OK歌舞厅属于娱乐业，其适用税率自2001年5月1日起统一为20%。

　　应纳税额＝营业额×适用税率

$$＝110×20\%＝22（万元）$$

三、营业税的征收与管理

1. 纳税义务发生时间

　　营业税的纳税义务发生时间为纳税人收讫营业收入款项或者取得营业收入款项凭据的当天。

2. 纳税期限

　　营业税的纳税期限分别为5日、10日、15日或者1个月。纳税人的具体纳税期限，由主管税务机关根据纳税义务人应纳税额的大小分别核定；不能按照固定期限纳税的，可以按次纳税。

　　纳税人以1个月为一期纳税的，自期满之日起10日内申报纳税；以5日、10日或者15日为一期纳税的，自期满之日起5日内预缴税款，于次月1日起10日内申报纳税并结清上月应纳税款。

3. 纳税地点

　　营业税的纳税地点原则上采取属地征收的办法，就是纳税人在经营行为发生地缴纳应纳税款。

4. 纳税申报

　　纳税人应按《营业税暂行条例》的有关规定及时办理纳税申报，并如实填写《营业税纳税申报表》。

第四节　关　税*

一、关税的概念、课税对象及纳税人

1. 关税的概念

　　关税是国家依法对进出境货物、物品征收的一个税种，属于流转课税。我国分为进口税和出口税两类，由海关负责征收。

财税金融

境是指关境，又称"海关境域"或"关税领域"，是国家《海关法》全面实施的领域。

关境与国境是否一致？

2. 关税的课税对象

关税的课税对象是准予进出境的货物和物品。

货物是指我国的进出口机构向外国出售和从外国购进的贸易性商品。

物品是指非贸易性商品，包括入境旅客随身携带的行李物品、个人邮递物品，各种运输工具上的服务人员携带进口的自用物品、馈赠物品，以及以其他方式进境的个人物品。

3. 关税的纳税人

进口货物的收货人、出口货物的发货人、进出境物品的所有人，是关税的纳税人。

进出口货物的收、发货人是依法取得对外贸易经营权，并进口或者出口货物的法人或者其他社会团体。

进出境物品的所有人包括该物品的所有人和推定为所有人的人。

图表 5-4

进出境物品所有人一览表

物品	所有人或推定为所有人的人
携带进境的物品	推定其携带人为所有人
分离运输的行李	推定相应的进出境旅客为所有人
以邮寄方式进境的物品	推定其收件人为所有人
以邮递或其他方式出境的物品	推定其寄件人或托运人为所有人

二、进出口税则和关税税率

1. 进出口税则

进出口税则是指一国政府根据国家关税政策和经济政策，通过一定的立法程序制定并公布实施的进出口货物和物品应税的关税税率表。

2. 税则归类

税则归类是指按照税则的规定，将每项具体进出口商品按其特性在税则中找出最适合的某一个税号，以便确定其适用的税率，计算关税税负。

税则归类和进出口税则、税则商品分类目录有什么不同？

3. 税率

(1) 进口关税税率

自 2002 年 1 月 1 日起，我国进口税则设有最惠国税率、协定税率、特惠税率、普通税率、关税配额税率等税率。

适用最惠国税率、协定税率、特惠税率、普通税率、关税配额税率的国家或地区的名单，由国务院关税税则委员会决定。

我国关税总水平，1992 年初约为 42%（优惠税率的算术平均水平）。之后，对关税总水平进行了几次较大规模的调整，至 1997 年 10 月降低至 17%。2002 年，我国关税总水平（最惠国税率的算术平均水平）由 15.3% 降低到 12%。

我国对进口商品基本上实行从价税。

小资料5-13

经国务院批准，从 2005 年 1 月 1 日起，中国将进一步降低进口关税，关税总水平将由 10.4% 降低至 9.9%，涉及降税的共 900 多个税目。

2005 年农产品平均税率将由 15.6% 降低到 15.3%；工业品平均税率将由 9.5% 降低到 9.0%。其中，水产品平均税率为 10.5%，木材、纸及其制品为 4.6%，纺织品和服装为 11.4%，化工产品为 6.9%，交通工具为 13.3%，机械产品为 8.0%，电子产品为 9.1%。

---

(2) 出口关税税率

我国出口税则为一栏税率，即出口税率。国家仅对少数资源性产品及易于竞相杀价、盲目进口、需要规定出口秩序的半制成品征收出口关税。

(3) 特别关税

特别关税包括报复性关税、反倾销税与反补贴税、保障性关税。

征收特别关税的货物、适用国别、税率、期限和征收办法，由国务院关税税则委员会决定，海关总署负责实施。

三、关税完税价格及应纳税额的计算

1. 关税完税价格

《海关法》规定，进出口货物的完税价格，由海关以该货物的成交价格为基础审查确定。成交价格不能确定时，完税价格由海关依法估定。

(1) 进口货物的完税价格

根据《海关法》，进口货物的完税价格包括货物的货价、货物运抵我国境内输入地点起卸前的运输及其相关费用、保险费。

货物的货价以成交价格为基础。

财税金融

(2) 出口货物的完税价格

出口货物的完税价格由海关以该货物向境外销售的成交价格为基础审查确定，并应包括货物运至我国境内输出地点装载前的运输及其相关费用、保险费，但应当扣除其中包含的出口关税税额。

2. 应纳税额的计算

(1) 从价税应纳税额的计算

关税税额＝应税进（出）口货物数量×单位完税价格×税率

(2) 从量税应纳税额的计算

关税税额＝应税进（出）口货物数量×单位货物税额

实例 5-6

海洋进出口公司从国外进口一批 A 产品，作为进口货物货价基础的成交价格 1 500 万元人民币。支付该货物运至我国境内输出地点起卸前发生的包装费、运费和其他劳务费用 28 万元，支付保险费 2 万元。假设该商品适用的关税税率为 10%，增值税率为 17%，消费税率为 10%。试计算该批进口货物应缴纳的关税税额。

实例详解

进口货物的完税价格包括货物的货价、货物运抵我国境内输入地点起卸前的运输及其相关费用、保险费，该批进口货物的完税价格不包括消费税，更不包括增值税（增值税为价外税），所以，

该批进口货物的完税价格＝1 500 ＋ 28 ＋ 2 ＝ 1 530（万元）

从给出的关税税率可以看出该批进口货物实行从价税。

该批进口货物应缴纳的关税税额＝1 530 × 10% ＝ 153（万元）

3. 关税减免

关税减免分为法定减免税、特定减免税和临时减免税。

法定减免税是指税法中明确列出的减税和免税。符合税法规定的可予减免税的进出口货物，纳税义务人无须提出申请，海关可按规定直接予以减免税。

特定减免税是指在法定减免税之外，国家按照国际通行规则和我国实际情况，制定发布的有关进出口货物减免关税的政策。

临时减免税是指由国务院根据《海关法》对某个单位、某类商品、某个项目或某批进出口货物的特殊情况，给予特别照顾，一案一批，专文下达，不得比照执行的减免税。

四、关税的征收管理

1. 关税缴纳

进口货物的纳税人应当自运输工具申报进境之日起 14 日内，出口货物的纳税人除海关特准的外，应当在货物运抵海关监管区后、装货的 24 小时以前，向货物的进出境地海关申报。

纳税人应当自海关填发税款缴款书之日起 15 日内向指定银行缴纳税款。纳税人未按期缴纳税款的，从滞纳税款之日起，按日加收滞纳税款万分之五的滞纳金。

纳税人因不可抗力或者在国家税收政策调整的情形下，不能按期缴纳税款的，经海关总署批准，可以延期缴纳税款，但是最长不得超过 6 个月。

2. 关税退还

关税退还是指纳税人按海关核定的税额缴纳关税后，因某种原因的出现，海关将实际征收多于应当征收的税额退还给原纳税人的一种行政行为。

3. 关税补征和追征

补征和追征是指海关在纳税人按海关核定的税额缴纳关税后，发现实际征收税额少于应当征收的税额时，责令纳税人补缴所差税款的一种行政行为。

由于纳税人违反税法规定造成短征关税的，称为追征。非因纳税人违反税法规定造成短征关税的，称为补征。

★★★★★ **本章学习路径** ★★★★★

本章包括四方面内容：一、增值税；二、消费税；三、营业税；四、关税。

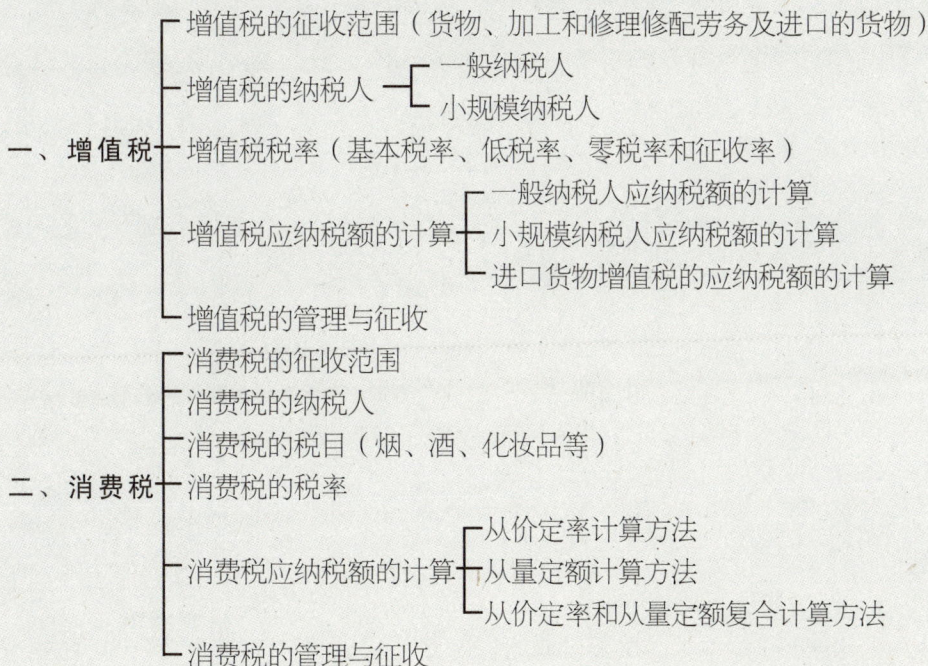

一、增值税
- 增值税的征收范围（货物、加工和修理修配劳务及进口的货物）
- 增值税的纳税人
  - 一般纳税人
  - 小规模纳税人
- 增值税税率（基本税率、低税率、零税率和征收率）
- 增值税应纳税额的计算
  - 一般纳税人应纳税额的计算
  - 小规模纳税人应纳税额的计算
  - 进口货物增值税的应纳税额的计算
- 增值税的管理与征收

二、消费税
- 消费税的征收范围
- 消费税的纳税人
- 消费税的税目（烟、酒、化妆品等）
- 消费税的税率
- 消费税应纳税额的计算
  - 从价定率计算方法
  - 从量定额计算方法
  - 从价定率和从量定额复合计算方法
- 消费税的管理与征收

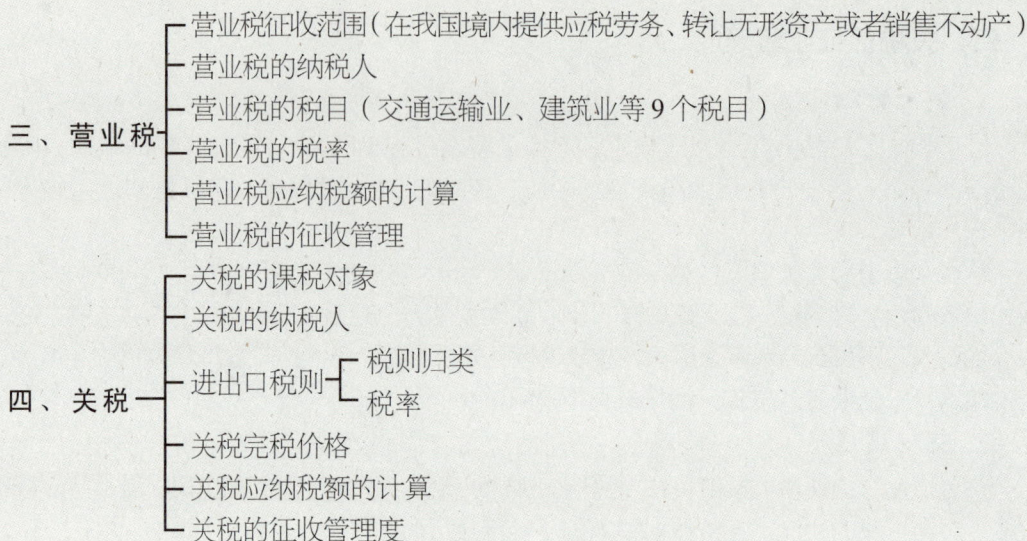

```
              营业税征收范围（在我国境内提供应税劳务、转让无形资产或者销售不动产）
              营业税的纳税人
              营业税的税目（交通运输业、建筑业等9个税目）
三、营业税     营业税的税率
              营业税应纳税额的计算
              营业税的征收管理

              关税的课税对象
              关税的纳税人
                               税则归类
四、关税      进出口税则
                               税率
              关税完税价格
              关税应纳税额的计算
              关税的征收管理度
```

实 训 题

一、填空题

1. 增值税是指对在我国境内_____、或者_____、_____，以及_____的单位和个人，就其取得的货物或应税劳务的销售额，以及进口货物的金额计算税款，并实行税款抵扣制的一种流转税。

2. 小规模纳税人实行_____计算应纳税额，_____进项税额。

3. 消费税的纳税义务人是我国境内从事_____、_____和_____属于上述征税范围的消费品的单位和个人。

4. 消费税应纳税额的计算方法分为_____计算方法、_____计算方法、_____混合计算方法。

5. 营业税是指对在我国境内_____、_____和_____的单位和个人所取得营业额为课税对象所征收的一种税。

6. 关税是国家依法对进出境_____、_____征收的一个税种，属于流转课税。我国分为_____和_____两类，由海关负责征收。

二、单选题

（   ）1. 商业企业属于小规模纳税人的，其适用的征收率为_____。

　　A. 17%　　　　　B. 4%　　　　　C. 6%　　　　　D. 13%

（   ）2. 消费税纳税人以1个月为一期纳税的，自期满之日起_____日内申报纳税。

　　A. 1　　　　　B. 5　　　　　C. 10　　　　　D. 15

三、多选题

（   ）1. 企业在我国境内提供的下列劳务，应缴纳营业税的有_____。

　　A. 加工　　　　B. 修理修配　　　　C. 交通运输　　　　D. 建筑

（　　）2. 下列各项中，属于特别关税的有 _____。

A. 报复性关税　　　　　　　B. 反倾销税与反补贴税

C. 保障性关税　　　　　　　D. 出口关税

四、判断改错题

（　　）1. 增值税纳税人应纳税额的计算公式为：应纳税额＝当期销项税额－当期进项税额。

（　　）2. 消费税应纳税额的计算方法除了从价定率计算方法和从量定额计算方法外，还包括从价定率和从量定额混合计算方法。

五、计算题

1. 某超市为一般纳税人，适用的增值税税率为17%，2007年10月向消费者销售商品，不开具增值税专用发票，销售额234万元。

要求：根据上述资料计算该超市2007年10月的

（1）不含税销售额；

（2）销项税额。

2. 某商店为增值税小规模纳税人，2007年12月，购进商品已取得增值税专用发票，其注明的价款4万元，增值税额0.68万元。当月销售商品开具的普通发票上注明的销售额5.2万元。

要求：根据上述资料计算该商店2007年12月的

（1）不含税销售额；

（2）增值税应纳税额。

3. 某鞭炮厂属于增值税一般纳税人，适用的增值税税率为17%，2007年12月销售鞭炮一批，开具了增值税专用发票，其注明的价款30万元，增值税5.1万元。当月购进原材料共计价款20万元，增值税3.4万元，并取得了增值税专用发票。

要求：根据上述资料计算该鞭炮厂2007年12月的

（1）增值税应纳税额；

（2）消费税应纳税额。

4. 某物流公司2007年10月取得运输收入50万元。

要求：根据上述资料计算该物流公司2007年10月应缴纳的营业税。

5. 远洋国际贸易公司从国外进口一批甲产品，作为进口货物货价基础的成交价格1 000万元人民币。支付该货物运至我国境内输出地点起卸前发生的包装费、运费和其他劳务费用20万元，支付保险费2万元。假设该商品适用的关税税率为10%，增值税税率为17%，消费税税率为10%。

要求：根据上述资料计算该批进口货物在进口环节应缴纳的关税税额。

复习思考题

1. 增值税征收范围是什么？

2. 一般纳税人和小规模纳税人有什么不同？

3. 增值税税率有哪几种?具体税率是多少?

4. 消费税征收范围是什么?

5. 消费税的税目有哪些?

6. 消费税应纳税额的计算方法有哪几种?

7. 营业税征收范围是什么?

8. 营业税的税目有哪些?其适用的税率分别是多少?

9. 关税的课税对象是什么?

10. 关税完税价格如何确定?

第六章　对所得额的课税

通过本章的学习，了解企业所得税的概念、纳税人、课税对象和征收管理，了解个人所得税的概念、纳税人和纳税办法；掌握企业所得税应纳税所得额的计算，掌握个人所得税应纳税所得额的确定和应纳税额的计算；弄清企业所得税的税率，弄清个人所得税应税所得项目和税率。

第一节　企业所得税

所得课税又称收益课税，是以所得额（也称收益额）为课税对象的税类。

我国自2008年1月1日起按所得课税的主要税种有企业所得税和个人所得税。下面就从企业所得税开始介绍。

一、企业所得税的概念、课税对象及纳税人

1. 企业所得税的概念

企业所得税是国家对居民企业的境内、境外所得，非居民企业的境内所得，以及发生在中国境外但与非居民企业在境内设立的机构、场所有实际联系的所得，依法征收的一种税。它是国家参与企业利润分配的重要手段。

小资料6-1

1991年7月1日，我国开始外商投资企业和外国企业所得税，该税是在原来于1980年9月开始征收的中外合资经营企业所得税和1982年1月1日开始征收的外国企业所得税的基础上合并而形成的一种税。2008年1月1日前施行的企业所得税是在1994年税制改革中，在原来的国营企业所得税、集体企业所得税和私营企业所得税的基础上合并而形成的一个税种。2007年3月16日第十届全国人民代表大会第五次会议通过了新的《中华人民共和国企业所得税法》，将原来的外商投资企业和外国企业所得税、原来的企业所得税合并成新的企业所得税，于2008年1月1日起施行。本书将以新的《中华人民共和国企业所得税法》为依据介绍企业所得税的有关内容。

小知识6-1

居民企业是指是指依法在中国境内成立，或者依照外国(地区)法律成立但实际管理机构在中国境内的企业。

非居民企业是指是指依照外国（地区）法律成立且实际管理机构不在中国境内，但在中国境内设立机构、场所的，或者在中国境内未设立机构、场所，但有来源于中国境内所得的企业。

---

2. 企业所得税的课税对象

企业所得税的课税对象是居民企业来源于中国境内、境外所得；非居民企业来源于中国境内所得，以及发生在中国境外但与非居民企业在中国境内所设立的机构、场所有实际联系的所得。

企业所得税课税对象的具体内容如图表6-1所示：

图表6-1

企业所得税课税对象一览表

企业类型		课税对象
居民企业		来源于中国境内、境外的所得
非居民企业	在中国境内设立机构、场所	1. 所设机构、场所取得的来源于中国境内的所得 2. 发生在中国境外但与其所设机构、场所有实际联系的所得 3. 来源于中国境内，与所设机构、场所没有实际联系的所得
	在中国境内未设立机构、场所但有来源于中国境内所得	来源于中国境内的所得

作为企业所得税课税对象的所得，包括销售货物所得、提供劳务所得、转让财产所得、股息红利等权益性投资所得、利息所得、租金所得、特许权使用费所得、接受捐赠所得和其他所得。

小知识6-2

非居民企业来源于中国境内、境外所得的来源地按以下原则划分：

1. 销售货物所得，按照交易活动发生地确定；

2. 提供劳务所得，按照劳务发生地确定；

3. 转让财产所得，不动产转让所得按照不动产所在地确定，动产转让所得按照转让动产的企业或者机构、场所所在地确定，权益性投资资产转让所得按照被投资企业所在地确定；

4. 股息、红利等权益性投资所得，按照分配所得的企业所在地确定；

5. 利息所得、租金所得、特许权使用费所得，按照负担、支付所得的企业或者机构、场所所在地确定，或者按照负担、支付所得的个人的住所地确定；

6. 其他所得，由国务院财政、税务主管部门确定。

小思考6-1

企业取得的任何一项所得，都是企业所得税的课税对象吗？

---

3. 企业所得税的纳税人

在中华人民共和国境内，企业和其他取得收入的组织（以下统称企业）为企业所得税的纳税人。企业所得税的纳税人具体包括依照中国法律、行政法规在中国境内成立的，除个人独资企业和合伙企业以外的公司、企业、事业单位、社会团体、民办非企业单位、基金会、外国商会、农民专业合作社以及取得收入的其他组织；依照外国(地区)法律成立的具有企业性质的组织。

小思考 6-2

依照外国(地区)法律成立的企业都是非居民企业，对吗？

小知识 6-3

依照中国法律、行政法规规定成立的个人独资企业、合伙企业不是企业所得税的纳税人。

二、企业所得税的税率

企业所得税采用25%的比例税率。

在中国境内未设立机构、场所的非居民企业取得的来源于中国境内的所得，适用税率为20%。

在中国境内设立机构、场所的非居民企业取得的来源于中国境内的与其所设机构、场所没有实际联系的所得，适用税率为20%。

三、应纳税所得额的计算

1. 应纳税所得额及其计算公式

应纳税所得额是指纳税人每一纳税年度的收入总额减除不征税收入、免税收入、各项扣除以及允许弥补的以前年度亏损后的余额，其基本公式为：

应纳税所得额＝收入总额—不征税收入—免税收入—各项扣除—允许弥补的以前年度亏损

小知识 6-4

亏损是指企业根据企业所得税法及其实施条例的规定将每一纳税年度的收入总额减除不征税收入、免税收入和各项扣除后小于零的数额。

小思考 6-3

应纳税所得额是否就是企业的会计利润呢？

2. 收入总额

企业以货币形式和非货币形式从各种来源取得的收入，为收入总额，收入包括：

(1)销售货物收入

销售货物收入是指企业销售商品、产品、原材料、包装物、低值易耗品，以及其他存货取得的收入。

(2)提供劳务收入

提供劳务收入是指企业从事建筑安装、修理修配、交通运输、仓储租赁、金融保险、邮电通信、咨询经纪、文化体育、科学研究、技术服务、教育培训、餐饮住宿、中介代理、卫生保健、社区服务、旅游、娱乐、加工和其他劳务服务活动取得的收入。

(3) 转让财产收入

转让财产收入是指企业转让固定资产、投资性房地产、生物资产、无形资产、股权、债权等所取得的收入。

(4) 股息、红利等权益性投资收益

股息、红利等权益性投资收益是指企业因权益性投资从被投资方取得的收入。

股息、红利等权益性投资收益，除国务院财政、税务主管部门另有规定外，按照被投资方作出利润分配决定的日期确认收入的实现。

(5) 利息收入

利息收入是指企业将资金提供他人使用但不构成权益性投资，或者因他人占用本企业资金取得的收入，包括存款利息、贷款利息、债券利息、欠款利息等收入。

(6) 租金收入

租金收入，是指企业提供固定资产、包装物和其他资产的使用权取得的收入。

(7) 特许权使用费收入

特许权使用费收入是指企业提供专利权、非专利技术、商标权、著作权以及其他特许权的使用权而取得的收入。

(8) 接受捐赠收入

接受捐赠收入是指企业接受的来自其他企业、组织或者个人无偿给予的货币性资产、非货币性资产。

(9) 其他收入

其他收入是指企业取得的除上述各项收入以外的一切收入，包括企业资产溢余收入、逾期未退包装物押金收入、确实无法偿付的应付款项、已作坏账损失处理后又收回的应收款项、债务重组收入、补贴收入、违约金收入、汇兑收益等。

小知识6-5

企业收入的货币形式包括现金、存款、应收账款、应收票据、准备持有至到期的债券投资以及债务的豁免等。

企业收入的非货币形式，包括固定资产、生物资产、无形资产、股权投资、存货、不准备持有至到期的债券投资、劳务以及有关权益等。

小资料6-2

收入总额中的下列收入为不征税收入：

1. 财政拨款；

2. 依法收取并纳入财政管理的行政事业性收费、政府性基金；

3. 国务院规定的其他不征税收入。

---

3. 各项扣除

(1) 各项扣除的基本范围

企业实际发生的与取得收入有关的、合理的支出，包括成本、费用、税金、损失和其他支出，准予在计算应纳税所得额时扣除。

财税金融

①成本　成本是指企业在生产经营活动中发生的销售成本、销货成本、业务支出，以及其他耗费。

②费用　费用是指企业在生产经营活动中发生的销售费用、管理费用和财务费用，已经计入成本的有关费用除外。

③税金　税金是指企业发生的除企业所得税和允许抵扣的增值税以外的各项税金及其附加。

④损失　损失是指企业在生产经营活动中发生的固定资产和存货的盘亏、毁损、报废损失，转让财产损失，呆账损失，坏账损失，自然灾害等不可抗力因素造成的损失，以及其他损失。

⑤其他支出　其他支出是指除成本、费用、税金、损失外，企业在生产经营活动中发生的与生产经营活动有关的、合理的支出。

小思考 6-4

纳税人的财务会计处理与税法规定不一致的，在计算确定应纳税所得额时怎么办？

---

(2) 部分扣除项目的具体范围和标准

①利息支出　企业在生产经营活动中发生的合理的不需要资本化的借款费用，准予扣除。企业在生产经营活动中发生的下列利息支出，准予扣除：

第一，非金融企业向金融企业借款的利息支出、金融企业的各项存款利息支出和同业拆借利息支出、企业经批准发行债券的利息支出；第二，非金融企业向非金融企业借款的利息支出，不超过按照金融企业同期同类贷款利率计算的数额的部分。

小知识 6-6

企业为购置、建造固定资产、无形资产和经过 12 个月以上的建造才能达到预定可销售状态的存货发生借款的，在有关资产购置、建造期间发生的合理的借款费用，应当作为资本性支出计入有关资产的成本，并依照本条例的规定扣除。

---

②工资、薪金支出　企业发生的合理的工资薪金支出，准予扣除。

小知识 6-7

职工工资薪金，是指企业每一纳税年度支付给在本企业任职或者受雇的员工的所有现金形式或者非现金形式的劳动报酬，包括基本工资、奖金、津贴、补贴、年终加薪、加班工资，以及与员工任职或者受雇有关的其他支出。

---

③社会保险和住房公积金　企业按照国务院有关主管部门或省级人民政府规定的范围和标准为职工缴纳的基本医疗保险费、基本养老保险费、失业保险费、工伤保险费、生育保险费等基本社会保险费和住房公积金，准予税前扣除。

企业提取的年金，在国务院财政、税务主管部门规定的标准范围内，准予扣除。

企业为其投资者或雇员个人向商业保险机构投保的人寿保险、财产保险等商业保险，不得扣除。

企业按国家规定为特殊工种职工支付的法定人身安全保险费，准予扣除。

④基本社会保险费和住房公积金　企业依照国务院有关主管部门或者省级人民政府规定的范围和标准为职工缴纳的基本养老保险费、基本医疗保险费、失业保险费、工伤保险费、生育保险费等基本社会保险费和住房公积金，准予扣除。

企业为投资者或者职工支付的补充养老保险费、补充医疗保险费，在国务院财政、税务主管部门规定的范围和标准内，准予扣除。

⑤职工工会经费、职工福利费、职工教育经费　企业发生的职工福利费支出，不超过工资薪金总额14%的部分，准予扣除。企业拨缴的工会经费，不超过工资薪金总额2%的部分，准予扣除。除国务院财政、税务主管部门另有规定外，企业发生的职工教育经费支出，不超过工资薪金总额2.5%的部分，准予扣除；超过部分，准予在以后纳税年度结转扣除。

⑥公益性捐赠支出　企业发生的公益性捐赠支出，在年度利润总额12%以内的部分，准予在计算应纳税所得额时扣除。

年度利润总额，是指企业按照国家统一会计制度的规定计算的年度会计利润。

小知识6-8

公益性捐赠，是指企业通过公益性社会团体或者县级以上人民政府及其部门，用于《中华人民共和国公益事业捐赠法》规定的公益事业的捐赠。

小知识6-9

公益性社会团体，是指同时符合下列条件的基金会、慈善组织等社会团体：①依法登记，具有法人资格；②以发展公益事业为宗旨，并不以营利为目的；③全部资产及其增值为该法人所有；④收益和营运结余主要用于符合该法人设立目的的事业；⑤终止的剩余财产不归属任何个人或者营利组织；⑥不经营与其设立目的无关的业务；⑦有健全的财务会计制度；⑧捐赠者不以任何形式参与社会团体财产的分配；⑨国务院财政、税务主管部门会同国务院民政部门等登记管理部门规定的其他条件。

⑦业务招待费　企业发生的与生产经营活动有关的业务招待费支出，按照发生额的60%扣除，但最高不得超过当年销售（营业）收入的5‰。

企业发生的符合条件的广告费和业务宣传费支出，除国务院财政、税务主管部门另有规定外，不超过当年销售（营业）收入15%的部分，准予扣除；超过部分，准予在以后纳税年度结转扣除。

企业依照法律、行政法规有关规定提取的用于环境保护、生态恢复等方面的专项资金，准予扣除。上述专项资金提取后改变用途的，不得扣除。

4. 不得扣除的项目

在计算应纳税所得额时，下列支出不得扣除：

①向投资者支付的股息、红利等权益性投资收益款项；

②企业所得税税款；

③税收滞纳金；

④罚金、罚款和被没收财物的损失；

⑤不符合税法规定的扣除标准的捐赠支出；

⑥赞助支出；

⑦未经核定的准备金支出；

⑧与取得收入无关的其他支出。

5. 亏损弥补

企业纳税年度发生的亏损，准予向以后年度结转，用以后年度的所得弥补，但结转年限最长不得超过 5 年。

6. 资产的税务处理

《中华人民共和国企业所得税法》及相关法规规定了纳税人资产的税务处理，其目的是要通过资产的分类，确定各类资产的计税基础、摊销或折旧最低年限、摊销或折旧方法，以确定准予扣除项目的金额，正确计算应纳税所得额。

资产的税务处理主要包括固定资产、生物资产、无形资产、长期待摊费用、投资资产、存货等资产计税基础的确定，固定资产计提折旧的方法、固定资产计提折旧的最低年限，生产性生物资产计提折旧的最低年限、计提折旧的方法，无形资产摊销方法、摊销年限等。

小资料6-5

在中国境内未设立机构、场所的非居民企业取得的来源于中国境内的所得和在中国境内设立机构、场所的非居民企业取得的来源于中国境内的与其所设机构、场所没有实际联系的所得，按照下列方法计算其应纳税所得额：

1. 股息、红利等权益性投资收益和利息、租金、特许权使用费所得，以收入全额为应纳税所得额；

2. 转让财产所得，以收入全额减除财产净值后的余额为应纳税所得额；

3. 其他所得，参照前两项规定的方法计算应纳税所得额。

四、税收优惠

新的企业所得税法不再按地区和企业的所有制性质给予企业所得税优惠，而是对重点扶持和鼓励发展的产业和项目，给予企业所得税优惠。主要的所得税税收优惠如下：

1. 免税收入

在计算应纳税所得额时，应从企业的收入总额中减除免税收入，企业的下列收入为免税收入。

①国债利息收入　国债利息收入是指企业持有国务院财政部门发行的国债取得的利息

收入。

②符合条件的居民企业之间的股息、红利等权益性投资收益　符合条件的居民企业之间的股息、红利等投资性收益是指居民企业直接投资于其他居民企业取得的投资收益。本处的股息、红利等权益性投资收益，不包括连续持有居民企业公开发行并上市流通的股票不足12个月取得的投资收益。

③在中国境内设立机构、场所的非居民企业从居民企业取得与该机构、场所有实际联系的股息、红利等权益性投资收益。

④符合条件的非营利组织的收入　符合条件的非营利组织的收入不包括非营利组织从事营利性活动取得的收入，但国务院财政、税务主管部门另有规定的除外。

小资料6-6

符合条件的非营利组织是指符合下列条件的组织：

①依法律履行非营利组织登记手续；②从事公益性或非营利性活动；③取得的收入除用于与该组织有关的、合理的支出外，全部用于登记核定或者章程规定的公益性或非营利性事业；④财产及其孳息不用于分配；⑤按照登记核定或者章程规定，该组织注销后的剩余财产用于公益性或者非营利性目的，或者由登记管理机关转赠给与该组织性质、宗旨相同的组织，并向社会公告；⑥投入人对投入该组织的财产不保留或者享有任何财产权利；⑦工作人员工资福利开支控制在规定的比例内，不变相分配该组织的财产。

2. 减征、免征企业所得税

对从事国家重点扶持和鼓励发展的产业项目的所得，以及企业所得税法规定的其他特定所得，可以减征、免征企业所得税。减征、免征企业所得税的所得包括：

①**从事农、林、牧、渔业项目的所得：**从事蔬菜、谷物、薯类、油料、豆类、棉花、麻类、糖料、水果、坚果的种植项目的所得，从事中药材的种植项目的所得等免征企业所得税。从事海水养殖、内陆养殖的所得，从事花卉、茶及其他饮料作物和香料作物种植项目的所得减半征收企业所得税。

②**从事国家重点扶持的公共基础设施项目投资经营的所得：**企业从事税法规定的国家重点扶持的公共基础设施项目的投资经营的所得，自项目取得第一笔生产经营收入所属纳税年度起，第一年至第三年免征企业所得税，第四年至第六年减半征收企业所得税。

③**从事符合条件的环境保护、节能节水项目的所得：**企业从税法规定的符合条件的环境保护、节能节水项目的所得，自项目取得第一笔生产经营收入所属纳税年度起，第一年至第三年免征企业所得税，第四年至第六年减半征收企业所得税。

④**符合条件的技术转让所得：**一个纳税年度内，居民企业技术转让所得不超过500万元的部分，免征企业所得税；超过500万元的部分，减半征收企业所得税。

⑤在中国境内未设立机构、场所的非居民企业取得的来源于中国境内的所得，在中国境内设立机构、场所的非居民企业取得的来源于中国境内的与其所设机构、场所没有实际联系的所得；非居民企业取得这两项所得，减按10%税率征收企业所得税。

3. 对特定企业的税收优惠

(1) 小型微利企业的税收优惠

企业所得税法规定，符合条件的小型微利企业，减按20%的税率征收企业所得税。

小资料6-7

符合规定条件的小型微利企业，是指从事国家非限制和禁止行业，并符合以下条件的企业：

1. 工业企业，年度应纳税所得额不超过30万元，从业人数不超过100人，资产总额不超过3000万元；

2. 其他企业，年度应纳税所得额不超过30万元，从业人数不超过80人，资产总额不超过1000万元。

---

(2) 对高新技术企业的税收优惠

企业所得税法规定，国家需要重点扶持的高新技术企业，减按15%的税率征收企业所得税。

小资料6-8

国家需要重点扶持的高新技术企业，是指拥有核心自主知识产权，并同时符合下列条件的企业：

①产品（服务）属于《国家重点支持的高新技术领域》规定的范围；②研究开发费用占销售收入的比例不低于规定比例；③高新技术产品（服务）收入占企业总收入的比例不低于规定比例；④科技人员占企业职工总数的比例不低于规定比例；⑤高新技术企业认定管理办法规定的其他条件。

---

4. 准予加计扣除的支出

(1) 开发新技术、新产品、新工艺发生的研究开发费用准予加计扣除

企业为开发新技术、新产品、新工艺发生的研究开发费用，未形成无形资产计入当期损益的，在按照规定据实扣除的基础上，按研究开发费用的50%加计扣除；形成无形资产的，按无形资产成本的150%摊销。

(2) 安置残疾人员及国家鼓励安置的其他就业人员所支付的工资准予加计扣除

企业安置残疾人员的，按按照支付给残疾职工工资据实扣除的基础上，按照支付给残疾职工工资的100%加计扣除。残疾人员的范围适用《中华人民共和国残疾人保障法》的有关规定。

5. 准予减计的收入

企业综合利用资源，生产符合国家产业政策规定的产品所取得的收入，可以在计算应纳税所得额时减计收入。

企业以《资源综合利用企业所得税优惠目录》规定的资源作为主要原材料，生产国家非限制和禁止并符合国家和行业相关标准的产品取得的收入，减按90%计入收入总额。

五、应纳税额的计算

企业所得税的应纳税额是指企业依照《中华人民共和国企业所得税法》规定应向国家缴纳的税款，其计算公式为：

$$应纳税额＝应纳税所得额×税率－减免税额－抵免税额$$

实例6-1

虹桥公司依照中国法律成立，在上海注册登记，2008年度财务会计报表反映的利润总额550万元，经核实全年应纳税所得额是600万元。请计算该公司应缴纳的企业所得税税额。

实例详解

由于虹桥公司依照中国法律成立，在上海注册登记，应属于居民企业。虹桥公司的应纳税所得额是600万元，而不是公司财务会计报表反映的利润总额550万元，其全年应纳税所得额超过30万元，所以不属于小型微利企业，其适用的所得税税率为25%。

应纳税额=600×25%=150（万元）

实例6-2

安尔顿公司依照美国法律成立，该公司的实际管理机构设在上海。安尔顿公司在2008年度共发生下列收入：（1）产品销售收入5 000万元；（2）转让商标使用权收入140万元；（3）办公楼租金收入60万元；（4）持有国债的利息收入40万元；（5）固定资产盘盈收入20万元。

发生各项支出如下：（1）产品销售成本3 500万元；（2）销售税金及附加300万元；（3）其他业务成本20万元；（4）销售费用200万元；（5）管理费用500万元；（6）营业外支出50万元。上述各项支出中除了营业外支出50万元全部为违法经营的罚款支出外，其他各项支出按税法规定均准予扣除。

不考虑其他情况，试计算该公司应缴纳的企业所得税税额。

实例详解

安尔顿公司虽然依照美国法律成立，但该公司的实际管理机构设在上海，应属于居民企业。

产品销售收入属于销售货物收入，转让商标使用权收入属于特许权使用费收入，办公楼租金收入属于财产租赁收入，持有国债的利息收入属于利息收入，固定资产盘盈收入属于其他收入。上述五项收入都是收入总额的组成部分。

该公司不存在不征收收入。该公司国债利息收入40万元属于免税收入。

产品销售成本、销售税金及附加、销售费用和管理费用都是准予扣除的金额，违法经营的罚款支出50万元不允许扣除。

收入总额=5 000+140+60+40+20=5 260（万元）

不征税收入＝0（万元）

免税收入＝40（万元）

各项扣除金额=3 500+300+20+200+500=4 520（万元）

应纳税所得额＝收入总额－不征税收入－免税收入－各项扣除－允许弥补的以前年度亏损＝5 260－0－40－4 520－0＝700（万元）

财
税
金
融

根据全年应纳税所得额是700万元，大于30万元，所以该公司不属于小型微利企业，确定其适用的所得税税率为25%。

应纳税额=700×25%=175.（万元）

实例6-3

希斯朗公司依据英国法律成立，并在英国伦敦注册登记，该公司2008年在上海承建一幢商务楼，并取得相关收入5 000万元，为取得建筑安装收入而发生的成本3 500万元，管理费用500万元。2008年在英国取得所得折合为人民币1亿元，在英国取得的所得与承建上海的一幢商务楼没有实际联系。不考虑其他因素，不存在纳税调整事项，要求

（1）判断该公司为居民企业还是非居民企业；

（2）计算该公司2008年的应纳税所得额；

（3）确定该公司适用的企业所得税税率；

（4）计算该公司2008年的应纳税额。

实例详解

（1）判断企业类型

希斯朗公司依据英国法律成立，并在英国伦敦注册登记，只在上海承建商务楼，其实际管理机构并不在中国，所以属于非居民企业。由于在上海承建了一幢商务楼，属于在中国境内拥有从事经营活动场所的非居民企业。

（2）计算该公司2008年的应纳税所得额

应纳税所得额=收入总额－不征税收入－免税收入－各项扣除－准予弥补的以前年度的亏损

＝5 000－0－0－（3 500＋500）－0＝1 000（万元）

收入总额不包括在英国取得的与设在中国境内的机构、场所没有实际联系1亿元人民币所得。因为非居民企业在境外取得的与其所设的机构、场所没有实际联系的所得不向中国境内缴纳企业所得税。

（3）确定该公司适用税率

该公司属于在中国境内设有机构、场所的非居民企业，其1 000万元的劳务所得来源于国内，且与其所设的机构、场所有实际联系，且应纳税所得额超过了30万元（不属于小型微利企业），根据税法的规定应适用25%的税率。

（4）计算该公司2008年的应纳税额

应纳税额＝1 000×25%＝250（万元）

实例6-4

拜迪尔斯公司依据德国法律成立并在柏林注册登记，且在中国境内没有设立机构和场所。该公司2008年投资中国资本市场取得8 000万元人民币的股息所得。该公司在境外取得的所得折合为人民币为3亿元。要求：

（1）判断该公司是居民企业还是非居民企业；

（2）确定该公司2008年的应纳税所得额；

（3）确定该公司适用的企业所得税税率；

（4）计算该公司2008年的应纳税额。

实例详解

（1）判断企业类型

由于拜迪尔斯公司依据德国法律成立并在柏林注册登记，且在中国境内没有设立机构和场所，所以该公司属于在中国境内没有设立机构、场所的非居民企业，应就其来源于中国境内的所得缴纳企业所得税。

（2）确定该公司 2008 年的应纳税所得额

该公司 2008 年的应纳税所得额＝8 000（万元）

该公司 2008 年来源于中国境内的股息所得应就其全额作为应纳税所得额。

（3）在中国境内未设立机构和场所的非居民企业来源于中国境内的所得的适用税率为 20%，根据所得税法实施条例的规定，减按 10% 的税率征收，所以其实际适用的税率为 10%。

（4）计算该公司 2008 年的应纳税额

该公司 2008 年的应纳税额＝8 000 × 10%＝800（万元）

六、企业所得税的征收管理

1. 征收缴纳方法

企业所得税是按照纳税人每一纳税年度的应纳税所得额和适用税率计算征收的。

小知识 6-10

纳税年度，是指自公历 1 月 1 日起至 12 月 31 日止。纳税人在一个纳税年度的中间开业，或者终止经营活动，使该纳税年度的实际经营期不足 12 个月的，应当以其实际经营期为一个纳税年度。

缴纳企业所得税，按年计算，分月或者分季预缴。月份或者季度终了后十五日内预缴，年度终了后五个月内，向税务机关报送年度企业所得税纳税申报表，并汇算清缴，结清应缴应退税款。

小知识 6-11

企业按税法规定分月或者分季预缴企业所得税时，应当按照月度或者季度的实际利润额预缴；按照月度或者季度的实际利润额预缴有困难的，可以按照上一纳税年度应纳税所得额的月度或者季度平均额预缴，或者按照经税务机关认可的其他方法预缴。预缴方法一经确定，该纳税年度内不得随意变更。

纳税人在年终汇算清缴时，少缴的所得税税额，应在下一年度内缴纳；纳税人在年终汇算清缴时，多预缴的所得税税额，在下一年度内抵缴。

2. 纳税地点

除税收法律、行政法规另有规定外，居民企业以企业登记注册地为纳税地点；但登记注册地在境外的，以实际管理机构所在地为纳税地点。在中国境内设立机构、场所的非居民企业由其所设机构场所取得的来源于中国境内的所得，以及发生在中国境外但与其所设机构、场所有实际联系的所得，以机构、场所所在地为纳税地点。非居民企业在中国境内设立两个

财税金融

或者两个以上机构、场所的，经税务机关审核批准，可以选择由其主要机构、场所汇总缴纳企业所得税。

在中国境内未设立机构、场所的非居民企业取得的来源于中国境内的所得，在中国境内设立机构、场所的非居民企业取得的来源于中国境内的与其所设机构、场所没有实际联系的所得，以扣缴义务人所在地为纳税地点。

第二节　个人所得税

一、个人所得税的概念和纳税人

1. 个人所得税的概念

个人所得税是指对个人（自然人）取得的各项应税所得征收的一种税。

> **小知识6-12**
>
> 　　个人所得的形式，包括现金、实物、有价证券和其他形式的经济利益。所得为实物的，应当按照取得的凭证上所注明的价格计算应纳税所得额；无凭证的实物或者凭证上所注明的价格明显偏低的，参照市场价格核定应纳税所得额。所得为有价证券的，根据票面价格和市场价格核定应纳税所得额。所得为其他形式的经济利益的，参照市场价格核定应纳税所得额。

> **小资料6-9**
>
> 　　个人所得税最早于1799年在英国创立，目前世界上已有140多国家开征了这一税种。我国现行的个人所得税是在1994年的税制改革中，在原来的个人所得税、个人收入调节税和城乡个体工商业户所得税的基础上合并而成的一个税种。

2. 个人所得税的纳税人

个人所得税的纳税义务包括中国公民、个体工商业户以及在中国有所得的外籍人员（包括无国籍人员，下同）和香港、澳门、台湾同胞。上述纳税人依据住所和居住时间两个标准，区分为居民和非居民，分别承担不同的纳税义务。

（1）居民纳税人

居民纳税人是指在中国境内有住所，或者无住所而在中国境内居住满一年的个人。

居民纳税人负有无限纳税义务。其所取得的应纳税所得，无论是来源于中国境内还是中国境外任何地方，都要在中国缴纳个人所得税。

（2）非居民纳税人

非居民纳税人是指在中国境内无住所又不居住或者无住所而在境内居住不满一年的个人。

非居民纳税人承担有限纳税义务，即仅就其来源于中国境内的所得，向中国缴纳个人所得税。

二、应税所得项目

下列各项个人所得，应纳个人所得税：工资、薪金所得；个体工商户的生产、经营所得；对企事业单位的承包经营、承租经营所得；劳务报酬所得；稿酬所得；特许权使用费所得；利息、股息、红利所得；财产租赁所得；财产转让所得；偶然所得；经国务院财政部门确定征税的其他所得。

1. 工资、薪金所得

工资、薪金所得是指个人因任职或者受雇而取得的工资、薪金、奖金、年终加薪、劳动分红、津贴、补贴以及与任职或者受雇有关的其他所得。

2. 个体工商户的生产、经营所得

个体工商户的生产、经营所得是指：

①个体工商户从事工业、手工业、建筑业、交通运输业、商业、饮食业、服务业、修理业以及其他行业生产、经营取得的所得；

②个人经政府有关部门批准，取得执照，从事办学、医疗、咨询以及其他有偿服务活动取得的所得；

③上述个体工商户和个人取得的与生产、经营有关的各项应税所得；

④个人因从事彩票代销业务而取得所得，应按照"个体工商户的生产、经营所得"项目计征个人所得税；

⑤其他个人从事个体工商业生产、经营取得的所得。

3. 对企事业单位的承包经营、承租经营所得

对企事业单位的承包经营、承租经营所得是指个人承包经营、承租经营以及转包、转租取得的所得。

4. 劳务报酬所得

劳务报酬所得是指个人从事各种非雇佣的劳务所取得的所得，内容包括：设计、装潢、安装、制图、化验、测试、医疗、法律、会计、咨询、讲学、新闻、广播、翻译、审稿、书画、雕刻、影视、录音、录像、演出、表演、广告、展览、技术服务、介绍服务、经纪服务、代办服务以及其他劳务。

5. 稿酬所得

稿酬所得是指个人因其作品以图书、报刊形式出版、发表而取得的所得。

6. 特许权使用费所得

特许权使用费所得是指个人提供专利权、商标权、著作权、非专利技术以及其他特许权的使用权取得的所得。提供著作权的使用权取得的所得，不包括稿酬所得。

7. 利息、股息、红利所得

利息、股息、红利所得是指个人拥有债权、股权而取得的利息、股息、红利所得。

8. 财产租赁所得

财产租赁所得是指个人出租建筑物、土地使用权、机器设备、车船以及其他财产取得的所得。

9. 财产转让所得

财产转让所得是指个人转让有价证券、股权、建筑物、土地使用权、机器设备、车船以

及其他财产取得的所得。

10. 偶然所得

偶然所得是指个人得奖、中奖、中彩以及其他偶然性质的所得。

11. 经国务院财政部门确定征税的其他所得

除上述列举的各项个人应税所得外，其他确有必要征税的个人所得，由国务院财政部门确定。

个人取得的应纳税所得，包括现金、实物和有价证券。

三、税率

个人所得税的税率按所得项目不同，分别确定为：

1. 工资、薪金所得

工资、薪金所得，适用九级超额累进税率，税率为5%～45%，如图表6-1。

图表6-1

工资、薪金所得个人所得税税率及适用的速算扣除数表

级数	全月应纳税所得额	税率（%）	速算扣除数
1	不超过500元	5	0
2	超过500元至2 000元的部分	10	25
3	超过2 000元至5 000元的部分	15	125
4	超过5000元至20 000元的部分	20	375
5	超过20 000元至40 000元的部分	25	1 375
6	超过40 000元至60 000元的部分	30	3 375
7	超过60 000元至80 000元的部分	35	6 375
8	超过80 000元至100 000元的部分	40	10 375
9	超过100 000元的部分	45	15 375

注：为方便起见，将速算扣除数也列入本图表中。

小资料6-10

图表7-1所称全月应纳税所得额是指依照税法的规定，以每月收入减除费用2 000元后的余额或者减除附加减除费用后的余额。附加减除费用是指每月在减除2 000元费用的基础上，再减去2 800元。

2. 个体工商户的生产、经营所得和对企事业单位的承包经营、承租经营所得

个体工商户的生产、经营所得和对企事业单位的承包经营、承租经营所得适用5%～35%的超额累进税率，如图表6-2。

图表 6-2

个体工商户的生产、经营所得和对企事业单位的
承包经营、承租经营所得个人所得税税率及适用的速算扣除数表

级数	全年应纳税所得额	税率（%）	速算扣除数
1	不超过 500 元	5	0
2	超过 500 元至 10 000 元的部分	10	250
3	超过 10 000 元至 30 000 元的部分	20	1 250
4	超过 30 000 元至 50 000 元的部分	30	4 250
5	超过 50 000 元的部分	35	6 750

注：为方便起见，将速算扣除数也列入本图表中。

小资料 6-11

图表 7-2 所称全年应纳税所得额，对个体工商户的生产、经营所得来说，是指以每一纳税年度的收入总额，减除成本、费用以及损失后的余额。对企事业单位的承包经营、承租经营所得来说，是指以每一纳税年度的收入总额，减除必要费用后的余额，其中每一纳税年度的收入总额是指纳税义务人按照承包经营、承租经营合同规定分得的经营利润和工资、薪金性质的所得；所说的减除必要费用，是指按月减除 2 000 元。

3. 稿酬所得

稿酬所得，适用比例税率，税率为 20%，并按应纳税额减征 30%。故其实际税率为 14%。

4. 劳务报酬所得

劳务报酬所得，适用比例税率，税率为 20%。对劳务报酬所得一次收入畸高的，实行加成征收。

劳务报酬所得一次收入畸高，是指个人一次取得劳务报酬，其应纳税所得额超过 20 000 元。对应纳税所得额超过 20 000 元至 50 000 元的部分，依照税法规定计算应纳税额后再按照应纳税额，加征五成；超过 50 000 元的部分，加征十成，其适用税率见图表 6-3。

图表 6-3

劳务报酬所得个人所得税税率及适用的速算扣除数表

级数	每次应纳税所得额	税率（%）	速算扣除数
1	不超过 20 000 元	20	0
2	超过 20 000 元至 50 000 元的部分	30	2 000
3	超过 50 000 元的部分	40	7 000

注：为方便起见，将速算扣除数也列入本图表中。

5. 特许权使用费所得，利息、股息、红利所得，财产租赁所得，财产转让所得，偶然所得和其他所得

特许权使用费所得，利息、股息、红利所得，财产租赁所得，财产转让所得，偶然所得和其他所得，适用比例税率，税率为20%。

四、应纳税所得额的确定和应纳税额的计算

1. 应纳税所得额的确定

计算个人应纳税所得额，需按不同应税项目分项计算。

（1）工资、薪金所得

工资、薪金所得，以每月收入额减除费用2 000元后的余额，为应纳税所得额。

(2) 个体工商户的生产、经营所得

个体工商户的生产、经营所得，以每一纳税年度的收入总额，减除成本、费用以及损失后的余额，为应纳税所得额。

(3) 对企事业单位承包经营、承租经营所得

对企事业单位承包经营、承租经营所得，以每一纳税年度的收入总额，减除必要费用后的余额，为应纳税所得额。所说的减除必要费用是指按月减除 2 000 元（自 2008 年 3 月 1 日起执行，2008 年 3 月 1 日前，仍按 1 600 元／月作为必要费用的减除标准）。

(4) 劳务报酬所得、稿酬所得、特许权使用费所得、财产租赁所得

劳务报酬所得、稿酬所得、特许权使用费所得、财产租赁所得，每次收入不超过 4 000 元的，减除费用 800 元；4 000 元以上的，减除 20% 的费用，其余额为应纳税所得额。

(5) 财产转让所得

财产转让所得，以转让财产的收入额减除财产原值和合理费用后的余额，为应纳税所得额。

(6) 利息、股息、红利所得，偶然所得和其他所得

利息、股息、红利所得，偶然所得和其他所得，以每次收入额为应纳税所得额。

小资料6-15

劳务报酬所得，属于一次性收入的，以取得该项收入为一次；属于同一项目连续性收入的，以一个月内取得的收入为一次。

稿酬所得，以每次出版、发表取得的收入为一次。

特许权使用费所得，以一项特许权的一次许可使用所取得的收入为一次。

财产租赁所得，以一个月内取得的收入为一次。

利息、股息、红利所得，以支付利息、股息、红利时取得的收入为一次。

偶然所得和其他所得，以每次取得该项收入为一次。

2. 应纳税额的计算

本书主要介绍工资、薪金所得，劳务报酬所得，稿酬所得，利息、股息、红利所得，财产租赁所得和财产转让所得几项应税所得应纳税额的计算。

(1) 工资、薪金所得

工资、薪金所得应纳税额的计算公式为：

$$应纳税额 = 应纳税所得额 \times 适用税率 - 速算扣除数$$
$$= （每月收入额 - 2\,000\,元或\,4\,800\,元）\times 适用税率 - 速算扣除数$$

小思考6-5

个人所得税应税所得项目的部分采取超额累进税率，严格说来，纳税人的所得在扣除费用后计算出应纳税所得额，再将其应纳税所得额划分为不同的级数，分别适用不同的税率，分级计算各级的应纳税额，最后将各级的计算结果相加得出全部应纳税额。但是上式不是分级计算的，上式的适用税率不是各级的适用税率，而是全部应纳税所得额所属级数的适用税率。为什么？

财税金融

运用该公式时，其适用税率为与应纳税所得额所在级数相对应的税率（如某纳税人2008年3月的月收入额7 500元（不适用附加减除费用），则其月应纳税所得额为7 500－2 000＝5 500元，月应纳税所得额5 500元属于超过5 000元－20 000元的部分，适用税率为20%），计算应纳税额时，可先计算出"应纳税所得额×适用税率"的数额。由于这一计算结果，是将以前各级的应纳税所得额统一按本级适用税率计算的，而实际上以前各级适用的税率比较低，所以其计算结果必然比纳税人依据税法规定的应纳税额高，所以要将计算结果超出应纳税额的差额部分予以扣除。实际上，对应于每一个确定级数的这一差额是一个固定数，这一固定数就是速算扣除数。运用减去速算扣除数的方法计算每一特定级数的应纳税额比较简便。

其他计算公式凡是运用速算扣除数的，其道理与此一致。以后不再说明。

小资料6-16

附加减除费用是指对属于附加减除费用适用范围的人员，在计算个人应纳税所得额时，每月在减除2 000元费用的基础上，再减除2 800元。

附加减除费用适用范围，是指：

（一）在中国境内的外商投资企业和外国企业中工作的外籍人员；

（二）应聘在中国境内的企业、事业单位、社会团体、国家机关中工作的外籍专家；

（三）在中国境内有住所而在中国境外任职或者受雇取得工资、薪金所得的个人；

（四）国务院财政税务主管部门确定的其他人员。

华侨和香港、澳门、台湾同胞也参照上述附加减除费用标准执行。

实例6-5

王馨2008年5月工资收入3 800元，王馨不适用附加减除费用的规定。试计算其当月应纳个人所得税税额。

实例详解

因王馨不适用附加减除费用的规定，所以其月费用扣除标准为2 000元。

应纳税所得额＝3 800－2 000＝1 800（元）

根据图表6-1，王馨的适用税率为1%，速算扣除数为25元。

应纳税额＝应纳税所得额×适用税率－速算扣除数

＝1 800×10%－25＝155（元）

实例6-6

欧阳文昌是中国居民，在法国任职，2006年3月获得工资、薪金收入30 000元人民币，无国内所得。试计算欧阳文昌2006年3月应纳个人所得税税额。

实例详解

因欧阳文昌适用附加减除费用的规定，所以其月费用扣除标准为4 800（1 600＋3 200）元。

应纳税所得额＝30 000－4 800＝25 200（元）

财税金融

根据图表 6-1，欧阳文昌的适用税率为 25%，速算扣除数为 1 375 元。

应纳税额＝应纳税所得额×适用税率－速算扣除数

$$= 25\ 200 \times 25\% - 1\ 375 = 4\ 925（元）$$

(2) 劳务报酬所得

对劳务报酬所得，其个人所得税应纳税额的计算公式为：

每次收入不足 4 000 元的

应纳税额＝应纳税所得额×适用税率

$$=（每次收入额－ 800 元）× 20\%$$

每次收入在 4 000 元以上的

应纳税额＝应纳税所得额×适用税率

$$=每次收入额×（1 - 20\%）× 20\%$$

每次收入的应纳税所得额（不是每次收入额）超过 20 000 元的

应纳税额＝应纳税所得额×适用税率－速算扣除数

$$=每次收入额×（1 - 20\%）×适用税率－速算扣除数$$

实例 6-7

影星刘某一次取得表演收入 40 000 元。试计算其应纳个人所得税税额。

实例详解

影星刘某本次收入的应纳税所得额＝ 40 000 ×（1 - 20%）＝ 32 000（元）

应纳税所得额超过 20 000 元，适用劳务报酬所得应纳税额计算的第三种公式。

应纳税所得额 32 000 元适用税率为 30%，速算扣除数为 2 000 元。

应纳税额＝应纳税所得额×适用税率－速算扣除数

$$= 32\ 000 \times 30\% - 2\ 000 = 7\ 600（元）$$

(3) 稿酬所得

稿酬所得个人所得税应纳税额的计算公式为：

①每次收入不足 4 000 元的

应纳税额＝应纳税所得额×适用税率×（1 - 30%）

$$=（每次收入额－ 800 元）× 20\% ×（1 - 30\%）$$

②每次收入在 4 000 元以上的

应纳税额＝应纳税所得额×适用税率×（1 - 30%）

$$=每次收入额×（1 - 20\%）× 20\% ×（1 - 30\%）$$

实例 6-8

某大学教师由某出版社出版教材一套，取得一次未扣除个人所得税的稿酬 12 000 元。试计算其应纳个人所得税税额。

实例详解

因该教师此次收入在 4 000 元以上，所以适用的公式为：

应纳税额＝应纳税所得额×适用税率×（1 - 30%）

$$=每次收入额×（1 - 20\%）× 20\% ×（1 - 30\%）$$

$$= 12\ 000 ×（1 - 20\%）× 20\% ×（1 - 30\%）= 1\ 344（元）$$

财
税
金
融

(4) 利息、股息、红利所得

利息、股息、红利所得，个人所得税应纳税额的计算公式为：

$$应纳税额＝应纳税所得额×适用税率＝每次收入额×20\%$$

实例6-9

某储户于2008年1月1日存入银行一笔存款，存期一年。2009年1月1日，即存款到期日，该储户将存款全部取出，取得未扣除个人所得税的利息2 200元。试计算其应纳个人所得税税额。

实例详解

由于该储户的储蓄存款于2008年1月1日存入，晚于2007年8月15日，所以相关的商业银行应按5%的税率计算代扣代缴的个人所得税。

$$应纳税额＝每次收入额×5\%＝2 200×5\%＝110（元）$$

五、减免税优惠

1. 免税规定

下列各项个人所得，免纳个人所得税：

①省级人民政府、国务院部委和中国人民解放军军以上单位，以及外国组织、国际组织颁发的科学、教育、技术、文化、卫生、体育、环境保护等方面的奖金；

②国债和国家发行的金融债券利息；

③按照国家统一规定发给的补贴、津贴；

④福利费、抚恤金、救济金；

⑤保险赔款；

⑥军人的转业费、复员费；

⑦按照国家统一规定发给干部、职工的安家费、退职费、退休工资、离休工资、离休生活补助费；

⑧依照我国有关法律规定应予免税的各国驻华使馆、领事馆的外交代表、领事官员和其他人员的所得；

⑨中国政府参加的国际公约、签订的协议中规定免税的所得；

⑩经国务院财政部门批准免税的所得。

2. 减税规定

有下列情形之一的，经批准可以减征个人所得税：

①残疾、孤老人员和烈属的所得；

②因严重自然灾害造成重大损失的；

③其他经国务院财政部门批准减税的。

六、纳税办法

1. 自行申报纳税

(1) 自行申报纳税的概念

自行申报纳税是指由纳税人自行在税法规定的纳税期限内，向税务机关申报取得的应税项目和数额，如实填写个人所得税纳税申报表，并按照税法规定计算应纳税额，据此缴纳个人所得税的一种方法。

(2) 自行申报纳税的纳税人

①年所得 12 万元以上的；

②从中国境内两处或两处以上取得工资、薪金所得的；

③从中国境外取得所得的；

④取得应纳税所得，没有扣缴义务人的；

⑤国务院规定的其他情形。

年所得 12 万元以上的纳税人，在年度终了后 3 个月内到主管税务机关办理纳税申报。

(3) 自行申报纳税的纳税期限

除特殊情况外，纳税人应在取得应纳税所得的次月 7 日内向主管税务机关申报所得并缴纳税款。

(4) 自行申报纳税的申报地点

自行申报的纳税人，应当向取得所得的当地主管税务机关申报纳税。

小资料6-17

国家税务总局2007年4月12日宣布，截至2007年4月2日，我国首次年所得超过12万元的个人所得税自行纳税申报工作结束。全国各地税务机关共受理自行纳税申报人数接近163万人，达到1 628 706人。

税务总局有关负责人说，2006年个人所得税申报年所得总额为5 150亿元，已缴税额791亿元，补缴税额19亿元，人均申报年所得额316 227元，人均缴税额49 733元。

从地区构成看，北京、上海、广东、江苏、浙江、山东、福建、天津、深圳、宁波、青岛、厦门等省市申报人数，占总申报人数的81%、申报年所得额的84%、申报税额的85%。

2. 代扣代缴

(1) 代扣代缴的概念

代扣代缴是指按照税法规定负有扣缴税款义务的单位和个人，在向个人支付应纳税所得时，应计算应纳税额，从其所得中扣除并缴入国库，同时向税务机关送报扣缴个人所得税报告表。

(2) 扣缴义务人

扣缴义务人是指凡支付个人应纳税所得的企业（公司）、事业单位、机关、社团组织、军队、驻华机构、个体户等单位或者个人，为个人所得税的扣缴义务人。

(3) 代扣代缴范围

①工资、薪金所得；

②对企事业单位承包经营、承租经营所得；

③劳务报酬所得；

④稿酬所得；

⑤特许权使用费所得；

⑥利息、股息、红利所得；

⑦财产租赁所得；

⑧财产转让所得；

⑨偶然所得；

⑩经国务院财政部门确定征税的其他所得。

(4) 代扣代缴期限

扣缴义务人每月所扣的税款，应当在次月 7 日内缴入国库，并向主管税务机关报送《扣缴个人所得税报告表》等有关资料。

★★★★★ **本章学习路径** ★★★★★

本章包括三方面内容：一、企业所得税；二、个人所得税。

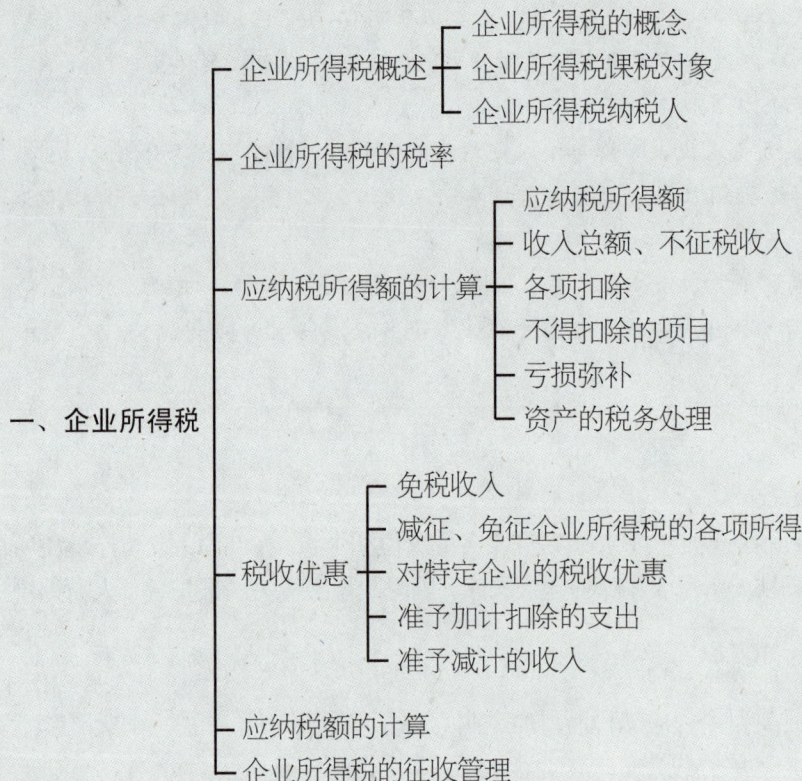

```
                     ┌─ 企业所得税的概念
        企业所得税概述 ─┼─ 企业所得税课税对象
                     └─ 企业所得税纳税人

        企业所得税的税率

                           ┌─ 应纳税所得额
                           ├─ 收入总额、不征税收入
        应纳税所得额的计算 ─┼─ 各项扣除
                           ├─ 不得扣除的项目
                           ├─ 亏损弥补
                           └─ 资产的税务处理

一、企业所得税
                      ┌─ 免税收入
                      ├─ 减征、免征企业所得税的各项所得
        税收优惠 ──────┼─ 对特定企业的税收优惠
                      ├─ 准予加计扣除的支出
                      └─ 准予减计的收入

        应纳税额的计算
        企业所得税的征收管理
```

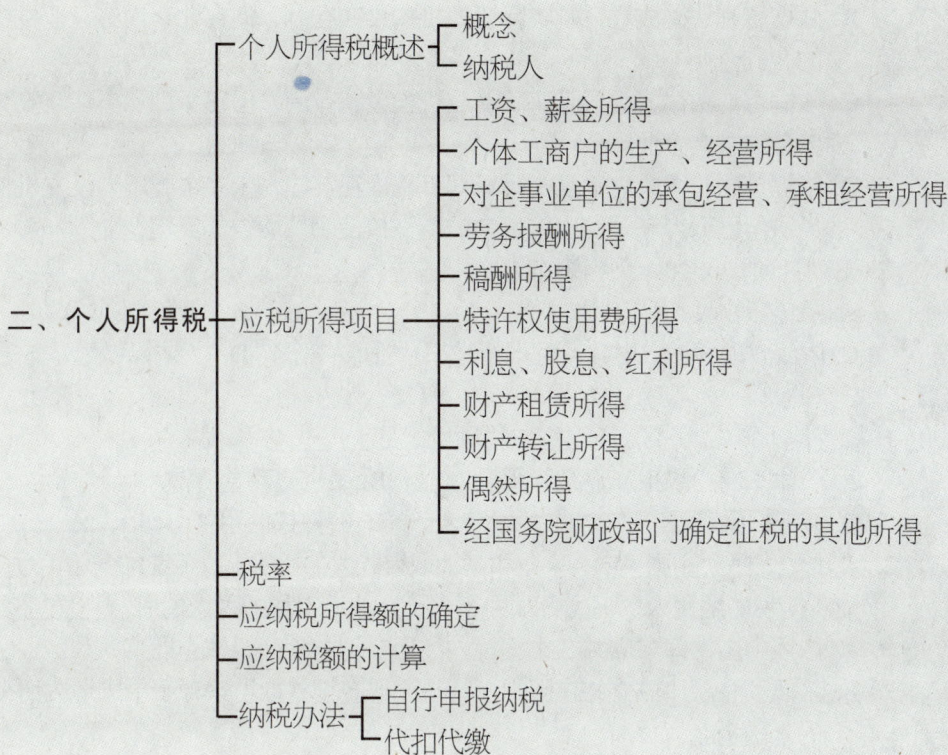

```
                          ┌── 概念
       ┌── 个人所得税概述 ──┤
       │                  └── 纳税人
       │
       │                  ┌── 工资、薪金所得
       │                  ├── 个体工商户的生产、经营所得
       │                  ├── 对企事业单位的承包经营、承租经营所得
       │                  ├── 劳务报酬所得
       │                  ├── 稿酬所得
二、个人所得税 ─┤── 应税所得项目 ──┤── 特许权使用费所得
       │                  ├── 利息、股息、红利所得
       │                  ├── 财产租赁所得
       │                  ├── 财产转让所得
       │                  ├── 偶然所得
       │                  └── 经国务院财政部门确定征税的其他所得
       │
       ├── 税率
       ├── 应纳税所得额的确定
       ├── 应纳税额的计算
       │                  ┌── 自行申报纳税
       └── 纳税办法 ──────┤
                          └── 代扣代缴
```

实训题

一、填空题

1. 居民企业是指依法 _____，或者依照外国（地区）法律成立但 _____ 的企业。

2. 在中华人民共和国境内，_____ 和 _____（以下统称企业）为企业所得税的纳税人。

3. 应纳税所得额是指纳税人每一纳税年度的收入总额减除 _____、_____、_____ 以及 _____ 后的余额。

4. 企业实际发生的与取得收入有关的、合理的支出，包括 _____、_____、_____、_____ 和 _____，准予在计算应纳税所得额时扣除。

5. 下列各项个人所得，应纳个人所得税：_____；_____；对企事业单位的承包经营、承租经营所得；_____；_____；特许权使用费所得；_____；财产租赁所得；财产转让所得；_____；经国务院财政部门确定征税的其他所得。

6. 劳务报酬所得，适用比例税率，税率为 _____。对劳务报酬所得一次收入畸高的，实行 _____。

二、单选题

（   ）1. 下列企业属于居民企业的是 _____。

        A. 依据日本法律成立，但实际管理机构设在上海的日本企业

B. 依据智利法律成立，且实际管理机构设在智利，但在北京设有营业机构的智利企业

C. 依据香港法律成立，且实际管理机构设在香港，但在深圳从事建筑安装劳务的香港企业

D. 依据英国法律成立，且实际管理机构设在英国，未在中国境内设立机构场所但已取得来源于中国境内的特许权使用费所得的英国企业

（　　）2. 下列各项收入中属于免税税收入的是 _____。

A. 销售货物收入　　　　　　　　　　B. 国债利息收入

C. 依法收取并纳入财政管理的行政事业性收费　　D. 接受捐赠收入

三、多选题

（　　）1. 下列各项中属于个人所得税应税项目的是 _____。

A. 个体工商户的生产、经营所得　　　B. 工资、薪金所得

C. 劳务报酬所得　　　　　　　　　　D. 特许权使用费所得

（　　）2. 在中华人民共和国境内，企业和其他取得收入的组织（以下统称企业）为企业所得税的纳税人。下列各项中不属于企业所得税纳税人的有 _____。

A. 依照中国法律成立并在中国境内注册登记的外商投资企业

B. 依照荷兰法律成立并在阿姆斯特丹注册登记并取得来源于中国境内所得的外国企业

C. 依照中国法律成立并在中国境内注册登记的独资企业

D. 依照中国法律成立并在中国境内注册登记的合伙企业

四、判断改错题

（　　）1. 在按《中华人民共和国企业所得税法》计算企业应纳税所得额时，业务招待费可以按实际发生数全额扣除。

（　　）2. 如果不考虑税收优惠因素，则非居民企业在中国境内设立的机构、场所取得的来源于中国境内的所得，按 20% 的税率缴纳企业所得税。

五、计算题

1. 京海公司依照中国法律成立，在北京注册登记，2008 年度财务会计报表反映的利润总额为 400 万元，经核实全年应纳税所得额是 430 万元。

要求：

（1）判断该公司是居民企业还是非居民企业；

（2）确定该公司 2008 年的应纳税所得额和适用的企业所得税税率；

（3）计算该公司 2008 年的应纳税额。

2. 菲凯公司依照法国法律成立，该公司的实际管理机构设在天津。菲凯公司在 2008 年度共发生下列收入：（1）产品销售收入 3 000 万元；（2）转让商标使用权收入 120 万元；（3）办公楼租金收入 50 万元；（4）持有国债的利息收入 30 万元；（5）固定资产盘盈收入 40 万元。

发生各项支出如下：（1）产品销售成本 2 100 万元；（2）销售税金及附加 180 万元；（3）其他业务成本 30 万元；（4）销售费用 120 万元；（5）管理费用 300 万元；（6）营业外支出 30 万元。上述各项支出中除了营业外支出 30 万元全部为违法经营的罚款支出外，其他各项支出按税法规定均准予扣除。

财税金融

不考虑其他情况，试计算该公司应缴纳的企业所得税税额。要求：

（1）判断该公司是居民企业还是非居民企业；

（2）计算确定该公司2008年的收入总额、不征税收入和免税收入；

（3）计算确定该公司2008年的各项扣除金额；

（4）确定该公司企业所得税的适用税率；

（5）计算确定该公司2008年的应纳税额。

3. 朗格公司依据意大利法律成立，并在意大利威尼斯注册登记，该公司2008年在南京设立营业机构，并取得商品销售收入4 000万元，为取得商品销售收入而发生的已销商品成本2 800万元，管理费用140万元，销售费用200万元。2008年在意大利取得所得折合为人民币1.5亿元，在意大利取得的所得与在南京设立的营业机构没有实际联系。不考虑其他因素，不存在纳税调整事项，要求：

（1）判断该公司为居民企业还是非居民企业；

（2）计算该公司2008年的应纳税所得额；

（3）确定该公司适用的企业所得税税率；

（4）计算该公司2008年的应纳税额。

4. 康惠莱公司依据俄罗斯法律成立并在莫斯科注册登记，且在中国境内未设立机构和场所。该公司2008年投资中国资本市场取得6 000万元人民币的红利所得。该公司在境外取得的所得折合为人民币为2亿元。要求：

（1）判断该公司是居民企业还是非居民企业；

（2）确定该公司2008年的应纳税所得额；

（3）确定该公司适用的企业所得税税率；

（4）计算该公司2008年的应纳税额。

5. 刘悦2008年6月份工薪8 000元，刘悦不适用附加减除费用的规定，且无其他所得。要求：根据上述资料计算其当月应纳个人所得税税额。

6. 影星张某2006年4月一次取得表演收入60 000元，当月由某出版社出版其个人传记，取得一次未扣除个人所得税的稿酬80 000元。

要求：根据上述资料计算影星张某2006年4月

（1）劳务报酬所得应缴纳的个人所得税税额；

（2）稿酬所得应缴纳的个人所得税税额；

（3）当月应缴纳的全部个人所得税税额。

复习思考题

1. 企业所得税课税对象是什么？其税率是多少？

2. 企业所得税法规定的企业收入总额包括哪些内容？

3. 企业所得税法规定企业在计算应纳税所得额时各项扣除的基本范围有哪些？

4. 借款利息支出，工资、薪金支出，职工工会经费、职工福利费、职工教育经费，公益性的捐赠、社会保险和住房公积金、业务招待费等项目的具体扣除标准是什么?

5. 企业所得税法关于亏损弥补有何具体规定?

6. 企业所得税法规定哪些项目不得扣除?

7. 个人所得税法规定的纳税义务人有哪些?

8. 个人所得税法规定的应税所得项目有哪些?

9. 个人所得税的纳税办法有哪些?

第七章　其他各税

【学习目标】

通过本章的学习，了解资源税的概念、纳税人和资源税的征收管理，了解房产税的概念、纳税人、征税范围和征收管理，了解契税的概念、纳税人和征收管理，了解印花税的概念和纳税人，了解城市维护建设税的概念和纳税人；掌握资源税应纳税额的计算，掌握房产税应纳税额的计算，掌握契税的计税依据和应纳税额的计算，掌握印花税税目、税率和印花税应纳税额的计算，掌握城市维护建设税应纳税额的计算；弄清资源税的税目、税额和课税数量，弄清房产税的税收优惠，弄清契税的课税对象、税率和税收优惠，弄清土地增值税、城镇土地使用税和车船税应纳税额的计算。

第一节　资源税

一、资源税的概念和纳税人

1. 资源税的概念

资源课税是指依据《中华人民共和国资源税暂行条例》的规定，以在我国境内开采应税资源的矿产品和盐为课税对象而征收的一种税。

2. 资源税的纳税人

资源税的纳税人是指在中华人民共和国境内开采应税资源的矿产品或者生产盐(以下简称开采或者生产应税产品)的单位和个人。

二、资源税的税目、税额和课税数量

1. 资源税的税目、税额

资源税采取从量定额征收办法。

资源税的税目、税额包括七大类，在 7 个税目下面又设有若干个子目。

(1) 原油

开采的天然原油征税，人造原油不征税。税额为 8 元～30 元／吨

(2) 天然气

专门开采的天然气和与原油同时开采的天然气征税，煤矿生产的天然气暂不征税。税额为 2 元～15 元／千立方米

(3) 煤炭

原煤征税，洗煤、选煤和其他煤炭制品不征税。税额为 0.3 元～5 元／吨

(4) 其他非金属矿原矿

其他非金属矿原矿是指原油、天然气、煤炭和井矿盐以外的非金属矿原矿。税额为 0.5 元～20 元／吨（或立方米）

(5) 黑色金属矿原矿

黑色金属矿原矿税额为 2 元～30 元／吨

(6) 有色金属矿原矿

有色金属矿原矿税额为 0.4 元～30 元／吨

(7) 盐

①固体盐　固体盐包括海盐原盐、湖盐原盐和井矿盐，税额为 10 元～60 元／吨

②液体盐　液体盐是指卤水，税额为 2 元～10 元／吨

小资料 7-1

财政部、国家税务局 2003 年 7 月 1 日提高了石灰石、大理石、花岗石等资源税的单位税额。自 2005 年 5 月 1 日起，陆续提高了安徽、四川、重庆、福建、甘肃、贵

州、河北等省、直辖市或地区煤炭资源税的单位税额。2006年1月1日，提高了锰矿石和钼矿石的资源税单位税额，取消对有色金属矿资源税减证30%的优惠政策，恢复按全额征收；调整对冶金矿山铁矿石资源税减证政策，暂按规定税额标准的60%征收。2006年9月1日，提高了钒矿石（含石煤钒）的单位税额。2007年2月1日，提高了焦煤、海盐、天然卤水生产的井矿盐、液体盐、南方湖盐和井矿盐的单位税额。2007年8月1日又大幅度提高了铅锌矿石、铜矿石和钨矿石的单位税额。

1. 资源税的课税数量

①纳税人开采或者生产应税产品销售的，以销售数量为课税数量。
②纳税人开采或者生产应税产品自用的，以自用数量为课税数量。

三、资源税应纳税额的计算

根据资源税应税产品的课税数量和规定的单位税额可以计算应纳税额，其计算公式为：

$$应纳税额＝课税数量×单位税额$$

实例7-1

华中某油田2005年6月份销售原油10万吨，查《资源税税目税额明细表》知其使用的单位税额为12元/吨。请计算该油田2005年6月份应纳资源税税额。

实例详解

应纳税额＝课税数量×单位税额

$$＝100\,000×12＝1\,200\,000（元）$$

小资料7-2

根据《中华人民共和国资源税暂行条例》的规定，有下列情形之一的，减证或者免证资源税：

（一）开采原油过程中用于加热、修井的原油，免税。

（二）纳税人开采或者生产应税产品过程中，因意外事故或者自然灾害等原因遭受重大损失的，由省、自治区、直辖市人民政府酌情决定减税或者免税。

（三）国务院规定的其他减税、免税项目。

纳税人的减税、免税项目，应当单独核算课税数量；未单独核算或者不能准确提供课税数量的，不予减税或者免税。

四、资源税的征收管理

1. 纳税义务发生时间

(1) 纳税人销售应税产品

纳税人销售应税产品，其纳税义务发生时间根据货款结算方式的不同而分别确定。

1．纳税人采取分期收款结算方式的，其纳税义务发生时间，为销售合同规定的收款日期的当天；

2．纳税人采取预收货款结算方式的，其纳税义务发生时间，为发出应税产品的当天；

3．纳税人采取其他结算方式的，其纳税义务发生时间，为收讫销售款或者取得索取销售款凭据的当天。

(2) 纳税人自产自用应税产品

纳税人自产自用应税产品的纳税义务发生时间，为移送使用应税产品的当天。

(3) 扣缴义务人代扣代缴税款

扣缴义务人代扣代缴税款的纳税义务发生时间，为支付货款的当天。

2．纳税期限

纳税人的纳税期限为 1 日、3 日、5 日、10 日、15 日或者 1 个月，由主管税务机关根据实际情况具体核定。不能按固定期限计算纳税的，可以按次计算纳税。

纳税人以 1 个月为一期纳税的，自期满之日起 10 日内申报纳税；以 1 日、3 日、5 日、10 日或者 15 日为一期纳税的，自期满之日起 5 日内预缴税款，于次月 1 日起 10 日内申报纳税并结清上月税款。

3．纳税地点

纳税人应纳的资源税，应当向应税产品的开采或者生产所在地主管税务机关缴纳。

4．纳税申报

纳税人应当按照税法的规定及时办理纳税申报，如实填写《资源税纳税申报表》。

第二节　房产税

一、房产税的概念、纳税人、征税范围

1．房产税的概念

房产税是指以房产为课税对象，依据房产价格或房产租金收入向房产所有人或经营人征收的一种税。

房产是指有屋面和围护结构 (有墙或两边有柱)，能够遮风避雨，可供人们在其中生产、学习、工作、娱乐、居住或储藏物资的场所。

2. 房产税的纳税人

房产税以在征税范围内的房屋产权所有人为纳税人。其中：

产权属于全民所有的，由经营管理的单位缴纳。产权出典的，由承典人缴纳。产权所有人、承典人不在房产所在地的，或者产权未确定及租典纠纷未解决的，由房产代管人或者使用人缴纳。

所以，产权所有人、经营管理单位、承典人、房产代管人或者使用人，统称为房产税的纳税人。

3. 征收范围

房产税的征收范围是：城市、县城、建制镇和工矿区。

上述城市、县城、建制镇、工矿区分别按小知识7-3的标准确认：

小知识7-3

城市是指经国务院批准设立的市。

县城是指县人民政府所在地。

建制镇是指经省、自治区、直辖市人民政府批准设立的建制镇。

工矿区是指工商业比较发达，人口比较集中，符合国务院规定的建制镇标准，但尚未设立镇建制的大中型工矿企业所在地。开征房产税的工矿区须经省、自治区、直辖市人民政府批准。

小思考7-1

房产税的征收范围包括农村吗？为什么？

二、房产税应纳税额的计算

房产税的计税依据是房产的计税价值或房产的租金收入。按照计税价值征税的，称为从价计征；按照房产租金收入计征的，称为从租计征。

1. 从价计征

(1) 从价计征的税率

从价计征是指按照房产原值一次减除10%～30%后的余值计算征收，其税率为1.2%。各地扣除比例，由省、自治区、直辖市人民政府规定。

(2) 从价计征的计算公式

从价计征的计算公式为：

$$应纳税额＝应税房产原值×（1－扣除比例）×1.2\%$$

实例7-2

某工厂的生产车间原值为2 000万元，按照当地规定允许减除25%后的余值计税。试计算其应纳房产税税额。

实例详解

该生产车间属于经营用房产，且采用从价计征的形式征税，所以其适用的税率为1.2%。

$$应纳税额＝应税房产原值×（1－扣除比例）×1.2\%$$
$$＝2\,000×（1－25\%）×1.2\%＝18（万元）$$

2. 从租计征

(1) 从租计征的税率

从租计征是指按照房产的租金收入计算征收，其税率为12%。

房产的租金收入是指房屋产权所有人出租房产使用权所得的报酬，包括货币收入和实物收入。

(2) 从租计征的计算公式

从租计征的计算公式为：

$$应纳税额＝租金收入×12\%$$

实例 7–3

张力拥有一套房产用于出租，年租金收入 30 000 元，试计算其应纳房产税税额。

实例详解

个人拥有的非营业用房免税，但个人拥有的营业用房或者出租的房产，不属于免税房产，应照章纳税。根据规定，房产出租的，采用从租计征的形式征税，所以其适用的税率为12%。

$$应纳税额＝租金收入×12\%$$
$$＝30\,000×12\%＝3\,600（元）$$

三、税收优惠

下列房产免征房产税：

①国家机关、人民团体、军队自用的房产；

②由国家财政部门拨付事业经费的单位自用的房产；

③宗教寺庙、公园、名胜古迹自用的房产；

④个人所有非营业用的房产；

⑤经财政部批准免税的其他房产。

四、房产税的征收管理

1. 纳税期限

房产税按年征收、分期缴纳。纳税期限由省、自治区、直辖市人民政府规定。

2. 纳税地点

房产税在房产所在地缴纳。房产不在同一地方的纳税人，应按房产坐落地点分别向房产所在地的税务机关纳税。

3. 纳税申报

房产税的纳税人应当按照税法的有关规定，及时办理纳税申报，并如实填写《房产税纳税申报表》。

第三节　契　税*

一、契税的概念和纳税人

1. 契税的概念

契税是指以所有权发生转移变动的不动产为课税对象,向产权承受人征收的一种财产税。

小资料7-3

契税是一个古老的税种,至今已有1600多年的历史。新中国成立后颁布的第一个税收法规就是《契税暂行条例》。1954年,财政部对《契税暂行条例》进行了修改。现行的《中华人民共和国契税暂行条例》是1997年颁布并施行的。

---

2. 契税的纳税人

在中华人民共和国境内转移土地、房屋权属,承受的单位和个人为契税的纳税人,应当依法规定缴纳契税。

小知识7-4

土地、房屋权属是指土地使用权和房屋所有权。

承受是指以受让、购买、受赠、交换等方式取得土地、房屋权属的行为。

单位是指企业单位、事业单位、国家机关、军事单位和社会团体以及其他组织。

个人是指个体经营者及其他个人。

二、契税的课税对象和税率

1. 契税的课税对象

契税的课税对象是境内转移土地、房屋权属。具体包括以下五项内容:

(1) 国有土地使用权出让

国有土地使用权出让是指土地使用者向国家交付土地使用权出让费用,国家将国有土地使用权在一定年限内让予土地使用者的行为。

(2) 土地使用权转让,包括出售、赠与和交换

土地使用权转让,是指土地使用者以出售、赠与、交换或者其他方式将土地使用权转移给其他单位和个人的行为。土地使用权的转让不包括农村集体土地承包经营权的转移。

(3) 房屋买卖

房屋买卖是指房屋所有者将其房屋出售,由承受者交付货币、实物、无形资产或者其他经济利益的行为。

(4) 房屋赠与

房屋赠与是指房屋所有者将其房屋无偿转让给受赠者的行为。

(5) 房屋交换

房屋交换是指房屋所有者之间相互交换房屋的行为。

2. 契税的税率

契税实行3%～5%的幅度税率。各省、自治区、直辖市人民政府可以在3%～5%的幅度税率范围内，按照本地区的实际情况确定，并报财政部和国家税务总局备案。

三、契税的计税依据和应纳税额的计算

1. 契税的计税依据

契税的计税依据为不动产的价格，具体计税依据如下：

①国有土地使用权出让、土地使用权出售、房屋买卖，以成交价格为计税依据。

②土地使用权赠与、房屋赠与，由征收机关参照土地使用权出售、房屋买卖的市场价格核定的价格为计税依据。

③土地使用权交换、房屋交换，为所交换的土地使用权、房屋的价格的差额。

④以划拨方式取得土地使用权的，经批准转让房地产时，应由房地产转让者补交契税。其计税依据为补交的土地使用权出让费用或者土地收益。

2. 应纳税额的计算

契税采用比例税率，其应纳税额的计算公式为：

$$应纳税额 = 计税依据 \times 适用税率$$

实例7-4

甲工厂将一块土地使用权转让给乙商场，成交价格为500万元。该地区规定的税率为4%。请计算甲工厂和乙商场应缴纳的契税税额。

实例详解

甲工厂是转让方，不是契税的纳税人，不需要缴纳契税。

乙商场是承受方，是契税的纳税人，应照章缴纳契税。

乙商场应纳税额 = 计税依据 × 适用税率

$$= 500 \times 4\% = 20（万元）$$

实例7-5

扬帆将一套位于市中心的住房与李华一套位于一环线与二环线之间的住房相交换。两住房户型相同、面积相同。由于位置不同，双方商定，由李华支付给扬帆10万元的差价款。该地区规定的税率为5%。试计算扬帆和李华应缴纳的契税税额。

实例详解

根据规定，房屋交换的，由多支付货币的一方缴纳税款，所以扬帆不需要缴纳契税，李华应照章纳税。

李华应缴纳的契税税额 = 计税依据 × 适用税率

$$= 10 \times 5\% = 0.5（万元）$$

四、税收优惠

有下列情形之一的，减征或者免征契税：

①国家机关、事业单位、社会团体、军事单位承受土地、房屋用于办公、教学、医疗、

科研和军事设施的，免征；

②城镇职工按规定第一次购买公有住房的，免征；

③因不可抗力灭失住房而重新购买住房的，酌情准予减征或者免征；

④财政部规定的其他减征、免征契税的项目。

五、契税的征收管理

1. 纳税义务发生时间

契税的纳税义务发生时间，为纳税人签订土地、房屋权属转移合同的当天，或者纳税人取得其他具有土地、房屋权属转移合同性质凭证的当天。

2. 纳税期限

纳税人应当自纳税义务发生之日起 10 日内，向土地、房屋所在地的契税征收机关办理纳税申报，并在契税征收机关核定的期限内缴纳税款。

3. 纳税地点

契税在土地、房屋所在地的征收机关缴纳。

第四节　印花税 *

一、印花税的概念和纳税人

1. 印花税的概念

印花税是指对经济活动和经济交往中书立、使用、领受具有法律效力的凭证的单位和个人征收的一种税。

小知识 7-5

印花税是一种具有行为税性质的税种。印花税具有覆盖面广，税率低、税负轻，纳税人自行完税的特点。

2. 印花税的纳税人

在中国境内书立、使用、领受印花税法所列举凭证的单位和个人，都是印花税的纳税人，应当按照印花税法的规定缴纳印花税。

小资料 7-4

印花税法所列举的凭证包括：

1. 购销、加工承揽、建设工程承包、财产租赁、货物运输、仓储保管、借款、财产保险、技术合同或者具有合同性质的凭证；

2．产权转移书据；

3．营业账簿；

4．权利、许可证照；

5．经财政部确定证税的其他凭证。

以上凭证称为应税凭证。

单位和个人是指国内各类企业、事业、机关、团体、部队，以及中外合资企业、合作企业、外资企业、外国公司企业和其他经济组织及其在华机构等单位和个人。

上述单位和个人，按照书立、使用、领受应税凭证的不同，可以分别确定为立合同人、立据人、立账簿人、领受人和使用人五种。

(1) 立合同人

立合同人是指合同的当事人。当事人是指对凭证有直接权利义务关系的单位和个人，不包括保人、证人、鉴定人。

(2) 立据人

产权转移书据的纳税人是立据人。

(3) 立账簿人

营业账簿的纳税人是立账簿人。立账簿人是指设立并使用营业账簿的单位和个人。

(4) 领受人

权利、许可证照的纳税人是领受人。领受人是指领取或接受并持有该项凭证的单位和个人。

(5) 使用人

在国外书立、领受，但在国内使用的应税凭证，其纳税人是使用人。

小思考 7-2

对应税凭证，凡由两方或者两方以上当事人共同书立的，其当事人各方都是印花税的纳税义务人吗？

二、印花税应纳税额的计算

1. 税目

印花税共有 13 个税目，包括：购销合同、加工承揽合同、建设工程勘察设计合同、建筑安装工程承包合同、财产租赁合同、货物运输合同、仓储保管合同、借款合同、财产保险合同、技术合同、产权转移书据、营业账簿和权利、许可证照。

2. 税率

印花税的税率采取两种形式，即比例税率和定额税率。

(1) 比例税率

比例税率分为 4 个档次，分别是 0.5‰、3‰、5‰、1‰。

财税金融

图表 7-1

印花税比例税率表

税 目	税 率	备 注
借款合同	0.5‰	
购销合同、建筑安装工程承包合同和技术合同	3‰	
加工承揽合同、建设工程勘察设计合同、货物运输合同、产权转移书据和营业账簿	5‰	营业账簿税目中只适用于记载资金的账簿
财产租赁合同、仓储保管合同和财产保险合同	1‰	

小资料 7-5

为进一步促进证券市场的健康发展，经国务院批准，财政部决定从2007年5月30日起，调整证券（股票）交易印花税税率，由现行1‰调整为3‰。即对买卖、继承、赠与所书立的A股、B股股权转让书据，由立据双方当事人分别按3‰的税率缴纳证券（股票）交易印花税。

(2) 定额税率

在印花税的13个税目中，"权利、许可证照"和"营业账簿"税目中除了适用于记载资金的账簿以外的其他账簿，适用定额税率，均为按件贴花，税额为5元。

3. 计税依据

①购销合同的计税依据为合同记载的购销金额；

②加工承揽合同的计税依据为加工或承揽收入的金额；

③建设工程勘察设计合同的计税依据为收取的费用；

④建筑安装工程承包合同的计税依据为承包金额；

⑤财产租赁合同的计税依据为租赁金额；

⑥货物运输合同的计税依据为取得的运输费金额；

⑦仓储保管合同的计税依据为收取的仓储保管费用；

⑧借款合同的计税依据为借款金额；

⑨财产保险合同的计税依据为支付（收取）的保险费；

⑩技术合同的计税依据为合同所载的价款、报酬或使用费；

⑪产权转移书据的计税依据为所载金额；

⑫营业账簿税目中记载资金的账簿的计税依据为"实收资本"和"资本公积"两项的合计金额，其他账簿的计税依据为应税凭证件数；

⑬权利、许可证照的计税依据为应税凭证件数。

4. 应纳税额的计算方法

(1) 按比例税率计算

纳税人按比例税率计算应纳税额的，其计算公式为：

$$应纳税额 = 应税凭证计税金额 \times 适用税率$$

实例 7-6

甲企业与乙企业 2005 年 3 月签定了购销合同，合同金额 100 万元，甲乙双方各执一份。试计算甲、乙企业应缴纳的印花税税额。

实例详解

甲、乙企业都是立合同人，都应照章缴纳印花税。其税目为购销合同，采用比例税率，税率为 3‰。

甲、乙企业应税凭证计税金额都是合同金额 100 万元。

甲企业应缴纳的印花税税额＝应税凭证计税金额×适用税率

$$= 100 \times 3‰ = 0.03（万元）$$

乙企业应缴纳的印花税税额＝应税凭证计税金额×适用税率

$$= 100 \times 3‰ = 0.03（万元）$$

(2) 定额税率

纳税人按定额税率计算应纳税额的，其计算公式为：

$$应纳税额＝应税凭证件数×适用税率$$

实例 7-7

兴盛企业于 2004 年 8 月开业，开业前后发生下列行为：领受房屋产权证、工商营业执照、土地使用证各一件。试计算兴盛企业应缴纳的印花税税额。

实例详解

兴盛企业属于领受人，税目为"权利、许可证照"，采用定额税率，每件按 5 元贴花。

应纳税额＝应税凭证件数×适用税率

$$= 3 \times 5 = 15（元）$$

三、税收优惠

下列凭证免纳印花税：

①已缴纳印花税的凭证的副本或者抄本；

②财产所有人将财产赠给政府、社会福利单位、学校所立的书据；

③国家指定的收购部门与村民委员会、农民个人书立的农副产品收购合同；

④无息、贴息贷款合同；

⑤外国政府或者国际金融组织向我国政府及国家金融机构提供优惠贷款所书立的合同；

⑥房地产管理部门与个人签订的用于生活居住的租赁合同；

⑦农牧业保险合同；

⑧经财政部批准免税的其他凭证。

四、印花税的征收管理

1. 纳税方法

印花税的纳税人，根据税额的大小，贴花次数以及税收征收管理的需要，分别采用自行贴花，汇贴或汇缴，委托代征三种纳税办法。

自行贴花是指当纳税义务发生时，纳税人应根据应税凭证的性质和适用税率，自行计算应纳税额、自行购买印花税票，自行一次贴足印花税票并加以注销或画销。

小思考 7-3

纳税人应根据应税凭证的性质和适用税率，自行计算应纳税额、自行购买印花税票，是否已经完整地完成了纳税义务？

为简化贴花手续，应纳税额较大或者贴花次数频繁的，纳税人可向税务机关提出申请，采取以缴款书代替贴花或者按期汇总缴纳的办法。

汇贴是指对一份凭证应纳税额超过 500 元的，纳税人向当地税务机关申请填写缴款书或者完税证，将其中一联粘贴在凭证上或者由税务机关在凭证上加注完税标记代替贴花的纳税办法。

税贴是指对同一种类应纳税凭证，需频繁贴花的，纳税人向当地税务机关申请按期汇总缴纳印花税的纳税办法。

委托代征是指通过税务机关的委托，经由发放或者办理应纳税凭证的单位代为征收印花税税款的纳税办法。

2. 纳税环节

印花税应当在书立和领受时贴花。

3. 纳税地点

印花税一般实行就地纳税。

4. 纳税申报

印花税的纳税人应按照税法的有关规定及时办理纳税申报，并如实填写《印花税纳税申报表》。

第五节　城市维护建设税

一、城市维护建设税的概念和纳税人

1. 城市维护建设税的概念

城市维护建设税是指国家对缴纳增值税、消费税、营业税（以下简称"三税"）的单位和个人，就其实际缴纳的"三税"税额为计税依据而征收的一种税，简称城建税。

小知识 7-6

城建税属于特定目的税，是国家为了加强城市的维护建设，扩大和稳定城市维护建设资金的来源而采取的一项税收措施。

2. 城建税的纳税人

城建税的纳税人是指负有缴纳"三税"义务的单位和个人。

单位是指国有企业、集体企业、私营企业、股份制企业、其他企业和行政单位、事业单位、军事单位、社会团体及其他单位。个人是指个体工商户及其他个人。

但目前，对外商投资企业和外国企业缴纳的"三税"不征城建税。

二、应纳税额的计算

1. 计税依据

城建税的计税依据是指纳税人实际缴纳的"三税"税额。

2. 税率

城建税的税率如下：

（1）纳税人所在地在市区的，税率为7%；

（2）纳税人所在地在县城、镇的，税率为5%；

（3）纳税人所在地不在市区、县城或镇的，税率为1%。

3. 应纳税额的计算方法

城建税的计算公式为：

应纳税额＝（纳税人实际缴纳的增值税＋消费税＋营业税税额）×适用税率

实例7-8

某县城一企业2005年9月份实际缴纳的增值税200 000元，缴纳的消费税300 000元，缴纳的营业税100 000元。试计算该企业应缴纳的城建税税额。

实例详解

该企业位于县城，其适用的税率应为5%。

计税依据为纳税人实际缴纳的"三税"税额。

应纳城建税税额＝（实际缴纳的增值税＋实际缴纳的消费税＋实际缴纳的营业税税额）×适用税率

＝（200 000＋300 000＋100 000）×5%＝30 000（元）

小思考7-4

对于增值税一般纳税人来说，当期既有进项税额又有销项税额，该纳税人在计算缴纳城建税时应以什么作为计税依据？

三、征收管理

1. 纳税环节

城建税的纳税环节，实际上就是纳税人缴纳"三税"的环节。纳税人只要发生"三税"的纳税义务，就要在同样的环节，分别计算缴纳城建税。

2. 纳税地点

城建税以纳税人实际缴纳的"三税"税额为计税依据，分别与"三税"同时缴纳。所以，纳税人缴纳"三税"的地点，就是该纳税人缴纳城建税的地点。

3. 纳税期限

由于城建税是由纳税人在缴纳"三税"时同时缴纳的，所以其纳税期限分别与"三税"的纳税期限一致。

财税金融

4. 纳税申报

城建税的纳税人应按照税法的有关规定及时办理纳税申报，并如实填写《城市维护建设税纳税申报表》。

第六节　土地增值税、城镇土地使用税和车船税 *

一、土地增值税

1. 土地增值税的概念和纳税人

(1) 土地增值税的概念

土地增值税是指对转让国有土地使用权、地上建筑物及其附着物(以下简称转让房地产)并取得收入的单位和个人，就其转让房地产所取得的增值额征收的一种税。

(2) 土地增值税的纳税人

土地增值税的纳税人是指转让房地产并取得收入的单位和个人。

单位包括各类企业、事业单位、国家机关和社会团体及其他组织。个人包括个体经营者。

小知识 7-7

理解土地增值税的纳税人要注意：

不论法人与自然人，不论经济性质，不论内资与外资企业、中国公民与外籍个人，不论部门都是土地增值税的纳税人。

2. 土地增值税的征税范围和税率

(1) 征税范围

土地增值税的征税范围包括：

①转让国有土地使用权　国有土地是指按国家法律规定属于国家所有的土地。

②地上建筑物及其附着物连同国有土地使用权一起转让　地上的建筑物是指建于土地上的一切建筑物，包括地上地下的各种附属设施。附着物是指附着于土地上的不能移动，一经移动即遭损坏的物品。

理解土地增值税的征税范围要注意：土地增值税是指对转让国有土地使用权、地上建筑物及其附着物并取得收入的行为征税。转让国有土地使用权、地上的建筑物及其附着物并取得收入是指以出售或者其他方式有偿转让房地产的行为。以继承、赠与方式无偿转让房地产的行为不在土地增值税的征税范围之列。

(2) 税率

土地增值税实行四级超率累进税率：

①增值额未超过扣除项目金额50%的部分，税率为30%；

②增值额超过扣除项目金额50%、未超过扣除项目金额100%的部分，税率为40%；

③增值额超过扣除项目金额100%、未超过扣除项目金额200%的部分，税率为50%；

④增值额超过扣除项目金额200%的部分，税率为60%。

图表7-2

土地增值税四级超率累进税率表

级数	增值额与扣除项目金额的比率	税率（%）	速算扣除系数（%）
1	不超过50%的部分	30	0
2	超过50%～100%的部分	40	5
3	超过100%～200%的部分	50	15
4	超过200%的部分	60	35

3. 应税收入与扣除项目的确定

（1）应税收入的确定

纳税人转让房地产取得的应税收入，应包括转让房地产的全部价款及有关的经济收益。纳税人转让房地产所取得的收入，包括货币收入、实物收入和其他收入。

（2）扣除项目的确定

计算增值额的扣除项目，具体为：

①取得土地使用权所支付的金额　取得土地使用权所支付的金额包括纳税人为取得土地使用权所支付的地价款和按国家统一规定交纳的有关费用。

②房地产开发成本　房地产开发成本是指纳税人房地产开发项目实际发生的成本，包括土地的征用及拆迁补偿费、前期工程费、建筑安装工程费、基础设施费、公共配套设施费、开发间接费用等。

③房地产开发费用　房地产开发费用是指与房地产开发项目有关的销售费用、管理费用、财务费用。

④与转让房地产有关的税金　与转让房地产有关的税金是指在转让房地产时缴纳的营业税、城市维护建设税、印花税。因转让房地产交纳的教育费附加，也可视同税金予以扣除。

⑤其他扣除项目　对从事房地产开发的纳税人可以上述（1）和（2）项规定计算的金额之和，加计20%的扣除。（注：其他纳税人不可加计扣除20%）

⑥旧房及建筑物的评估价格　旧房及建筑物的评估价格是指在转让已使用的房屋及建筑物时，由政府批准设立的房地产评估机构评定的重置成本价乘以成新度折扣率后的价格。评估价格须经当地税务机关确认。

4. 应纳税额的计算

（1）增值额的确定

纳税人转让房地产所取得的收入减除规定的扣除项目金额后的余额，为增值额。

有了增值额就可以计算增值额与扣除项目的比率，并根据该比率确定适用的税率。该比率越高，适用的税率也越高。

（3）应纳税额的计算方法

土地增值税的计算公式为：

$$应纳税额＝\sum（每级距的土地增值额×适用税率）$$

但依据上式计算比较烦琐，所以通常可以采用简便的方法进行计算，其计算公式为：

①增值额未超过扣除项目金额50%

$$土地增值税税额＝增值额×30\%$$

②增值额超过扣除项目金额50%，未超过100%的

$$土地增值税税额＝增值额×40\%－扣除项目金额×5\%$$

③增值额超过扣除项目金额100%，未超过200%的

$$土地增值税税额＝增值额×50\%－扣除项目金额×15\%$$

④增值额超过扣除项目金额200%

$$土地增值税税额＝增值额×60\%－扣除项目金额×35\%$$

注意：上述公式不是意味着要进行多次计算，而是只进行一次计算，增值额占扣除项目金额的比率属于哪一个级数，就运用哪一个级数的计算公式，其他级数的计算公式就不起作用。公式中的5%、15%、35%分别为二、三、四级的速算扣除系数。

实例7-9

某商场转让房地产所取得的收入为500万元，其扣除项目的金额为200万元。试计算其应缴纳的土地增值税税额。

实例详解

增值额＝500－200＝300（万元）

增值额占扣除项目金额的比率＝300÷200＝150%

增值额占扣除项目金额的比率为150%。超过100%，未超过200%，适用的税率为50%，速算扣除系数为15%，其计算公式为：

$$土地增值税税额＝增值额×50\%－扣除项目金额×15\%$$
$$＝300×50\%－200×15\%＝120（万元）$$

5. 税收优惠

有下列情形之一的，免征土地增值税：

①纳税人建造普通标准住宅出售，增值额未超过扣除项目金额20%的；

②因国家建设需要依法征用、收回的房地产；

③个人因工作调动或改善居住条件而转让原自用住房，经向税务机关申报核准，凡居住满5年或5年以上的，免予征收土地增值税；居住满3年未满5年的，减半征收土地增值税。居住未满3年的，按规定计征土地增值税。

6. 征收管理

纳税人应在转让房地产合同签订后的7日内，到房地产所在地主管税务机关办理纳税申报，并向税务机关提交房屋及建筑物产权、土地使用权证书，土地转让、房产买卖合同，房地产评估报告及其他与转让房地产有关的资料。

二、城镇土地使用税

1. 城镇土地使用税的概念、纳税人和征税范围

(1) 城镇土地使用税的概念

城镇土地使用税是指以城镇土地为征税对象，对拥有土地使用权的单位和个人征收的一种税，简称土地使用税。

（2）土地使用税的纳税人

土地使用税的纳税人是指在城市、县城、建制镇、工矿区范围内使用土地的单位和个人。

土地使用税的纳税人通常分为以下几类：

①拥有土地使用权的单位和个人；

②拥有土地使用权的单位和个人不在土地所在地的，其土地的实际使用人和代管人为纳税人；

③土地使用权未确定或权属纠纷未解决的，其实际使用人为纳税人；

④土地使用权共有的，共有各方都是纳税人，由共有各方分别纳税。

（3）土地使用税的征税范围

土地使用税的征税范围，包括在城市、县城、建制镇、工矿区内的国家所有和集体所有的土地。

上述城市、县城、建制镇、工矿区分别按小知识7-3的标准确认：

上述土地使用税的征税范围中，城市的土地包括市区和郊区的土地，县城的土地是指县人民政府所在地的土地，建制镇的土地是指镇人民政府所在地的土地。建立在城市、县城、建制镇、工矿区以外的工矿企业则不需要缴纳土地使用税。

2. 应纳税额的计算

（1）计税依据

土地使用税以纳税人实际占用的土地面积为计税依据，依照规定税额计算征收，土地面积计量标准为每平方米。

（2）税率

土地使用税采用定额税率，即采用有幅度的差别税额，按大、中、小城市和县城、建制镇、工矿区分别规定每平方米土地使用税的年应纳税额。土地使用税每平方米年税额的具体标准参见图表7-3。

图表7-3

土地使用税定额税率表

级别	人口（人）	每平方米税额（元）
大城市	50万以上	0.5～10
中等城市	20万～50万	0.4～8
小城市	20万以下	0.3～6
县城、建制镇、工矿区		0.2～4

(3) 应纳税额的计算方法

土地使用税的应纳税额可以通过纳税人实际占用的土地面积乘以该土地所在地段的适用税额求得。其计算公式为：

全年应纳税额＝实际占用应税土地面积（平方米）×适用税额

小资料 7-6

上海市城镇土地使用税根据下列不同区域，分为六个纳税等级，内环线以内区域一至三级；内环线以外外环线以内区域为二至四级；外环线以外区域为三至六级。一级区域每平方米年税额 30 元；二级区域每平方米年税额 20 元；三级区域每平方米年税额 12 元；四级区域每平方米年税额 6 元；五级区域每平方米年税额 3 元；六级区域每平方米年税额 1.5 元。

实例 7-10

上海市某企业拥有一块国有土地的使用权，土地使用面积为 10 000 平方米，经核定该块土地属于二级土地。请计算其全年应纳的土地使用税税额。

实例详解

该土地属于应税土地，应照章缴纳土地使用税。

上海市二级土地的定额税率为 20 元/平方米。

全年应纳税额＝实际占用应税土地面积（平方米）×适用税额

$$= 10\ 000 \times 20 = 200\ 000（元）$$

3. 税收优惠

下列土地免缴土地使用税：

①国家机关、人民团体、军队自用的土地；

②由国家财政部门拨付事业经费的单位自用的土地；

③宗教寺庙、公园、名胜古迹自用的土地；

④市政街道、广场、绿化地带等公共用地；

⑤直接用于农、林、牧、渔业的生产用地；

⑥经批准开山填海整治的土地和改造的废弃土地，从使用的月份起免缴土地使用税 5～10 年；

⑦由财政部另行规定免税的能源、交通、水利设施用地和其他用地；

⑧非营利性医疗机构、疾病控制机构和妇幼保健机构等卫生机构自用的土地。

小资料 7-7

个人所有的居住房屋及院落用地，集体和个人举办的各类学校、医院、托儿所、幼儿园用地等由各省、自治区、直辖市地方税务局确定减免土地使用税。

1. 征收管理

(1) 纳税期限

土地使用税实行按年计算，分期缴纳的办法，具体缴纳期限由省、自治区、直辖市人民政府确定。

(2) 纳税地点和征收机关

土地使用税在土地所在地缴纳。

土地使用税由土地所在地的税务机关征收。

(3) 纳税申报

土地使用税的纳税人应按照税法的有关规定及时办理纳税申报，并如实填写《城镇土地使用税纳税申报表》。

三、车船税

1. 车船税的概念、纳税人和征税范围

(1) 车船税的概念

车船税是指国家对在中国境内，依法应当在车船管理部门登记的车辆、船舶，依法征收的一种税。

小资料 7-8

车船税是在合并于1951年9月13日开征的车船使用牌照税和1986年10月1日开征的车船使用税的基础上而形成的一个新的税种。车船税于2007年1月1日开征。相当长一段时间内，我国对外商投资企业和外国企业征收车船税使用牌照税，对于除外商投资企业和外国企业以外的在中华人民共和国境内拥有并且使用车船的单位和个人征收车船使用税。车船使用牌照税和车船使用税自开征以来，适用税额一直没有进行调整，随着经济的发展，两税的税额标准明显偏低。另外，两税都缺少必要的税源控制手段，不便于征收管理。为了克服上述弊端，于2006年12月27日国务院第162次常务会议通过，并于2007年12月29日公布了《中华人民共和国车船税暂行条例》，自2007年1月1日起施行，同时废除《中华人民共和国车船适用牌照税暂行条例》和《中华人民共和国车船使用税暂行条例》。

小知识 7-10

车船税属于财产税和地方税，在组织地方财政收入，调节和促进经济发展方面将发挥积极作用。

小思考 7-5

是不是中华人民共和国境内的所有车船都应当缴纳车船税？

(2) 车船税的纳税人

车船税的纳税人是指在中华人民共和国境内,依法应当在车船管理部门登记的车船的所有人或者管理人。即在我国境内拥有车船的单位和个人。单位是指行政机关、事业单位、社会团体以及各类企业。个人是指我国境内的居民和外籍个人。根据规定,应税车船的所有人或管理人未缴纳车船税的,应由使用人代缴。

(3) 车船税的征税对象

车船税的征税对象是依法应在公安、交通、农业等车船管理部门登记的车船,具体可分为车辆和船舶两大类。

①车辆　车辆包括机动车辆和非机动车辆。

机动车辆是指依靠燃油、电力等能源作为动力运行的车辆,如载客汽车、载货汽车、三轮汽车、低速货车、摩托车、专项作业车和轮式专用机械车等。

非机动车是指以人力或者畜力驱动的车辆,以及符合国家有关标准的残疾人机动轮椅车、电动自行车等车辆。

②船舶　船舶包括机动船舶和非机动船舶。

机动船舶是指依靠燃料等能源作为动力运行的船舶,如客轮、货轮、气垫船等。

非机动船舶是指非机动船是指自身没有动力装置,依靠外力驱动的船舶,包括非机动驳船。非机动驳船是指在船舶管理部门登记为驳船的非机动船。

2. 应纳税额的计算

(1) 税目税率

车船税采用从量定额征收方法,实行幅度定额税率,其税目税额表如图表7—4所示:

图表7-4

车船税税目税额表

税　目	计税单位	每年税额（元）	备　注
载客汽车	每辆	60～660	包括电车
其中：大型客车	每辆	480～660	核定载客人数大于或者等于20人
中型客车	每辆	420～660	核定载客人数大于9人且小于20人
小型客车	每辆	360～660	核定载客人数小于或者等于9人
微型客车	每辆	60～480	发动机气缸总排气量小于或者等于1升
载货汽车	按自重每吨	16～120	包括半挂牵引车、挂车
三轮汽车、低速货车	按自重每吨	24～120	
摩托车	每辆	36～180	
船舶	按净吨位每吨	3～6	拖船和非机动驳船分别按船舶税额的50%计算
其中：净吨位小于或者等于200吨的	按净吨位每吨	3	

净吨位201吨至2000吨的	按净吨位每吨	4	
净吨位2001吨至10000吨的	按净吨位每吨	5	
净吨位10001吨及其以上的	按净吨位每吨	6	

注：专项作业车、轮式专用机械车的计税单位及每年税额由国务院财政部门、税务主管部门参照本表确定，具体适用税额由省、自治区、直辖市人民政府参照载货汽车的税额标准在规定的幅度内确定。

车辆的具体适用税额由省、自治区、直辖市人民政府在规定的子税目税额幅度内确定。

如：上海市确定的车船税税额表如图表7-5所示：

图表7-5

车船税税额表

税 目	计税单位	每年税额（元）	备 注
载客汽车			包括电车
其中：大型客车	每辆	540	核定载客人数大于或者等于20人
中型客车	每辆	510	核定载客人数大于9人且小于20人
小型客车	每辆	450	核定载客人数小于或者等于9人
微型客车	每辆	300	发动机气缸总排气量小于或者等于1升
载货汽车	按自重每吨	90	包括半挂牵引车、挂车
三轮汽车、低速货车	按自重每吨	72	
专项作业车、轮式专用机械车	按自重每吨	72	
摩托车	每辆	36～180	
其中：两轮、三轮摩托车	每辆	72	
轻便摩托车	每辆	18	
船舶			拖船和非机动驳船分别按船舶税额的50%计算
其中：净吨位小于或者等于200吨的	按净吨位每吨	3	
净吨位201吨至2000吨的	按净吨位每吨	4	
净吨位2001吨至10000吨的	按净吨位每吨	5	
净吨位10001吨及其以上的	按净吨位每吨	6	

(2) 计税依据

①载客汽车　载客汽车以辆为计税依据。

②载货汽车　载客汽车以自重为计税依据。自重是指机动车的整备质量。

③三轮车、低速汽车　三轮车、低速汽车以自重为计税依据。

④摩托车　摩托车以辆为计税依据。

⑤船舶　船舶以净吨位为计税依据。

(3) 应纳税额的计算方法

车船税应纳税额的计算公式为：

①载客汽车的应纳税额＝辆数×适用的年单位税额

②载货汽车的应纳税额＝自重吨数×适用的年单位税额

③三轮车、低速汽车的应纳税额＝自重吨数×适用的年单位税额

④摩托车的应纳税额＝辆数×适用的年单位税额

⑤船舶的应纳税额＝净吨位数×适用的年单位税额

实例 7-11

上海市一家旅行社拥有大型载客客车15辆用于向游客提供国内各旅游线路的旅游服务。该公司拥有的15辆大型载客汽车均在上海登记。上海市确定的大型载客汽车年适用的单位税额为540元。试计算该旅行社应缴纳的车船税。

实例详解

该旅行社拥有的15辆大型载客汽车都属于车船税的应税车辆，计税依据为辆。

应纳税额＝车辆数×适用的单位税额

$$= 15 \times 540 = 8\ 100（元）$$

实例 7-12

港海远洋运输公司拥有5艘货轮，每艘货轮的净吨位为10 000吨，该公司拥有的5艘均在上海登记。净吨位数在2001至10 000吨的船舶年单位税额为5元。试计算该公司5艘货轮应缴纳的车船税。

实例详解

该公司拥有的5艘万吨货轮均属于车船税的应税船舶，适用的年单位税额为5元，计税依据为净吨位。

应纳税额＝各艘船舶的净吨位数之和×适用的年单位税额

$$= 10\,000 \times 5 \times 5 = 250\,000（元）$$

3. 税收优惠

下列车船免纳车船税：

①非机动车船（不包括非机动驳船）；

②拖拉机；

③捕捞、养殖渔船；

④军队、武警专用的车船；

⑤警用车船；

⑥按照有关规定已经缴纳船舶吨税的船舶；

⑦依照我国有关法律和我国缔结或者参加的国际条约的规定应当予以免税的外国驻华使馆、领事馆和国际组织驻华机构及其有关人员的车船。

省、自治区、直辖市人民政府可以根据当地实际情况，对城市、农村公共交通车船给予定期减税、免税。

4. 征收管理

(1) 纳税期限

车船税的纳税义务发生时间，为车船管理部门核发的车船登记证书或者行驶证书所记载日期的当月。车船税按年申报缴纳。具体申报纳税期限由省、自治区、直辖市人民政府确定。

(2) 纳税地点和征收机关

车船税的纳税地点，由省、自治区、直辖市人民政府根据当地实际情况确定。跨省、自治区、直辖市使用的车船，纳税地点为车船的登记地。

车船税由地方税务机关负责征收。

(3) 代扣代缴

车船的所有人或者管理人未缴纳车船税的，使用人应当代为缴纳。从事机动车交通事故责任强制保险业务的保险机构为机动车车船税的扣缴义务人，应当依法代收代缴车船税。

★★★★★ 本章学习路径 ★★★★★

本章包括六方面内容：一、资源税；二、房产税；三、契税；四、印花税；五、城市维护建设税；六、土地增值税、城镇土地使用税和车船税。

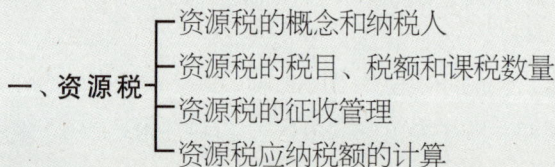

一、资源税—— 资源税的概念和纳税人
 资源税的税目、税额和课税数量
 资源税的征收管理
 资源税应纳税额的计算

财
税
金
融

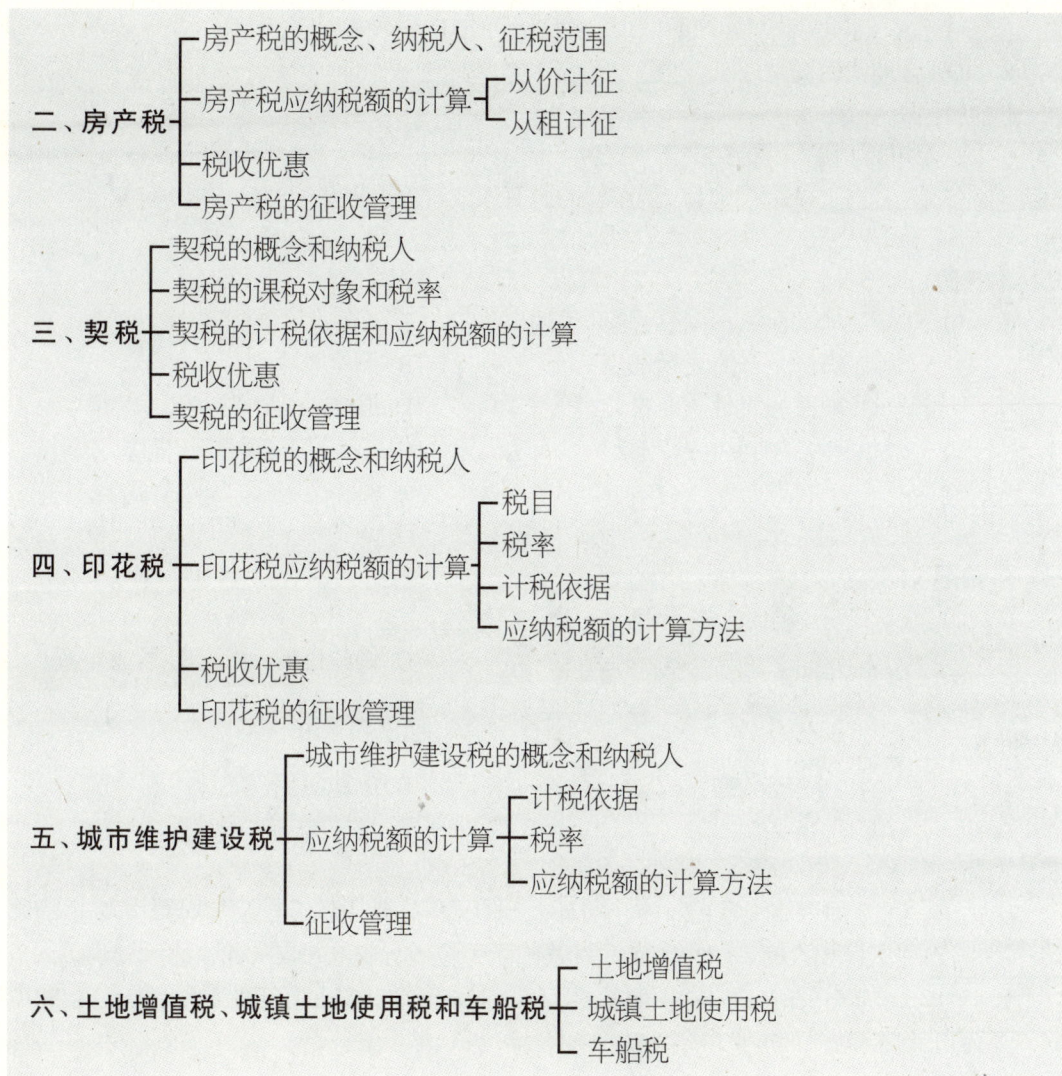

```
                  ┌─ 房产税的概念、纳税人、征税范围
                  │
   二、房产税 ─────┼─ 房产税应纳税额的计算 ──┬─ 从价计征
                  │                          └─ 从租计征
                  ├─ 税收优惠
                  │
                  └─ 房产税的征收管理

                  ┌─ 契税的概念和纳税人
                  │
                  ├─ 契税的课税对象和税率
                  │
   三、契税 ───────┼─ 契税的计税依据和应纳税额的计算
                  │
                  ├─ 税收优惠
                  │
                  └─ 契税的征收管理

                  ┌─ 印花税的概念和纳税人
                  │                           ┌─ 税目
                  │                           │
                  │                           ├─ 税率
   四、印花税 ─────┼─ 印花税应纳税额的计算 ────┤
                  │                           ├─ 计税依据
                  │                           │
                  │                           └─ 应纳税额的计算方法
                  ├─ 税收优惠
                  │
                  └─ 印花税的征收管理

                        ┌─ 城市维护建设税的概念和纳税人
                        │                      ┌─ 计税依据
                        │                      │
   五、城市维护建设税 ───┼─ 应纳税额的计算 ──────┼─ 税率
                        │                      │
                        │                      └─ 应纳税额的计算方法
                        └─ 征收管理

                                              ┌─ 土地增值税
                                              │
   六、土地增值税、城镇土地使用税和车船税 ─────┼─ 城镇土地使用税
                                              │
                                              └─ 车船税
```

实 训 题

一、填空题

1. 资源税采取_____征收办法。

2. 房产税是指以____为课税对象，依据____或____向房产所有人或经营人征收的一种税。

3. 房产税的征收范围是：____、____、____和____。

4. 契税是指以_____的不动产为课税对象，向产权___征收的一种财产税。

5. 印花税是指对经济活动和经济交往中____、____、____具有法律效力的凭证的单位和个人征收的一种税。

6. 城市维护建设税是指国家对缴纳____、____、____的单位和个人，就其实际缴纳的"三税"税额为计税依据而征收的一种税，简称城建税。

7. 土地增值税是指对转让_____、_____及其____(以下简称转让房地产)并取得收入

财
税
金
融

的单位和个人，就其转让房地产所取得的增值额征收的一种税。

8. 城镇土地使用税是指以_____为征税对象,对_____的单位和个人征收的一种税,简称土地使用税。

9. 车船税的纳税人是指在中华人民共和国境内，依法应当在车船管理部门登记的车船的_____或者_____。依据规定，应税车船的所有人或管理人未缴纳车船税的,应由_____代缴。

二、单选题

（　）1. 下列各项中，不征收资源税的有_____。

    A. 煤矿生产的天然气   B. 天然原油

    C. 与原油同时开采的天然气   D. 原煤

（　）2. 城建税的计税依据是指纳税人实际缴纳的"三税"税额。这"三税"不包括_____。

    A. 增值税   B. 企业所得税   C. 消费税   D. 营业税

三、多选题

（　）1. 下列各项中，属于印花税税目的有_____。

    A. 购销合同   B. 仓储保管合同   C. 借款合同   D. 营业账簿

（　）2. 契税的课税对象是境内转移土地、房屋权属。下列各项中，属于契税的课税对象的有_____。

    A. 国有土地使用权出让   B. 土地使用权转让

    C. 房屋买卖   D. 房屋赠与

四、判断改错题

（　）1. 土地增值税是指对转让国有土地使用权、地上建筑物及其附着物(以下简称转让房地产)并取得收入的单位和个人，就其转让房地产所取得的收入征收的一种税。

（　）2. 车船税的征收对象是依法应在公安、交通、农业等车船管理部门登记的车船，具体可分为车辆和船舶两大类。

五、计算题

1. 某煤矿开采企业 2005 年 8 月份销售原煤 50 万吨，查《资源税税目税额明细表》知其使用的单位税额为 4 元/吨。

要求：根据上述资料计算该煤矿开采企业 2005 年 8 月份应纳资源税税额。

2. 某商场的营业用房原值为 3 000 万元，按照当地规定允许减除 25% 后的余值计税。

要求：根据上述资料计算该商场应纳房产税税额。

3. 甲公司将一座营业用房出售给乙商场，成交价格为 300 万元。该地区规定的税率为 3%。

要求：根据上述资料计算确定

（1）甲公司应缴纳的契税税额；

（2）乙商场应缴纳的契税税额。

4. 甲公司与乙银行 2005 年 3 月签定了借款合同，合同金额 5 000 万元，甲乙双方各执一份。

要求：根据上述资料计算

（1）甲公司应缴纳的印花税税额；

（2）乙银行应缴纳的印花税税额。

复习思考题

1. 资源税的税目有哪些？

2. 资源税的课税数量如何确定？

3. 房产税的征收范围是什么？

4. 房产税应纳税额的计算方法有哪几种？

5. 印花税的税目有哪些？

6. 印花税的各税目的计税依据分别是什么？

7. 城市维护建设税的计税依据是什么？税率是多少？

8. 土地增值税的征收范围是什么？其税率是如何规定的？

9. 城镇土地使用税的征税范围是什么？其纳税人有哪几类？

10. 车船税的征税范围是什么？其计税依据是如何规定的？

第八章 金融导入

【学习目标】

通过本章的学习，了解金融的概念、研究对象及其作用，了解货币的职能和货币制度，了解货币流通规律；知道货币是金融活动的起点，货币是商品交换发展的必然产物；清楚货币的本质是一般等价物。

第一节　金融概述

一、金融的概念

　　银行为帮助大学生完成学业向大学生发放低息助学贷款，市民买房向银行贷款按揭，企业发行股票为筹集生产用资金，中国人民银行宣布降低人民币存款利息以刺激消费，以及国家或政府为筹集资金而发行债券等与货币融通或信用有关的一切活动都是属于金融范畴的活动。因此，金融是指货币资金的融通，或者是指与货币流通和信用有关的一切活动。这里融通的对象一般是指货币和货币资金，融通的方式一般是通过有借有还的信用方式，融通的机构一般为银行及其他金融机构。因此，金融涉及到货币、信用和银行三个范畴。具体地说，凡是货币和货币资金的借贷、票据的买卖、债券和股票的发行与转让，以及外汇的买卖等，都属于金融方面的活动。

> ### 小知识 8-1
>
> 　　金融是商品货币经济发展的产物，货币是商品交换长期发展的产物。从历史上看，随着商品交换的出现，相应地产生了货币流通，商品货币关系的进一步发展，各种借贷活动随即产生，并出现组织借贷活动的金融机构。特别是现代银行的形成，使得经济发展中使用的货币都成为银行的信用凭证，并通过银行完成收付。这样，货币的流通与信用活动，金融机构业务的相互渗透、相互结合，由此形成金融的概念，即货币流通与信用活动的总称可称为金融。

二、金融的作用

1. 配置资源和融通资金

　　金融配置资源是在不改变所有权的条件下实现的。金融通过改变对资源的实际占有权和使用权，即利用使用权和所有权相分离的特点，改变对资源的分配格局，以实现社会资源的重新组合，达到充分、合理、有效运用的目的。

　　金融的融通资金功能体现在三个方面：

　　①金融能有效地筹集社会闲散资金，促进储蓄向投资转化。

　　②金融能实现资金的部门转移，促进利润平均化。

　　社会利润的平均化是以资金的自由流动为先决条件的。通过金融的信用交易方式，把资金从各行各业聚集起来，成为巨额资金，再按照利益原则投放到各部门中去，实现资金在不同部门间的自由流动和重新配置，并促成社会各部门利润率的平均化。

　　③金融能实现消费的时间转移，促进合理的消费，提高消费效率。

　　主要是通过吸收储蓄存款和发放消费贷款来实现的。

2. 提供和创造货币

(1)金融提供货币的功能

金融提供货币的功能有两层含义:一是指中央银行垄断货币发行而形成的货币供给;二是指金融工具的发行和流通所形成的"准货币"供给。

> **小知识8-2**
>
> 　　国际货币基金组织把包括通货和可签发支票的活期存款在内的较大口径的货币称为 M_1,即大多数国家采用的"货币"的含义。M_1 之外的定期存款和储蓄存款,流动性相对较差,但经过一段时间也能将其转化为现金或活期存款,因此,国际货币基金组织称其为"准货币"。

(2)金融创造货币的功能

金融创造货币的功能也有两层含义:

①增加流通中的货币供应量功能　即银行在信用程序基础上,通过存款和发放贷款两个途径,增加流通中的货币供应量。

②"派生存款"功能　即在整个银行系统内,银行贷出一笔款,贷款又会转存入银行存款账户,相应派生出一笔存款来。

3. 调控经济

金融的调控经济功能即表现在总量上,又表现在结构上。

由于金融活动渗透于社会再生产的全过程,它与各行业、各地区、各单位的经济活动息息相关。因此,它可以灵敏、及时、全面地反映社会经济活动的状况,提供各种信息,为微观经济活动和宏观经济决策提供重要依据。同时,借助各种金融政策工具,通过金融的紧缩和放松,不仅可以调节社会资金的供求关系,调节社会总供给和总需求的平衡,而且还可以调节经济结构。

第二节　货币及货币制度

　　货币,我们天天都在和它打交道。没有人不知道货币,但却不是人人都认识货币。要了解金融,就必须先了解货币,原因很简单,因为金融融通的对象就是货币,货币的产生是金融产生的基本条件之一。

一、货币的起源与发展

　　货币起源于交换。在现实经济生活中,商品交换都要通过货币进行,商品的价值都是由货币来表现的,这是商品交换长期发展的结果。

　　商品交换一般经历了两个阶段:

　　第一阶段是简单的物与物的直接交换,如古埃及的瓦罐换鱼和中国的石斧换羊,指的都是物与物的直接交换。

第二阶段是通过媒介的物物交换，人们先要把自己的物品换成某一种中间物品，即等价物，然后再用所换得的等价物去交换自己想要的东西。当商品交换发展到通过等价物进行时，这种出现在交换之中的等价物就是货币。

图表 8-1

货币起源于交换的演变过程

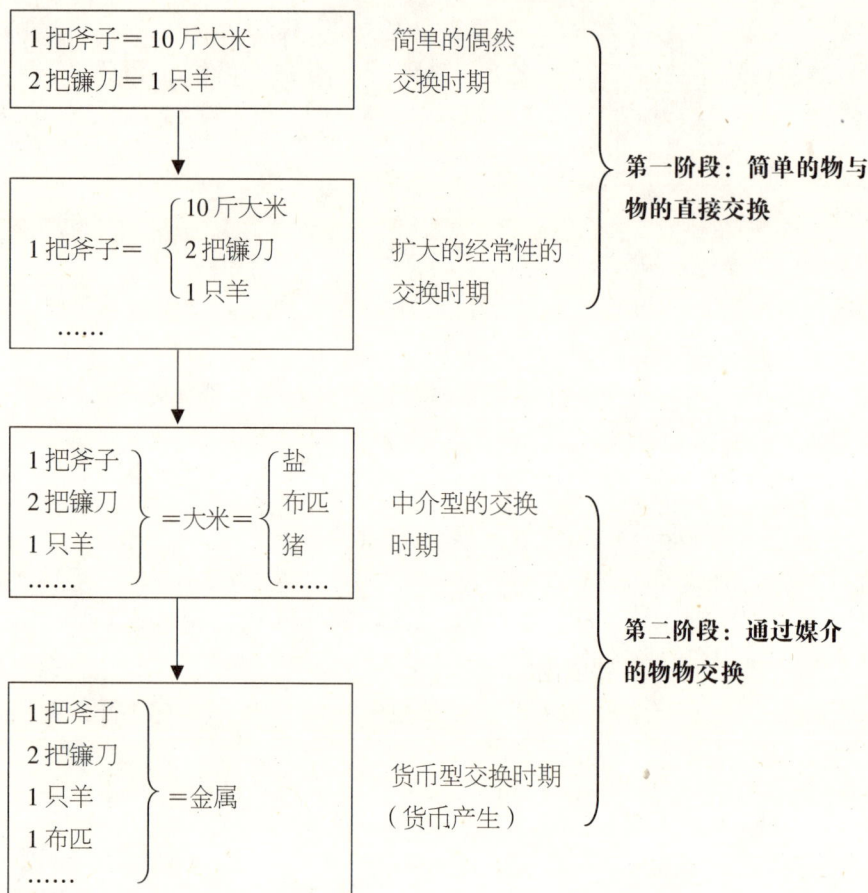

```
┌─────────────────────────────┐
│ 1 把斧子 = 10 斤大米         │   简单的偶然         ⎫
│ 2 把镰刀 = 1 只羊           │   交换时期           ⎬
└─────────────────────────────┘                      ⎪
             │                                        ⎬  第一阶段：简单的物与
             ▼                                        ⎪  物的直接交换
┌─────────────────────────────┐                      ⎪
│           ⎧ 10 斤大米        │   扩大的经常性的     ⎪
│ 1 把斧子 =⎨ 2 把镰刀         │   交换时期           ⎭
│           ⎩ 1 只羊           │
│           ……                │
└─────────────────────────────┘
             │
             ▼
┌─────────────────────────────┐
│ 1 把斧子 ⎫        ⎧ 盐       │   中介型的交换       ⎫
│ 2 把镰刀 ⎬=大米=  ⎨ 布匹     │   时期               ⎬
│ 1 只羊   ⎭        ⎩ 猪       │                      ⎪
│ ……              ……         │                      ⎬  第二阶段：通过媒介
└─────────────────────────────┘                      ⎪  的物物交换
             │                                        ⎪
             ▼                                        ⎪
┌─────────────────────────────┐                      ⎪
│ 1 把斧子 ⎫                   │   货币型交换时期     ⎪
│ 2 把镰刀 ⎪                   │   （货币产生）       ⎭
│ 1 只羊   ⎬=金属              │
│ 1 布匹   ⎪                   │
│ ……      ⎭                   │
└─────────────────────────────┘
```

在不同的历史时期，有不同的商品充当过货币。人们曾用牲畜如牛、羊作为货币，我国最早用贝壳作为货币。但随着交换的进一步发展，要求充当等价物的货币应具有价值较高、易于分割、经久耐磨等特性，因此黄金自然地取代了其他货币商品，垄断了货币地位。货币作为一般等价物，从商品世界分离出来以后，仍然伴随着商品交换和信用制度的发展而不断演进，先后经历了实物货币——金属货币——信用货币等一系列的发展过程。

因此货币的产生不是某个人的发明创造，也不是人们协议的结果，更不是政权的产物，而是商品交换发展的必然产物。货币的发展变化，是在不断地适应社会生产的发展，同时也消除了前一种货币形式无法克服的缺点。

19世纪末叶，一位德国学者曾报道，在西部苏丹，奴隶是一种价值单位，在这种"商品"与其他商品之间已有了一定的交换关系，如1个奴隶可以换300块一定长度的亚麻布，或者6头牦牛。一位旅行者报告说，若问某些非洲居民："这匹马值多少钱？"得到的回答是"3个俘虏。"一头牦牛价值则为半个俘虏。所谓半个俘虏，就是一个有病的或体弱的俘虏。

二、货币的本质

货币从产生起，就被视作财富的象征，其神秘的色彩让千万人为之倾倒。那么，货币到底是什么呢？其实从货币的起源中我们可以清楚地看到了货币的本质，即是固定地充当一般等价物的特殊商品，它体现一定的社会生产关系。

关于货币的本质，应把握以下三点：

1. 货币是商品

货币首先是商品，具有商品的共性，即同一切商品一样，具有商品的两个基本属性——价值和使用价值。价值形式发展的历史表明，货币是在商品交换过程中，从普通商品中分离出来的。

2. 货币是特殊商品

货币不是普通商品，而是特殊商品。其所以特殊，是因为它在商品交换中取得了一般等价物的独占权，只有它才能起到一般等价物的作用。

3. 货币体现着一定的社会生产关系

货币在充当一般等价物的过程中，体现着一定的社会生产关系。商品生产者互相交换商品，实际上是互相交换各自的劳动，只不过因为他们之间的劳动不能直接表现出来，所以才采取了商品形式来进行交换。因此，货币作为商品的一般等价物，也就使商品的不同所有者，通过等价交换，实现了他们之间的社会联系，这种联系就是人和人之间的一定的社会生产关系。

三、货币的职能

货币的职能是货币本质——一般等价物的具体表现。货币在商品交换过程中，逐渐形成了如下职能：

1. 价值尺度

价值尺度就是衡量和表现其他一切商品的价值量的大小，这是货币首要的基本职能。货币之所以能够充当商品的价值尺度，是因为货币本身也是商品，具有价值。这就像衡量长度的尺子本身也有长度一样。货币的价值尺度，如同长度、重量等计量单位一样，为商品交换提供了价值计量的依据。

商品的价值表现在货币上就是商品的价格。商品的价格不同于商品本身是一种物质形态，它是一种观念形态。人们为商品规定价格时，并不需要现实的货币存在，价格可以用笔写，也可以用嘴讲，并不需要将相应数量的货币实物放在商品旁。所以，货币在执行价值尺度时，只需用观念或想象上的货币就可以了。

2. 流通手段

流通手段就是货币在商品流通中充当交换的媒介时所发挥的职能。在货币产生之前，物物直接交换时，交换双方的需要必须在时间、空间、品种和数量上彼此重合，故交换极不方便，甚至不可能。只有通过货币的媒介（W—G—W）间接进行交换，才能使经济发展到在分工协作基础上进行大规模的现代化生产的阶段。

小知识8-3

货币执行流通手段职能必须是现实的货币，不能是观念上的货币。但是货币作为交换媒介只起一时的作用，这时，人们关心的是能否用货币买到相应的商品，而不是货币本身的价值。因此可用货币符号来代替。所以，货币作为流通手段，就可以用纸币等价值符号来充当，纸币也就是在这样的基础上产生和发展起来的。我国的人民币也是商品流通的媒介，执行着流通手段职能。

3. 储藏手段

储藏手段是指货币暂时离开流通领域，被人们作为独立的价值形态和社会财富的一般代表储存起来的职能。货币之所以能被储藏，是因为货币是一般等价物，它是社会财富的一般代表，可在任何时候与任何商品和劳务相交换，储藏货币就是储藏价值。当货币被人们储藏起来时，货币就起着储藏手段的作用。

4. 支付手段

支付手段是指货币有清偿债务，支付税金、租金、工资等的职能。这个职能产生于商品赊购赊销的信用交易方式中，是补充商品交换的一个环节。当商品交换不能在同一时间、地点、层次进行时，就很难解决债务问题。以货币作为标准，就可以签订契约、记下账目、进行延期支付。

上述货币的四种职能有机地联系在一起，它们分别从价值的衡量、实现、保存、转移等方面体现着货币的一般等价物的本质。但是价值尺度和流通手段是货币的两个最基本职能。价值尺度和流通手段的统一就是货币，而其余两个职能则是这两大基本职能的发展、继续和延伸。

图表8-2

货币的四大职能之间的关系

货币的职能	货币作为一般等价物的体现方面	在职能中的地位
价值尺度	价值衡量	最基本职能
流通手段	价值实现	
储藏手段	价值保存	是两大基本职能的发展、继续和延伸
支付手段	价值转移	

财税金融

四、货币制度

货币制度是指国家以法律形式确定的货币流通的组织形式，简称"币制"。它关系到货币价值的稳定和货币当局控制货币供应的能力。

1. 货币制度的主要内容

货币制度主要由国家有关货币方面的法令、条例等综合构成。它主要包括四方面内容：

(1) 规定货币币材

规定何种材料为货币币材，是一个国家建立货币制度的首要步骤。选用不同的货币材料，就构成不同的货币制度。使用银作货币材料，则为银本位制；使用金作货币材料，则为金本位制；使用纸作为货币材料，则为纸币本位制等。国家对币材的选择要受客观经济条件发展的制约。

(2) 确定货币单位

货币材料一经确定，就要规定货币单位，即规定货币单位的名称及其所含的货币金属的重量。后来由于币材及形制的变化，有的货币单位就逐渐脱离了金属重量的概念。如：中国的货币单位"圆"，规定成色、重量，以枚计数，因其为圆形故为"圆"也简化为"元"，以之为主币；割圆而得弧角，折角而得分厘，故辅币为角、分、厘。

(3) 规定本位币和辅币的铸造、发行和流通程序

本位币又称主币，是一国法定价格标准的铸币，是该国的基本通货，其特点是：在金本位和银本位货币制度下，它的名义价值与实际价值是一致的；它可以自由铸造；它具有"无限法偿"能力。辅币是不足值的货币，用贱金属铸造，名义价值高于实际价值；不能自由铸造，由国家统一铸造；它是"有限法偿"货币。

> **小知识8-4**
>
> 无限法偿：法律赋予它在一切交易、支付活动中，不论数额大小，不得拒绝接受。
> 有限法偿：在交易、支付活动中，超过规定的限额，对方有权拒绝接受。

(4) 建立金准备制度

金准备制度又称黄金准备制度，是指国家所拥有的金币和金块的总额，也就是国家的黄金储备。它是一国货币制度的重要内容，也是货币稳定的基础。在金属货币流通条件下，最初多为十足金准备，以后由于黄金数量不足，也有以一定数量的证券充作准备。在不兑现纸币制度下，黄金的地位已大大降低，它与外汇储备一起起国际支付准备的作用。

2. 货币制度的主要类型

货币制度一般以币材分类，自货币制度形成以来，先后经历了以下几种形式的演变：

(1) 银本位制

银本位制是以白银作本币币材的一种货币制度，也是历史上最早的货币制度。

(2) 金银复本位制

金银复本位制是以金和银两种金属同时作为本位币币材的货币制度。

(3) 金本位制

金本位制是指以黄金为本位币的货币制度，它又可以分为金币本位制、金块本位制和金汇兑本位制。

(4) 不兑现的信用货币制度

不兑现的信用货币制度是指以纸币为本位币且纸币不能兑换黄金的货币制度。

小资料8-2

我国现行的货币制度就是人民币制度。我国于1995年3月颁布了《中华人民共和国中国人民银行法》，本法对人民币作出了如下规定：

第十六条　中华人民共和国的法定货币是人民币。以人民币支付中华人民共和国境内的一切公共的和私人的债务，任何单位和个人不得拒收。

第十七条　人民币的单位为元，人民币辅币单位为角、分。

第十八条　人民币由中国人民银行统一印制、发行。

中国人民银行发行新版人民币，应当将发行时间、面额、图案、式样、规格予以公告。

第十九条　禁止伪造、变造人民币。禁止出售、购买伪造、变造的人民币。禁止运输、持有、使用伪造、变造的人民币。禁止故意毁损人民币。禁止在宣传品、出版物或者其他商品上非法使用人民币图样。

第二十条　任何单位和个人不得印制、发售代币票券，以代替人民币在市场上流通。

第二十一条　残缺、污损的人民币，按照中国人民银行的规定兑换，并由中国人民银行负责收回、销毁。

第二十二条　中国人民银行设立人民币发行库，在其分支机构设立分支库。分支库调拨人民币发行基金，应当按照上级库的调拨命令办理。任何单位和个人不得违反规定，动用发行基金。

第三节　货币流通

货币流通是指在商品交换过程中，货币作为流通手段和支付手段所形成的连续不断的运动。所有的货币都是从银行流出，最终又流入银行，所以银行是货币流通的中心。但银行发行货币必须遵循货币流通规律，否则货币发行过多就会引起通货膨胀。

一、货币流通规律

货币流通规律就是一定时期内商品流通中所需货币量的规律。一定时期内商品流通中所需的货币量，取决于以下三个因素：

1. 待售商品总量

待售商品总量越大，所需的货币量也就越多。

2. 商品价格水平

商品价格水平越高，所需的货币量就越多。待售商品总量和商品价格的乘积，就是待售商品价格总额。

3. 货币流通速度

货币流通速度就是同一单位货币在一定时期内充当流通手段的平均次数。货币流通速度越快，流通中所需的货币量就越少。

由此可见，一定时期商品流通中所需要的货币量，与商品价格总额成正比，与货币流通速度成反比，这就是金属货币作为流通手段时的货币流通规律的基本内容。用公式表示为：

$$\text{一定时期内执行流通手段职能的货币需要量} = \frac{\text{商品价格总额}}{\text{货币流通速度}}$$

例：设在一定时期内待售商品价格总额为800亿，货币流通速度为8次，则执行流通手段职能时的货币量为 $800 \div 8 = 100$ 亿。如果货币流通速度加快到10次，则执行流通手段职能时的货币需要量为 $800 \div 10 = 80$ 亿。

二、纸币流通规律

根据货币流通规律的要求和纸币本身的特点，纸币的发行量必须适度，必须与货币需要量保持正确的比例关系或相一致。只有这样，一个单位的纸币才能代表一定的金属货币量。若纸币数量多，单位纸币所代表的价值就小，商品的纸币价格就高。所以，纸币流通规律可以表述为：纸币的发行量决定于流通中必需的金属货币量，即：

$$\text{流通中纸币总量} = \text{流通中所需要的金属货币量}$$

$$\text{单位纸币所代表的金属货币量} = \frac{\text{流通中所需要的金属货币量}}{\text{流通中的纸币总量}}$$

例如：假定流通中所需的金属货币量为500亿，则可以发行500亿的纸币，那么每一单位纸币就可以代表一个单位的金属货币流通，500亿的纸币就全部代表500亿金属货币的价值量。但是，如果纸币发行为800亿，那么单位纸币所代表的金属货币量为 $500 \div 800 = 0.625$。也就是说，流通中的1元货币，只具有0.625元金属货币的购买力。所发行的800亿纸币代表的价值量也仅仅是500亿元的金属货币的价值量，这种纸币实际代表的价值量低于其名义上代表的价值量的现象就是纸币的贬值。

小知识8-5

由上可见，纸币没有内在价值，只是代表金属货币，或者代表一定的价值量在流通，无论向流通领域投放多少纸币，它所代表的价值量仍然只能等于流通中需要的金属货币所代表的价值量。如果纸币的发行量超过了金属货币需要量的客观限度，单位纸币就会贬值，物价就会上涨，出现通货膨胀。

★★★★★ **本章学习路径** ★★★★★

本章包括三方面内容：一、金融的概念、研究对象及作用；二、货币的起源与发展、本质、职能以及货币制度；三、货币流通规律。

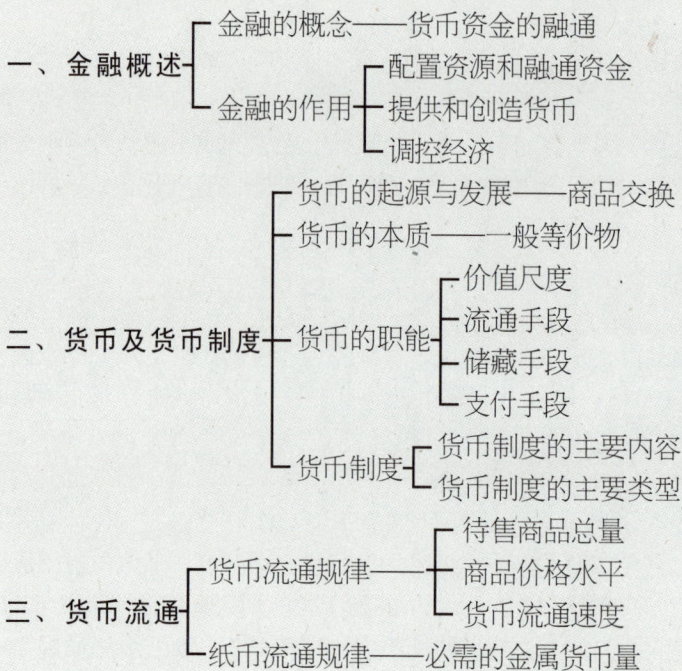

```
                  ┌─ 金融的概念——货币资金的融通
        一、金融概述┤           ┌─ 配置资源和融通资金
                  └─ 金融的作用─┼─ 提供和创造货币
                              └─ 调控经济

                  ┌─ 货币的起源与发展——商品交换
                  ├─ 货币的本质——一般等价物
                  │              ┌─ 价值尺度
        二、货币及货币制度┤  货币的职能─┼─ 流通手段
                  │              ├─ 储藏手段
                  │              └─ 支付手段
                  └─ 货币制度─┬─ 货币制度的主要内容
                           └─ 货币制度的主要类型

                  ┌─ 货币流通规律─┬─ 待售商品总量
        三、货币流通┤            ├─ 商品价格水平
                  │            └─ 货币流通速度
                  └─ 纸币流通规律——必需的金属货币量
```

实 训 题

一、填空题

1. 货币具有价值尺度、_____、_____和支付手段等职能，其中，后两种职能是前两个职能的_____、继续和延伸。

2. 在我国，_____是唯一合法通货。

3. 规定_____是一个国家建立货币制度的首要步骤。

4. 纸币的发行量决定于_____。

5. 无论向流通领域投放多少纸币，它所代表的价值量仍然只能等于流通中需要的_____所代表的价值量。

二、单选题

(　　) 1. 货币起源于_____。

    A. 贝壳　　　　　B. 金属　　　　　C. 贵金属　　　　　D. 商品的交换

(　　) 2. 货币作为商品流通中的媒介，执行的是_____职能。

    A. 价值尺度　　　B. 流通手段　　　C. 储藏手段　　　D. 支付手段

(　　) 3. 在一定时期内待售商品价格总额为 600 亿，货币流通速度为 10 次，则执行流通手段职能时的货币量为_____。

    A. 6 亿　　　　　B. 60 亿　　　　C. 600 亿　　　　D. 6000 亿

(　　) 4. 待售商品总量越大，所需的货币量也就越_____。

    A. 多　　　　　　B. 少　　　　　　C. 差不多　　　　D. 无影响

(　　) 5. 下列属于人民币辅币的有_____。

A. 元和角　　　　B. 元和分　　　　C. 元　　　　D. 角和分

三、多选题

（　　）下列关于人民币说法正确的有 _____。

A. 人民币是信用货币

B. 人民币是中华人民共和国的法定货币

C. 人民币由各大国有商业银行发行

D. 人民币是由中国人民银行统一发行

四、判断改错题

（　　）1. 货币最早的形式是实物货币，因此货币起源于实物货币。

（　　）2. 货币在执行价值尺度时，只需要观念上或想象上的货币就可以了。

（　　）3. 货币最基本的两大职能是价值尺度和支付手段。

（　　）4. 本位币具有无限法偿，足值货币，不可自由铸造等特点。

（　　）5. 一定时期商品流通中所需要的货币量，与商品价格总额成反比，与货币流通速度成正比。

复习思考题

1. 什么是金融？它有哪些作用？

2. 如何理解货币的本质？

3. 货币有哪些职能，它们之间的关系如何？

4. 什么是货币制度？它包括哪些内容？

5. 简述货币流通规律的基本内容。

第九章　信用、利息与金融工具

【学习目标】

通过本章的学习，了解信用的概念、信用的产生和发展，以及现代信用的形式，了解金融工具的概念、特征和种类，了解金融创新的概念和内容；理解决定和影响利率变化的因素；掌握利息的本质、利率及种类，掌握利率的两种计算方法。

第一节　信用概述

一、信用的概念

我们常常说一个人或一个企业很讲信用或不守信用，这里的信用是人们在道德伦理方面的意识概念；而在经济学领域里，则常常有买房按揭、买车按揭或是企业向银行贷款，国家发行债券筹集资金等借贷活动，这即是经济学领域中的信用概念。经济学领域中的信用是从属于商品货币的一个经济范畴，也就是说，它不同于人们通常意识中认为的信用是一种伦理道德方面所使用的概念，而是人们在经济活动中发生的一种借贷行为。信用是指以偿还和付息为基本特征的借贷行为，属于商品货币关系的一个经济范畴。信用在不同的社会体现不同的生产关系。

二、信用的产生和发展

信用的产生同商品、货币，特别是货币的支付手段职能有着密切的关系。

最早的信用产生于原始社会末期和私有制的开始。由于生产力的发展，私有制的出现，造成财富占有的不均和贫富的分化，富裕家庭拥有较多的可供交换的商品和货币，贫困家庭则因缺乏生活或生产资料，生活难以为继，被迫向富裕家庭告贷，信用便随之产生。最早的信用活动当为实物借贷，如种子、牲畜等。随着物物交换被以货币为媒介的商品流通所取代，信用形式日益多样化，不仅存在于商品的信用的购销中，而且更多地表现为货币的借贷。商品经济越发展，货币余缺调剂的要求就会越多，信用逐步成为商品社会的一种普遍的经济活动。

产生于原始社会后期的早期的信用因其利率高、剥削重，故被称为高利贷信用。这是广泛存在于奴隶社会和封建社会的一种古老的信用关系。债权人主要是商人、奴隶主、地主、僧侣、传教士等，债务人主要是农民、小生产者、破落的奴隶主和地主。由于高利贷的利息高，一方面迫使许多农民和小生产者陷入贫困境地，成为一无所有的劳动者；另一方面使高利贷者积累了大量的货币和财富，这为产业资本转化创造了条件。高利贷信用的产生和存在的基础是自然经济，但高利贷的发展又动摇了它的基础，为向资本主义社会过渡奠定了基础。当资本主义生产方式确立以后，高利贷被资本主义各国列为非法活动，从职业意义上讲，高利贷还具有非法性这一特征。但高利贷作为一种经济现象，并未完全消失，它至今还有着一定的社会经济基础。

小资料9-1

作为经济大国的日本，在1983年经营高利贷的就有20万人之多，而借高利贷的人则超过了500万，因高利贷而造成债务人自杀或打死逼债人的事件时有发生。

进入现代经济社会，信用已经是广泛存在的经济现象，并且渗透到社会经济的方方面面。就个人和家庭而言，有时偶遇天灾人祸和失业，或买房按揭等的时候，借贷都是不可避免的。而对为获取利润而进行经营的企业而言，借贷活动更是不可缺少的。一国政府通常也是资金的需求者。我国作为发展中国家，在国家经济起步发展阶段，大量的建设资金需求对应着有限的财政收入，赤字是难免的。基于现代经济生活中信用关系发展的极大广泛性，现代市场经济可谓是高度发达的信用经济。

图表9-1

我国2007年特别国债发行情况一览表

期数	发行规模（人民币亿元）	债券期限（年）	发行利率（%）	发行对象
第一期	6 000	10	4.30	向农业银行发行，最终由中国人民银行购买
第二期	319.7	15	4.68	面向市场发行
第三期	350.9	10	4.46	面向市场发行
第四期	363.2	15	4.55	面向市场发行
第五期	349.7	10	4.49	面向市场发行
第六期	355.6	15	4.69	面向市场发行
第七期	7 500	15	4.45	向农业银行发行
合 计	15 239.1			

三、信用的形式

信用形式是指借贷活动的表现方式，也就是，它是信用活动的外在表现。随着商品货币经济的发展，信用形式也多样化、复杂化。按照信用主体的不同进行划分，信用可以划分为商业信用、银行信用、国家信用和消费信用。

1. 商业信用

（1）商业信用的概念

商业信用是指工商企业之间以赊销或预付方式对销售、购买商品提供的信用。

（2）商业信用的特点

①商业信用的借贷物一定是商品资本　从商业信用的主要形式来看，商品赊购是以商品作为借贷物预付货款，表面上看是货币的单向转移，但实质上也是与特定的商品交易联系在一起的。比如某木材厂产品质量上乘，木材在市场上销售走俏，甚至供不应求，购买者大都以预付货款的形式向木材厂预购。

②商业信用具有二重性　商业信用中债权人和债务人都是企业，两者既有商品的买卖关系，同时又有货币的借贷关系。

(3) 商业信用的局限性

商业信用的局限性也是由其特点决定的。

①商业信用的规模和数量有一定限制；

②商业信用有较严格的方向性；

③信用能力有局限性。

此外，商业信用在管理和调节上也存在局限性，由此种种，在商业信用的基础上，又产生了银行信用，从而弥补了商业信用的不足。

2. 银行信用

(1) 银行信用的概念

银行信用是指银行和各类金融机构以货币形式向企业提供的信用。

(2) 银行信用的形式

银行信用形式主要是吸收存款和发放贷款，以及开出汇票、支票、开立信用账户、发行货币等。

(3) 银行信用的特点

与商业信用相比，银行信用具有以下特点：

①广泛性　主要体现于银行是专门的融资机构，拥有多样化的融资工具和手段，又是以货币形态提供的信用，而且相对于众多的工商企业，银行的信誉是最好的，因此它具有广泛的接受性。

②间接性　主要体现在银行等金融机构是信用活动的中间环节，是授受信用的中介。由于它具有间接性的特点，因此可以降低资金供应者的风险，提高社会资金的使用效益。

③综合性　主要体现在银行是国民经济的中枢。

3. 国家信用

(1) 国家信用的概念

国家信用是指国家(政府)以债务人身份，借助于债券筹集资金的一种信用形式，包括国内信用和国外信用。

(2) 国家信用的作用

它与商业信用、银行信用作用不同，它与社会生产及流通过程没有什么联系，但它却被国家掌握和利用，发挥着特殊的作用：

①它是调节政府收支不平衡的手段；

②它是弥补财政赤字的重要手段；

③它是调节经济的重要手段。

小资料9-3

美国是一个大量发行公债的国家，1996年底政府的债务总额为37 771亿美元。日本的国家债务在1996年也已超过500万亿日元，相当于其一年的国内生产总值。我国自1981年开始发行国库券，国债发行的规模逐步扩大，1981～1986年国债年平均发行量为49.95亿元；1987～1990年国债年平均发行量为181.70亿元；1991～1995年国债年平均发行量为745.35亿元。

财税金融

4. 消费信用

(1) 消费信用

消费信用是指企业或金融机构向消费者个人提供的、用于满足其消费需求的信用。

(2) 消费信用的类型

消费信用主要有三种类型：

①企业对个人直接以商品形式提供的消费信用，即企业通过赊销商品的形式，主要以分期付款方式向消费者个人提供房屋或高档消费品；

②银行向消费者个人提供用于购买房屋或高档消费品贷款；

③信用卡。

另外信用卡也是消费信用的一种形式，它是一种供顾客赊购的凭证，上面印有持卡人的姓名、签名等，持卡人可凭信用卡在本地或外地指定的公司、商店、旅馆等购买商品或获得服务，有的还可以向发卡银行或其代理行透支小额现金。公司、商店、旅馆或银行每天营业终了时向发卡机构索偿款项，发卡机构与持卡人定期结算。

图表 9-2

中国工商银行和招商银行信用卡式样

消费信用最大的作用是有利于刺激消费，活跃市场，使暂时不具备消费条件的消费者可以提前实现消费，扩大需求，刺激了经济发展。在我国，消费信用的发展为住房制度改革创造了条件。同时，消费信用如果极度扩张，也容易造成虚假繁荣，导致消费品价格上涨，对经济发展不利。

第二节　利息和利息率

一、利息的本质

利息是指债权人让渡资金使用权而向债务人收取的报酬，是在信用的基础上产生的一个经济范畴。

利息是资金所有者由于借出资金而取得的报酬，被人们看作是收益的一般形态；无论贷出资金与否，利息都被看作资金所有者理所当然的收入——可能取得的或将会取得的收入；与此相对应，无论借入资金与否，经营者也总是把自己的利润分为利息与企业主收入两部分，似乎只有扣除利息所余下的利润才是经营的所得。西方国家还把利息称之为货币资本的"价格"。

二、利率及种类

利息率是指借贷期内所形成的利息额和本金的比例，也叫利率。在现实经济生活中，利息率都是以某种具体形式存在的。随着金融事业的发展，新的金融工具不断被创造出来，利息率的种类也不断增加，种类繁多的利息率构成了庞大的利息率体系。根据不同的标准可划分出多种多样的不同的利率类别。

1. 年利率、月利率、日利率

按计算利息的时间长短来划分利息可分为年利率、月利率和日利率。

年利率是指以年为时间单位计算利息，一般以本金的百分之几表示。如年息 6%，即指本金 100 元，每年利息 6 元。

月利率是指以月为时间单位计算利息，一般以本金的千分之几来表示，如月息 3‰。

日利率是指以日为时间单位计算利息，一般以本金的万分之几表示。如日息 2‱。

年利率、月利率和日利率之间可以换算如下：

$$年利率 = 日利率 \times 12$$
$$= 日利率 \times 360$$

在我国习惯上无论是年利率、月利率还是日利率，都用"厘"做单位，如年息 5 厘是指 5%，月息 3 厘是指 3‰，日息 2 厘是指 2‱。

2. 名义利率与实际利率

在纸币流通的条件下，由于纸币代表的价值量随纸币数量的变化而变化，因此，当流通中纸币数量超过市场上的需要量时，单位纸币实际代表的价值量必然下降，于是就产生了纸币的名义价值与实际价值之分，进而也出现了名义利率与实际利率之分。

名义利率是指以名义货币表示的利息率，它没有涉及通货膨胀对债权人利息收入的影响。我们日常所接触的利率，就是名义利率。例如，我们说存款利率为 9%，这个利息就是名义利率。

实际利率是指名义利率剔除通货膨胀因素以后的真实利率，其计算公式如下：

$$实际利率 = 名义利率 - 通货膨胀率$$

例如，当名义利率为 9%，通货膨胀率为 2%，则实际利率为 7%。

人们通常最关心的是实际利率。当通货膨胀率很高时，实际利率将远远低于名义利率，若名义利率不能随通货膨胀率进行相应调整，人们储蓄积极性就会大大降低。

我国2008年1月居民消费物价指数高达7.1%，而同期1年期银行存款利率只有4.14%，扣除5%的个人所得税（俗称利息税）后只有3.933%，由此可见当月银行存款利率低于居民消费物价指数，实际利率为负数。实际上，自2007年3月到2008年1月1年期银行存款利率一直低于居民消费物价指数，这意味着居民的储蓄存款不仅没有给他们带来收入，就连本金的实际购买力也无法保证。这直接导致了银行存款向股市、房市、基金等市场的转移。

3. 固定利率与浮动利率

固定利率是指在整个借贷期间，利息率不作调整，不随市场利率的波动而改变，按贷款发放时规定的利率计算利息。

浮动利率是指在借贷期间内，可以依据市场利率定期调整的利率。调整的期限和依据，由借贷双方放贷时事先议定。

4. 市场利率与官定利率

市场利率是指利息率随市场资金供求关系变化而自发形成的利息率。西方发达国家的利率多采用市场利率。

官定利率是指由政府或中央银行颁布的利率，是国家实施宏观调控的重要的政策手段，又称之为法定利率。

官定利率的确定，应该以市场利率为基础，因此，官定利率不能和市场利率完全脱节。我国现阶段商业银行等金融机构的存贷款利率都是由中央银行统一制定并管理，属于官定利率。

三、决定和影响利率变化的因素

1. 平均利润率

这是决定利率总水平的基础性因素。因为利息来源于利润，因而利率总水平应介于零到平均利润率之间。高于平均利润率，意味着资金借入者无利可图；低于或等于零，意味着资金贷出者无利可图。

2. 借贷资金的供求状况

这是决定市场利率水平的直接因素。在市场经济下，市场利率是起主导作用的利率。当借贷资金供过于求时，市场利率就会呈现下降的趋势；当借贷资金供不应求时，市场利率就会呈现上升的趋势；资金供求相等决定的利率是均衡利率。

3. 国家经济政策

利率作为国家调控经济的杠杆，国家会根据经济发展状况，制定经济政策，以提息、降息的作法治理通货膨胀和通货紧缩；以规定利率高限的方式实施对利率、物价及其他经济活动的管理。

4. 物价水平

物价与名义利率之间存在互动的联系。在物价水平上升后，名义利率就会因通货膨胀补偿的增加而随之上升；反之，物价水平下降后，名义利率就会因通货膨胀补偿的减少而随之下降。

5. 汇率水平

汇率变动会影响外汇收支变化，导致国内资金市场供求关系发生变化，从而影响利率水平。

6. 国际利率水平

在开放经济条件下，本币利率与国际利率存在相关性。对一国来说，国际利率水平若高于本币利率水平，会刺激资本外流，增加套汇、逃汇的活动，基础货币回笼，货币供给量减少，本币利率呈现上升压力；反之则相反。

四、利率的计算

利息的计算有两种基本方法：单利计算法和复利计算法。

1. 单利计算法

单利计息是指在计算利息额时，不论期限长短，仅按本金计算利息，所生利息不再加入本金重复计算利息。其计算公式如下：

$$I = P \times R \times D$$

其中：I代表利息额；P代表本金；R代表利息率；D代表时间

实例9-1

某人借款10 000元，月息率为6‰，借款期限为2年。试计算到期时借款人应支付的利息。

实例详解

到期时借款人应支付的利息为：

$I = P \times R \times D = 10\ 000 \times 6‰ \times 24 = 1\ 440$（元）

2. 复利计算法

复利是单利的对称。复利计息是指在计算利息时，要按一定期限（例如一年），将所生利息加入本金再计算利息，逐期滚算，俗称"利滚利"。其计算公式如下：

$$S = P(1 + R)^n$$
$$I = S - P$$

其中：S代表本息合计；n代表期数；I、P、R与上式相同。

实例9-2

某人借款10 000元，年利率为7.2%，两年到期后归还（期数为2），则这笔贷款的利息是多少？

实例详解

这笔贷款的利息为：

$S = P(1 + R)^n = 10\ 000 \times (1 + 7.2\%)^2 = 11\ 492$（元）

$I = S - P = 11\ 492 - 10\ 000 = 1\ 492$（元）

用单利计算利息，手续简便；易于计算借款成本；有利于减轻借款者的利息负担。用复利计算利息，有利于提高资金的时间观念，有利于发挥利息杠杆的调节作用和提高社会资金的使用效益。

第三节　金融工具及其创新 *

一、金融工具的概念和特征

1. 金融工具的概念

金融工具是指能够证明金融交易的数额、期限、价格的书面凭证，对债权债务双方所应承担的义务与享有的权利都有法律的约束力，又称信用工具。由于金融工具的存在，信用渠道更加顺畅，信用行为更加规范化，信用关系更加扩大和深化，从而推动以信用经济为特征的商品经济更加发展。

2. 金融工具的特征

金融工具有以下几个基本特征：

(1) 偿还性

偿还性是指各种金融工具（股票除外）一般都载明到期偿还的义务和期限。偿还期限决定了债务人所借资金可使用时间的长短。不同的金融工具偿还期限也有长有短。

(2) 流动性

①流动性的概念　流动性是指金融工具可以转让流通并且有随时转变为现金的能力，也称可转让性。

在金融市场上，金融工具的持有人可随时将金融工具出售以获取现金。凡能随时出售而换回现金的金融工具，说明流动性较强；反之，在短期内不易脱手出售的金融工具，则说明流动性较差。

②流动性与偿还期、信用能力和收益率之间的数量关系　流动性与偿还期成反比。一般地说，偿还期越长流动性越差。

流动性与债务人信用能力成正比。即债务人的资信等级越高，流动性越强。

流动性和收益率成反向变动关系。债权人关心金融工具的流动性，其流动性越大，越受欢迎。然而，流动性强的金融工具，其收益率往往越低，钞票的流动性最强，但其收益率为零。所以债权人一般要在流动性与收益率之间进行权衡。

(3) 风险性

①风险性的概念　风险性是指购买金融工具的本金是否会遭受损失的风险。

②本金受损的风险类型　本金受损的风险有两类：

一是信用风险，即债务人不履行合约，不按期归还本金的风险。这类风险的大小取决于债务人的信誉和经营状况。如政府债券比企业债券的信用风险要低得多。

二是市场风险。有些金融工具的市场价格是经常变化的，如股票、债券，如果市价下跌，就意味着投资者的金融资产贬值，例如：1987 年 10 月 19 日，纽约股市的 5 000 家上市公司的股票全体下跌，造成一亿七八千万股东在一天中就损失财产 5 000 亿美元，人们称这一天为"黑色星期一"。

(4) 收益性

收益性是指投资于金融工具能给投资者带来收益的能力。一般而言，收益性与流动性、风险性成反比。

二、金融工具的种类

在现代经济社会里，金融工具种类繁多，分类的方法也各异。金融工具可按不同的标准进行分类。按信用关系存续时间的长短划分，信用工具分为短期信用工具和长期信用工具。

1. 短期信用工具

短期信用工具是指提供信用的有效期限在一年或一年以内的信用凭证。它具有较强的流动性，可以像纸币一样，作为流通手段和支付手段在市场上流通。它包括商业票据、银行票据、支票、信用证、信用卡、大额可转让定期存单和短期债券等。

(1) 商业票据

商业票据是指在发生商业信用时立下的凭证，记载商业信用产生的债权债务关系。

商业票据特征是：作为商业信用的产物，凭此到期收回赊销商品的价款；票据上要载明名称、金额、付款人、支付日期等内容；票据经确认不是伪造的，付款人不得以任何理由或借口拒付；票据经背书后可以转让、流通。在票据允许转让、流通的情况下，为保障收款人的利益，规定票据转让时应由转让人在票据背后签字，即背书人与出票人同样要对票据的支付负责。商业票据除可以流通之外，持票人还可以用未到期的票据向银行办理贴现。

(2) 银行票据

银行票据是指由银行签发或由银行承担付款义务的票据。主要有银行本票和银行汇票两种。

银行本票是指付款人将款项交存银行，由银行签发向同城收款人无条件支付款项或兑取现金的票据。

银行汇票是指付款人将款项交存银行，由银行签发向异地收款人无条件支付款项的票据。

(3) 支票

支票是指活期存款户向银行开出的，从其账户支付给持票人或指定人一定金额的票据。其特点是：在银行信用基础上产生，以存款为依据；有效期短，见票即付；签发支票金额，以余额或约定的透支额为限。在商品交易或债务清偿中，运用支票进行货币结算，可以减少现金流通量，节约流通费用。由于支票是在银行信用的基础上产生的，其付款人是银行，比商业票据具有更好的信用保证，因而，支票有着更为广泛的使用范围。

(4) 信用卡

信用卡是指银行或企业对具有一定信用的顾客发行的提供短期消费信用的凭证。其特点是：先购物后结算，先消费后付款，可向银行透支。信用卡一方面大大减少了现金和支票流通，扩大了银行业务，增加银行收益；另一方面扩大了商品销售量，有利于鼓励消费并刺激生产。

2. 长期信用工具

长期信用工具是指信用期限在一年以上的各种有价证券，包括：股票、债券等。

(1) 股票的概念

股票是指股份有限公司在筹集资本时向出资人发行的股份凭证。股票代表着其持有者

（即股东）对股份公司的所有权。同一类别的每一份股票所代表的公司所有权是相等的。每个股东所拥有的公司所有权份额的大小，取决于其持有的股票数量占公司总股本的比重。股票一般可以通过买卖方式有偿转让，股东能通过股票转让收回其投资，但不能要求公司返还其出资。

(2) 股票的种类

按不同的划分标准，股票可以分为不同的种类。

①按股东权利的不同划分　可以分为普通股和优先股。优先股是指股东有优先于普通股分红和优先于普通股的资产索偿权利。优先股的股息收益通常是事先确定的，按固定比率领取股息。所以优先股的风险低，收入稳定。与此相对应，优先股享有的权利范围小于普通股，这表现在优先股股东没有选举和被选举权，对公司的重大经营事件也无投票权。操纵股份公司的实际上是持有普通股的股东。

②按股票是否记名划分　可分为记名股票和不记名股票。记名股票须将股东姓名记载于股票和股东名册上，其转让要到公司办理过户手续。不记名股票则不记载承购人的姓名，可以任意转让，但对不记名股票的发行往往有限制性的规定。

③按股票是否载明金额划分　可将股票分为面额股票和无面额股票。面额股票是指票面上记载着金额的股票，股票持有者可以根据自己所持股票的面额总值和公司发行股票的面额总值来确定自己在该公司所占的股份比例，以及所拥有的股权大小。无面额股票是指在票面上不载明金额，只标明每股占资本总额的比例的股票。

(3) 债券的概念

债券是指债务人为筹集资金，承诺按一定利率和一定日期支付利息，并在特定日期偿还本金的书面债务凭证。债券是一种标准化的证券，其面额、利率、利息支付日期和次数，以及到期日在其发行中都有规定。这种标准化证券，有利于筹资者在短期内筹集到巨额资金和投资者在交易市场上流通转让。

(4) 债券的种类

①按债券的发行登记方式划分　可分为记名债券和不记名债券两种。记名债券在发行时必须将债权人的姓名登记在借款人或其代理机构的账户上，利息由债务人的代理机构通过支票或汇款方式支付。在偿付本金时，必须有债权人背书。不记名债券在发行时，债权人无须登记，本金和利息都是到期见票即付。

②按债券按筹资主体不同划分　可分为政府债券、企业债券和金融债券。

政府债券是指由政府及政府所属机构发行的债券，又称国债。这类债券以政府信用为担保，信用度高，风险小。国债按照发行区域的不同，分为内债和外债，国内发行的债券叫内债；国外发行的债券叫外债。

小资料 9-5

在政府债券市场上，主要的借款人有中央政府、政府机构和地方政府。以美国为例，美国政府发行的中长期国债约占债务总额的80%以上。除了联邦政府外，一些联邦政府机构也可以发行债券。发行这些债券的机构有两类：联邦政府机构和直属企事业单位。美国的州和地方政府发行的债券被称作为市政债券。

企业债券是指企业为筹集资金而发行的债务凭证，又称公司债券。发行债券的企业承诺在指定时间按票面规定还本付息。企业发行债券可以用不动产或动产作抵押，也可由第三者作担保，或单凭企业的资信度，企业债券风险较大，故利率也比较高。

金融债券是指银行或其他金融机构作为债务人发行的借债凭证。其发行额度须经中央银行批准，发行方式一般为在金融机构的营业点公开出售，期限为一至五年不等，利率略高于同等期限的定期存款。

图表9-3

债券和股票不同点对比表

	债　券	股　票
性质	一种债权凭证，到期可收回本金和利息	一种所有权凭证，持有者对发行企业拥有股权
持有人权利	持有人无权参与企业的经营决策	持有人拥有选举权，能通过选举董事行使对企业的经营决策权和监督权
偿还期	有偿还期	不用偿还，无期限
收益	有固定利息	一般视企业经营情况分红，风险很大

三、金融创新的概念及其产生原因

1. 金融创新的概念

金融创新是指金融业务创新、金融市场创新及政府对金融业监管方式创新的总和。狭义的金融创新是指金融工具的创新；广义的金融创新是指为了适应经济发展需要，而创造新的金融市场、金融商品、金融制度、金融机构、金融工具、金融手段及金融调节方式。

2. 金融创新产生的原因

进入20世纪70年代以来，方兴未艾的金融创新以前所未有的态势席卷了各国金融业，不仅对金融业务本身产生了巨大的影响，而且对金融体系的各个领域也形成极大的挑战。其产生的原因主要有三方面：

(1) 追求利润最大化

在金融环境发生变化时，金融业就要设法突破原有的限制，打破原有的均衡状态，以追求最大的利润。成功的金融创新，具有相对稳定性，当促成某项创新的最初动因消失后，这项结果依然存在，并不断发展。

(2) 商品经济的发展

在商品经济的发展过程中，随着货币信用化程度不断提高，金融创新应运而生。如进入70年代以来的储蓄证券化、金融衍生商品市场迅速发展等的产生都属于现代金融创新。

(3) 市场经济与金融业的发展

金融创新的产生可以说是市场经济与金融业发展到一定程度的必然结果。

四、金融创新的内容

金融创新的内容非常广泛，从总体上看，金融创新可分为两大类：

1. 主动性金融创新

主动性金融创新是指在主动状态下，为追求最大的投资效益和取得更大发展所采取的开拓性、战略性措施，主要有以下形式：

(1) 金融发明

金融发明是指创造出一种全新的，至少是任何金融业经营者都还没有采用的经营形式，如金融衍生工具市场，创造出一种全新的金融经营活动方式。主要包括金融期货、期权和互换。

小知识9-2

金融期货：它是指交易双方在将来某一特定日期，以预先确定的价格对某种特定的通货期货，利率期货和股价指数期货等进行购入或出售的交易方式。

期权：它是指交易双方在特定日期（欧式期权）或在一特定日期之前（美式期权）以预先确定的价格购买或出售某种基础资产的权利。它包括：通货期权、利率期权、股价指数期权。

互换：它是指交易双方依据预先约定的规则，在一段时间内交换利率、资产等的交易。它包括通货互换、利率互换、基础互换、远期互换以及期权互换等。

---

(2) 金融拓展

金融拓展是指金融业经营方式多样化、机构多元化。在负债方面，银行主动发行各种具有吸引力的筹资工具，获得预期的资金来源；在资产方面，实行股份制、证券化，银行资产流动性提高，盈利性增强；在业务方面，许多银行已改变了其原始的以经营存放款业务为主的观点，大力发展各种表外业务。

(3) 金融模仿

金融模仿是指实施一种模仿策略，就具体经营活动方式来讲，是一种行业的经营活动方式模仿另一种行业的经营活动方式。即"拿来主义"式的创新，如：银行的股份制、商业化，其本源都来源于企业和商业的管理模式。

(4) 金融改革

金融改革是指金融工具、组织体系或管理方式、经营行为的局部改革，它并不创造全新的金融工具或经营形式，金融改革并没有改变原经营形式的本质，只是在形式上、方法上和工具上有了很大改变。

小资料9-5

美国在1972年通过了《麦克菲尔登法》，禁止银行跨州设立分支机构，使其形成了世界上独特的"单一银行制"。几十年来，"单行制"使美国银行数量达一万多家，银行市场的竞争激烈，80%以上的是资产不足5 000美元的小银行，这些小银行的盈利和效率较低，每年都有数以百计的小银行倒闭。经过长期的演变，目前美国商业银行的"单行制"也已出现解体，向"分行制"改革。

财税金融

2. 被动性金融创新

被动性金融创新是指在被动状态下，为求得生存和发展而采取的适应性、对策性的措施。

(1) 避开管制

金融企业经常采取新的措施或启用新的手段，避开现行金融制度的限制。

(2) 绕开法律

这种金融创新是钻法制不完善的空子，以合法的名义进行在现行管制下被认为是"非法"的业务活动。

(3) 合作经营

这种金融创新是金融企业利用其他金融机构经营范围，以迂回交叉方式，绕开现行的金融管制，扩大经营。

(4) 逃避税制

金融业由于其经营具有的风险性大，而且它对整个宏观经济会产生巨大影响，所以金融业所受的管制也最多。如银行为了避税而大力发展各种可免税或减税的业务，离岸金融业务迅速扩大，离岸金融中心纷纷建立，促成国际金融市场不断扩大，为新的金融业务和新的金融工具提供了运用的场所。

小知识 9-3

离岸金融市场是指以非居民为交易主体，资金来源于所在国的非居民或国外的外币资金的国际金融市场的一种。离岸金融市场基本不受所在国的金融监管机构的管制，并可享受税收方面的优惠待遇，资金自由出入境，主要经营境外货币。

小思考 9-1

如何认识企业之间的"三角债"问题？

★★★★★ **本章学习路径** ★★★★★

本章包括三方面内容：一、信用概述；二、利息和利息率；三、金融工具及其创新。

财
税
金
融

```
                  ┌─ 信用的概念——偿还和付息
一、信用概述 ──┼─ 信用的产生和发展
                  └─ 信用的形式——商业信用、银行信用、国家信用、消费信用

                  ┌─ 利息的本质
                  │                    ┌─ 年利率、月利率、日利率
                  │                    ├─ 名义利率和实际利率
                  ├─ 利率及种类 ──┼─ 固定利率和浮动利率
                  │                    └─ 市场利率和官定利率
                  │                                    ┌─ 平均利润率
二、利息和利息率──┤                                    ├─ 借贷资金的供求状况
                  │                                    ├─ 国家经济政策
                  ├─ 决定和影响利率变化的因素 ──┼─ 物价水平
                  │                                    ├─ 汇率水平
                  │                                    └─ 国际利率水平
                  │
                  └─ 利率的计算 ──┬─ 单利计算法
                                   └─ 复利计算法

                                   ┌─ 偿还性
                  ┌─ 金融工具的概念和特征 ──┼─ 流动性
                  │                          └─ 风险性
                  │
三、金融工具及其创新──┼─ 金融工具的种类 ──┬─ 短期金融工具
                  │                          └─ 长期金融工具
                  ├─ 金融创新的概念及其产生原因
                  └─ 金融创新的内容 ──┬─ 主动性金融创新
                                       └─ 被动性金融创新
```

实训题

一、填空题

1. 信用是以_____和_____为基本特征的借贷行为，在不同的社会体现不同的_____。

2. 商业信用就是工商企业之间以_____或_____方式对销售、购买商品提供的信用。

3. 银行本票是指付款人将款项交存银行，由银行签发向_____收款人无条件支付款项或兑取现金的票据。银行汇票是指付款人将款项交存银行，由银行签发向_____收款人无条件支付款项的票据。

4. 金融工具具有_____、_____、_____和_____等基本特征。

5. 狭义的金融创新是指_____的创新。

二、单选题

（　　）1. 高利贷信用最显著的特征是 _____。

A. 剥削性　　　　B. 高利率　　　　C. 实物借贷　　　　D. 非经营性的用途

（　　）2. 商业信用的借贷物是 _____。

A. 货币资本　　　　　　　　B. 既有货币资本又有商品资本

C. 商品资本　　　　　　　　D. 银行资本

（　　）3. 消费信用提供的贷款用于 _____。

A. 销售方面　　　　B. 消费方面　　　　C. 生产方面　　　　D. 流通方面

（　　）4. 以下属于长期信用工具的是 _____。

A. 银行票据　　　　B. 支票　　　　C. 债券　　　　D. 商业票据

（　　）5. 剔除通货膨胀因素的利率是指 _____。

A. 名义利率　　　　B. 实际利率　　　　C. 官定利率　　　　D. 浮动利率

三、多选题

（　　）1. 利息的基本计息方法有 _____。

A. 单利计息法　　　　B. 复利计息法　　　　C. 保值计息法　　　　D. 定期计息法

（　　）2. 在一般情况下，利息率 _____。

A. 不能超过平均利润率　　　　　　B. 不能等于零

C. 不能低于零　　　　　　　　　　D. 可以超过平均利润率

四、判断改错题

（　　）1. 在我国习惯上把月息 3‰ 称作 3 厘，把日息 2‰ 称作 2 钱。

（　　）2. 利率只能在平均利润率和零之间波动。

（　　）3. 利息来源于剩余价值（利润），因此可以是利润的一部分，也可以是利润的全部。

（　　）4. 国家信用就是国家（政府）以债权人身份借助于债券筹集资金的一种信用形式。

（　　）5. 当通货膨胀率很高时，实际利率也将远远高于名义利率。

复习思考题

1. 试分析高利贷信用的特点。

2. 我国现阶段如何认识和对待高利贷信用？

3. 试比较信用的几种形式的特点。

4. 影响和决定利率的因素有哪些？

5. 试举例说明单利计息和复利计息。

6. 试分析股票与债券的相同点和不同点。

第十章　通货膨胀和通货紧缩

【学习目标】

通过本章的学习，了解通货膨胀和通货紧缩的概念；掌握通货膨胀和通货紧缩的衡量标准、类型及它们对社会经济的影响；知道几种治理通货膨胀和通货紧缩的方法。

第一节　通货膨胀

一、通货膨胀的概念及衡量标准

1. 通货膨胀的概念

通货膨胀是指在纸币流通的条件下，由于货币供应量过多，超过流通中对货币的客观需要量，导致货币贬值，从而引起物价水平普遍持续上涨的经济现象。

小资料10-1

在中国历史上自古至今曾出现过多次通货膨胀的记录，近现代史上更是出现过一次纸币通货膨胀最为严重的情况。1948年8月20日国民党政府为了作垂死挣扎发行了金圆券。此券由中央银行发行。企业及个人持有的金银外币限期兑换金圆券，违者没收。金圆券发行限额为20亿，发行准备必须有40%为金、银、外汇。

金圆券表面上是金汇兑本位制，实际上是一个骗局，因为黄金收归国有，外汇不能买卖。相反，国民党政府借发行金圆券大规模掠夺了人民手中的金银外汇。据统计，从1948年8月23日到10月31日，中央银行收兑的金银外汇约合2亿美元。

金圆券原定限额发行，但不到3个月，即1948年11月底已发行33.94亿。于是宣布取消限额，此后发行额直线上升，到1949年4月上海解放前夕，已达51612.40亿。与此同时，金圆券面额的发行从一元一直到五十万、一百万。物价也一日数涨。上海当时一商店曾一日改换商品标价达16次之多。各地发生抢购风潮，暗地则以银元交易。1948年8月到1949年5月，金圆券的发行增长了307124.3倍，同期上海物价上涨了6441361.5倍。金圆券仅发行9个月，就变成了废纸，这在世界货币史上是罕见的。国民党政府12年中从全国人民手中掠夺去了150亿银元。随着金圆券的垮台，国民党也被中国人民解放军赶出了大陆。

2. 通货膨胀的衡量标准

一般情况而言，通货膨胀表现为物价水平的上涨，因此，衡量通货膨胀严重程度的指标通常采用各种物价指数。世界各国较为流行的物价指数一般有消费者价格指数、生产者价格指数和国民生产总值平减指数。

(1) 消费者价格指数(CPI)

消费者价格指数是指根据居民消费的具有代表性的商品和劳务的价格变动状况而编制的，它主要反映与人们生活直接相关的生活消费品和服务价格的变动。

图表 10-1

2007 年 1–12 月居民消费物价指数（CPI）

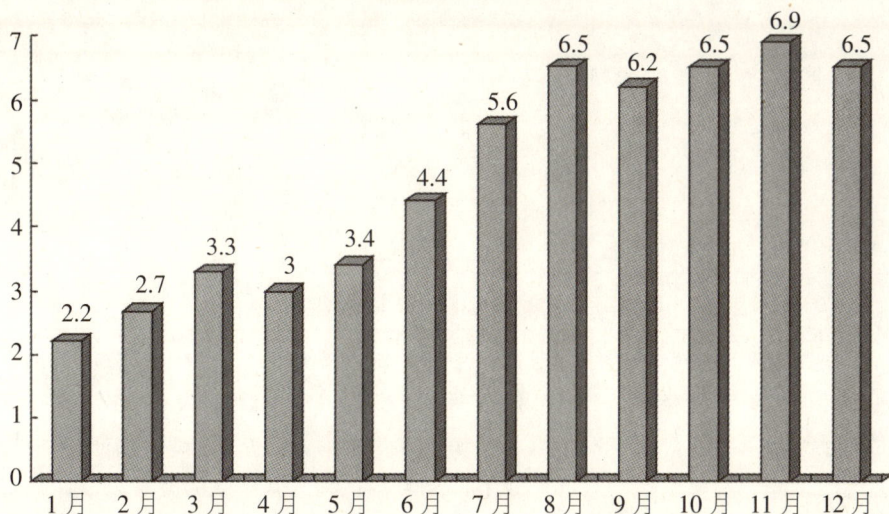

(2) 生产者价格指数 (PPI)

生产者价格指数是指根据企业而不是消费者所购买的商品价格变动状况而编制的。它反映了包括原材料、中间产品及最终产品在内的各种商品的批发价格的变化。

(3) 国民生产总值平减指数 (GNP Deflator)

国民生产总值平减指数是指按当年价格计算的国民生产总值与按不变价格计算的国民生产总值的比率。它是一个综合反映一国各种最终产品价格变动状况的指标。

二、通货膨胀的类型

通货膨胀按照不同的分类方法，可以分为各种不同的类型：

1. 按照通货膨胀的程度分类

(1) 温和的通货膨胀

温和的通货膨胀又称爬行的通货膨胀或不知不觉的通货膨胀。这种类型的通货膨胀发展缓慢，短期内不易察觉，但持续时间很长。

(2) 恶性通货膨胀

恶性通货膨胀又称极度通货膨胀、奔驰的通货膨胀或无法控制的通货膨胀。这种类型通货膨胀的特点是价格飞速上升，货币贬值达到天文数字，正常的经济活动日趋紊乱，最后导致整个货币制度的崩溃。

小资料 10-2

　　第一次世界大战后，1923 年的德国，一个月物价上涨数十倍，最后，马克只等于原来价值的一万亿分之一。第二次世界大战后的旧中国，出现了自 1937 年至 1949 年长达十二年之久的恶性通货膨胀，货币发行量超过千亿倍，物价指数上升超过万亿倍。巴西 1986 年通货膨胀率达 234%，1989 年更猛升至 1765%。

（3）快步或小跑式的通货膨胀

这种类型的通货膨胀，由于物价上涨幅度大，导致人们不愿保存纸币，尽可能地储存实物，以避免遭受损失。

2. 按照通货膨胀的表现形式分类

（1）隐蔽的通货膨胀

隐蔽的通货膨胀又称压制性通货膨胀或被遏制的通货膨胀。这种类型的通货膨胀的特点是为了保持物价平稳，国家对物价进行管理或冻结，对某些商品进行补贴。

小资料10-3

在我国实行计划经济体制时期，商品的价格是由计划决定的，而不是由市场供求决定的。出现通货膨胀时，商品价格不敢上涨，但很多商品呈现供不应求甚至有价无货。对于紧张商品，国家实行限量供应。在黑市上，这些紧张商品依照其供求情况价格迅猛上升，因此，在实行计划经济体制时期，我国是隐蔽的通货膨胀，物价指数并不反映真实的通货膨胀程度。

（2）公开的通货膨胀

公开的通货膨胀又称开放式的通货膨胀。这类通货膨胀的特点是商品价格呈开放性，随市场供求自由涨落，只要出现通货膨胀，其价格水平明显上升。因此，物价指数的变化能反映通货膨胀的程度。

3. 根据通货膨胀产生的原因分类

（1）需求拉上型的通货膨胀

如果政府实行赤字财政政策，刺激投资，就会使商品和劳务的总需求不断增长。当劳动力充分就业，资源被充分利用的情况下，社会总需求的增大不能再引起社会总供给的增加。当政府的财政赤字支出、公众的投资支出和消费支出所构成的社会总需求，超过在劳动力充分就业、机器设备等资源充分利用情况下所构成的社会总供给时，会引起物价上涨，出现通货膨胀。

（2）成本推动型通货膨胀

这种类型的通货膨胀，其根源在于社会总供给的变化，而不是社会总需求的变化，在商品和劳务的需求不变的情况下，因生产成本的提高而推动物价上涨。

（3）结构型通货膨胀

与上述两种通货膨胀不同，它不是由总量因素引起的，而是由于国民经济结构比例失调造成供求关系失调，从而引起物价的全面上涨。

三、通货膨胀对社会经济的影响

通货膨胀对经济发展究竟是利大还是弊大，需要作具体分析。一些国家用通货膨胀作为缓和经济危机的措施。为了缓解经济危机，采取的措施是：举办公共工程，减少税收，降低利率，扩大对工商业的贷款，增加消费信贷。这时通货膨胀在初期确实对经济增长起了一定的刺激作用。不仅如此，更重要的是政府可通过物价上涨、税收增加而增加财政收入，通过增发纸币、纸币贬值筹集发展资金。

但通货膨胀对经济增长的刺激作用是递减的。随着通货膨胀的深化，通货膨胀对国民经济的发展由促进最终将导致破坏。通货膨胀引起国民收入的再分配。工人、职员、店员由于工资的提高慢于商品价格的提高，实际工资下降，生活更加恶化。通货膨胀导致投资率下降，影响产业结构、产品结构的合理配置，打乱了正常的商品流通，不利于企业加强经营管理，引起金融领域混乱，物价上涨率超过利息率，存款出现负利率，会引发居民挤提存款，抢购商品以保值，损害政府威信，使政局不稳。因此，世界各国的经验表明，从长期看，通货膨胀不利于经济的发展，不利于政治安定。

四、抑制通货膨胀的对策

通货膨胀不仅是发达国家政府面临的一个头痛问题，也是众多发展中国家经常遭遇的一个棘手问题。为了抑制和治理通货膨胀，许多国家都采取过不同的对策，每种政策在特定的条件下，对治理通货膨胀都起到一定的效果，但各项政策也都有一定的副作用，所以各国政府往往交替使用或搭配使用这些政策措施：

1. 货币政策

在通货膨胀的情况下，中央银行往往实施限制性的货币政策，即适当地拧紧货币水龙头，控制货币供给量，我国习惯上称之为抽紧银根。一般借助于在公开市场上出售政府债券，以减少经济体系中的货币量；提高贴现率和再贴现率，以紧缩信贷规模；提高法定准备率，以缩小货币扩张倍数。

小资料10-4

2007年我国物价水平出现了结构性上涨，为了防止出现全面的物价上涨，我国2007年分别于3月18日、5月19日、7月21日、8月22日和9月15日五次提高利率，金融机构1年期人民币存款利率目前已经达到3.87%，1年期人民币贷款基准利率目前达到7.29%。2007年中国人民银行分别于1月15日、2月25日、4月16日、5月15日、6月5日、8月15日、9月25日、10月25日和11月26日每次将法定存款准备金率上调0.5个百分点，使得法定存款准备金率从年初的9%提高到13.5%。2007年12月25日中国人民银行将法定存款准备金率上调1个百分点，2007年央行10次调高金融机构法定存款准备金率后，法定存款准备金率已达到14.5%。2008年1月16日，中国人民银行宣布自2008年1月25日起，法定存款准备金率再上调0.5个百分点，至此，这一数字已调升到15%，再创中国自1984年设立存款准备金制度以来的新高，明确释放出货币政策从紧的信号。

2. 财政政策

实施限制性的财政政策，通过控制财政收支口子，来抑制社会总需求和通货膨胀。包括支出政策和税收政策两部分。

3. 收入政策

收入政策即用紧缩收入的方法去治理成本推动型通货膨胀。主要内容是对工资和物价实行管制，如限制工资、物价增长在一定水平上，或以积极方法限制工资和物价的上涨。在通货膨胀严重时可采用冻结工资、物价的方法抑制其发展。

4. 供给政策

供给政策即以减税的方法刺激投资，刺激产出，缓和过多的货币追求；与过少的商品的矛盾，以抑制通货膨胀。

第二节　通货紧缩 *

多少年来，通货膨胀困扰着世界很多国家，但近年来，一些国家又出现了通货紧缩，同样使这些国家受到了困扰。

一、通货紧缩的概念

通货紧缩是指价格总水平的持续下降。从造成物价下跌的因素看，通货紧缩可分为狭义的通货紧缩和广义的通货紧缩。狭义的通货紧缩是指由于货币供应量的减少或货币供应量的增幅滞后于生产增长的幅度，以致引起对商品和劳务的总需求小于总供给，从而导致物价总水平下降的现象。广义的通货紧缩是指随着市场经济秩序的建立和市场开放程度的提高，生产力的发展带来商品和劳务的丰富、新技术普及和运用的加快，因而使商品和劳务价格下降的压力不断增大，形成物价普遍下降的现象。

小资料 10-5

通货紧缩在人类历史史上曾经发生了多次，几次比较典型的通货紧缩主要有英国经济史上的两次通货紧缩，1929～1933年世界资本主义经济危机，日本20世纪90年代的通货紧缩。在历次通货紧缩中，没有一次像20世纪30年代资本主义经济危机中那样严重和广泛的。30年代的资本主义危机是资本主义世界历史上最持久、最深刻的一次危机，通货紧缩所显示出来的破坏性令人震惊。20年代资本主义的快速发展，给人们带来了资本主义黄金时期的假象。这一阶段的投资空前高涨，逐渐演变为泡沫经济和投机狂潮，纽约证券交易所从1925年1月到1929年10月，上市股票从4.43亿股增加到10亿股以上，股票市值比票面价值高出3～20倍，"黑色星期二"的到来打破了经济黄金时期的神话，企业资产大幅缩水导致的企业债务拖欠进而大批破产，银行不良资产迅速上升，公众挤兑与流动性约束使得银行纷纷倒闭，银行体系与货币信用制度的崩溃，使通货紧缩的形势愈演愈烈。

二、通货紧缩的类型及成因

1. 通货紧缩的类型

由于划分的标准不一样，通货紧缩的类型也就有几种分类：

(1) 按持续时间的长短划分

按照持续时间的长短不同将其划分为长期性通货紧缩（持续期在10年以上）和短期性通货紧缩（持续期在10年以下）。

（2）按物价与经济增长之间关系划分

按物价与经济增长之间关系的不同将其划分为伴随着经济增长的通货紧缩和伴随着经济衰退的通货紧缩。

（3）按通货紧缩产生的成因划分

按通货紧缩产生的成因不同将其划分为：因科技突破、工艺改造、交通运输系统改善、管制解除、竞争加剧、原料和进口品价格下降等因素促成的成本抑制型通货紧缩和因收入及预期的减少、资本边际效率下降、突然的金融危机等原因导致需求不足而造成的需求抑制型通货紧缩。

（4）按通货紧缩的影响划分

按通货紧缩的影响不同将其划分为：会使总产出水平提高的无害型通货紧缩（又可称之为温和型或技术进步型通货紧缩）和危害型通货紧缩。后者往往是由于生产能力过剩和需求低迷所致的，表现为实际产出与潜在产出水平之间的产出缺口越来越大。

2. 通货紧缩的成因

综观世界各国的历史，通货紧缩产生的原因主要是：

（1）客观经济

社会总供给大于总需求是导致一个国家出现通货紧缩的主要原因。

（2）产业结构

一些国家的产业结构不合理，使得一部分低水平的产品出现过剩，而高新技术产品则发展不足，在居民的需求层次提高的情况下，出现结构性生产过剩，过剩产品价格下降。

（3）经济政策

世界各国的实践说明，过度紧缩的财政政策和货币政策确实导致通货紧缩的出现。

（4）心理预期

当企业对经济发展前景失去信心，认为经营效益难以保证，会缩减投资。当居民预期未来支出将要增加，而收入的增加将减缓，也会缩减消费，增加储蓄。在投资和消费需求缩减的情况下，会加大生产能力和商品的过剩，加剧社会总供求的不均衡，导致价格下降，加剧通货紧缩。

（5）国外经济

随着经济全球化的发展，一个国家经济上出现问题也会波及到与其经济联系紧密的其他国家。

小资料10-6

1997年亚洲金融危机，出现金融危机的国家经济衰退，货币贬值，国内需求减少，商品以低廉的价格进入国际市场。而中国则保持人民币不贬值，导致出口减少，进口商品价格下降，加大了中国国内商品供大于求的矛盾，加剧了中国的通货紧缩。

三、通货紧缩对社会经济的影响

不论是通货膨胀还是通货紧缩，都会造成巨大的损害。但对财富的生产，前者具有过度刺激作用，而后者具有阻碍作用，在这一点上，通货紧缩更具危害性。

通货紧缩最直接的后果就是商品销售困难，库存积压，工厂开工不足，失业率上升，物价下降。通货紧缩可以引起收入的再分配，它有利于固定工资收入者，而不利于生产者，有利于债权人而不利于债务人。通货紧缩时期，为了促进生产、促进投资、促进消费，中央银行会降低利率，利率的降低将大量资金推向股票市场和债券市场，会导致股票市场债券市场的活跃。而随着通货紧缩程度的加深，直至严重的情况下，商品销售困难，库存积压严重，工厂停产半停产，企业亏损，银行贷款难以归还，银行不良债权增加，一旦银行资不抵债，引起存款人的恐慌心理，出现挤提存款，最终将导致银行倒闭。

四、治理通货紧缩的对策

治理通货紧缩主要应从增加需求入手，包括增加投资需求、消费需求和出口需求。具体对策主要有：

1. 实施适度宽松的财政政策

主要是扩大财政开支，兴办公共工程，增加财政赤字，减免税收。

2. 实施适度宽松的货币政策

主要是下调法定存款准备金率，甚至实行零准备金率，下调利率，增加贷款，包括消费信贷、出口信贷、住房信贷等，与此同时中央银行增加再贴现——再贷款，以增加商业银行提供贷款的能力，通过增加贷款增加货币供应量。

小资料10-7

为扩大内需，支持经济增长，1996年以来经过连续八次降息，我国利率水平已处于历史较低。一次次降息，打破多年来在百姓的头脑中根深蒂固形成的投资观念，把庞大的居民储蓄"挤出"银行。虽然由于大多数的中国老百姓仍然怀有"有钱不用存银行，以备不时之需"的心态使得银行储蓄总额在八次降息的情况下仍有所增加，但无论如何历史上的降息特别是减少了企业的贷款利息支出，对刺激国内需求和投资增长发挥积极作用，成为启动内需的主要手段。

---

3. 降低本国货币汇率

主要是有利于出口，促进出口的增加。

4. 推动产业结构调整

利用经济紧缩时期生产力过剩、价格下跌的时机，促进企业重组，以调整产业结构和产品结构，调整资源配置，消除过剩生产能力。

5. 提高居民收入水平

在经济力量允许的情况下，要做到居民收入能够稳定增加，增强居民对未来收入的预期和信心，以增加居民的消费需求。

小思考10-1

钢材、有色金属、煤油电价明显涨了，服务项目价格也悄悄地涨了，如今连农副产品价格也跟着涨了……伴随我国经济步入新一轮景气周期，主要物价指数正"蠢蠢欲动"。物价上升离通货膨胀可能很远，也可能只有一步之遥。如何看待当前的价格上扬？这是刚刚走出通缩所出现的低度物价上涨，还是宏观政策应该打压的通货膨胀？

本章包括二方面内容：一、通货膨胀；二、通货紧缩。

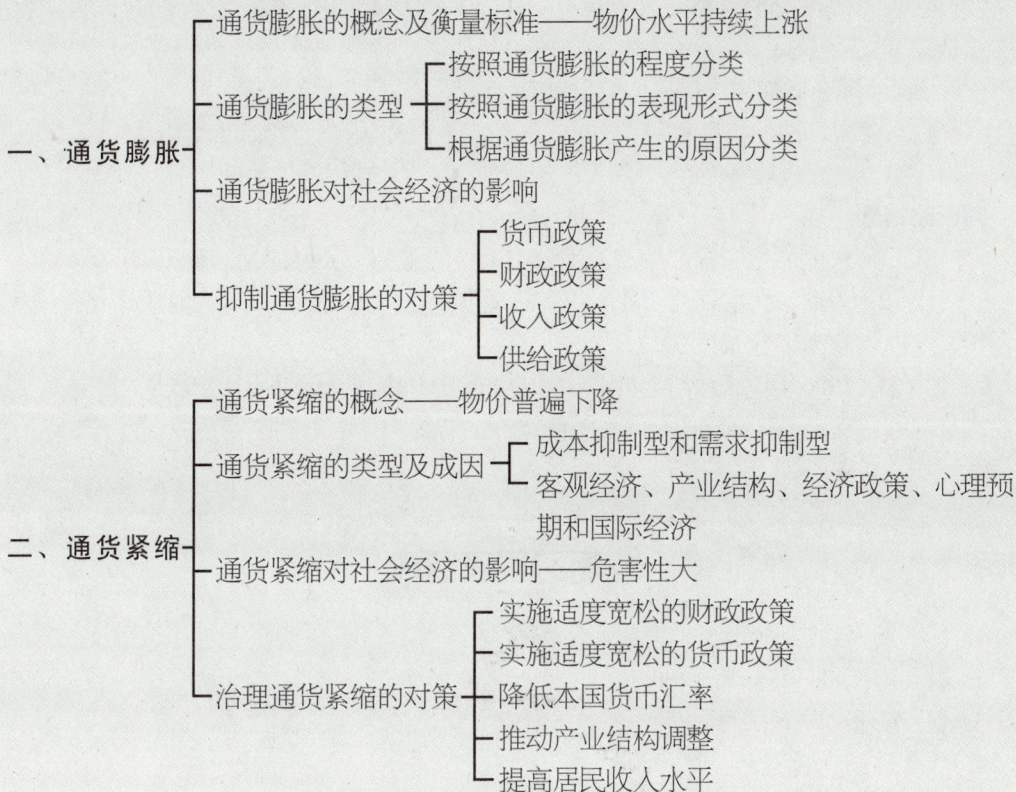

一、通货膨胀
- 通货膨胀的概念及衡量标准——物价水平持续上涨
- 通货膨胀的类型
  - 按照通货膨胀的程度分类
  - 按照通货膨胀的表现形式分类
  - 根据通货膨胀产生的原因分类
- 通货膨胀对社会经济的影响
- 抑制通货膨胀的对策
  - 货币政策
  - 财政政策
  - 收入政策
  - 供给政策

二、通货紧缩
- 通货紧缩的概念——物价普遍下降
- 通货紧缩的类型及成因
  - 成本抑制型和需求抑制型
  - 客观经济、产业结构、经济政策、心理预期和国际经济
- 通货紧缩对社会经济的影响——危害性大
- 治理通货紧缩的对策
  - 实施适度宽松的财政政策
  - 实施适度宽松的货币政策
  - 降低本国货币汇率
  - 推动产业结构调整
  - 提高居民收入水平

实训题

一、填空题

1. 通货膨胀是指在纸币流通的条件下，由于货币供应量过多，超过流通中对货币的_____，导致货币_____，从而引起物价水平普遍_____的经济现象。

2. 按照通货膨胀的程度分类为_____、_____、_____的通货膨胀。

3. 按照通货膨胀的表现形式分类为_____和_____的通货膨胀。

4. 通货紧缩多指价格总水平的_____。

5. 治理通货紧缩主要应从_____入手，包括增加_____需求、_____需求和_____需求。

二、单选题

( )　1. 由于需求的不断增长超过总供给的增加所导致通货膨胀是_____通货膨胀。

　　　A. 成本型　　　　B. 需求型　　　　C. 混合型　　　　D. 结构型

( )　2. 通货膨胀引起的物价上涨是_____。

　　　A. 个别商品的物价上涨　　　　B. 短期性物价上涨

财税金融

C. 季节性物价上涨   D. 一般物价水平持续普遍上涨

( ) 3. 以下属于可治理通货紧缩的对策的有 _____。

A. 实施限制性的货币政策   B. 实施适度宽松的财政政策

C. 实施紧缩型收入政策   D. 实施减税等供给政策

三、多选题

( ) 治理通货膨胀，可采取的措施有 _____。

A. 限制性的货币政策   B. 限制性的财政政策

C. 收入政策   D. 减税等供给政策

四、判断改错题

( ) 1. 根据通货膨胀产生的原因分类为：隐蔽的和公开的通货膨胀。

( ) 2. 为抑制和治理通货膨胀可实施适度宽松的财政政策，扩大财政开支，兴办公共工程，增加财政赤字；减免税收。

( ) 3. 1996年以来经过连续八次降息，我国利率水平已处于历史较低。降息减少了企业的贷款利息支出，刺激国内需求和投资增长，成为启动内需的主要手段，可有效地治理通货紧缩。

复习思考题

1. 什么是通货膨胀？

2. 应如何衡量通货膨胀？

3. 通货膨胀的成因有哪些？

4. 什么是通货紧缩？

5. 试比较通货膨胀和通货紧缩对社会经济的影响。

第十一章　金融市场

【学习目标】

通过本章的学习，了解金融市场的概念与特征、构成要素、类型及其功能；掌握几种主要的货币市场和资本市场的概念，如银行同业拆借市场、贴现市场、股票市场和债券市场。

第一节　金融市场概述

一、金融市场的概念与特征

金融市场是指以金融资产为交易对象,按照等价交换的原则和供求规律自愿进行交易的场所或行为。金融市场有狭义与广义之分。狭义的金融市场是指不包括存贷款市场的金融市场(一般专指有价证券市场,如股票和债券的发行和流通),广义的金融市场是指包括所有直接融资和间接融资活动的金融市场。

金融市场和其他市场一样,都从事商品交易活动,但是金融市场和普通商品市场不同,有着其自身的特征:

1. 金融市场是以金融资产为交易对象

一般市场是以商品作为交易对象,而金融市场则是以货币资金、有价证券、金银和外汇等金融资产作为交易对象。

2. 金融市场是一种无形市场

一般的市场都具有相对固定的场所,而金融市场交易的场所大部分情况下是无形市场,金融资产交易一般通过电话、传真、电子计算机进行交易,只要讲清价格(或利率),并且双方都可以接受,就能通过银行转帐实现,不必看货拍板。因此,它可以说是一个无形的网络,金融资产及资金可以在其中迅速转移。在现实世界中,大部分的金融资产交易均在无形市场上进行。

3. 金融市场参与者之间体现为一种借贷关系或委托关系

一般的市场参与者之间的关系,是单纯的买卖关系,以直接购买和销售为主;而在金融市场,参与者之间体现的是借贷关系和委托代理关系,是以信用为基础的资金的使用权和所有权的暂时分离或有条件的让渡。

二、金融市场的构成要素

金融市场的构成要素包括交易对象、交易主体、交易工具和交易价格。

1. 交易对象

金融市场的交易对象是货币资金。无论是直接融资,还是间接融资,其根本目的在于将货币资金从盈余部门向赤字部门转移。但与商品交易不同,金融交易大部分只表现为货币资金使用权的转移,而商品交易则表现为商品所有权和使用权的同时转移。

2. 交易主体

金融市场的交易主体包括企业、政府、金融机构和居民。

3. 交易工具

金融市场的交易工具即金融工具,是金融市场交易的直接交易对象,是金融市场的客体。金融工具就其实质来说,是资金的载体,它本身并没有价值,而是代表一定资金数额的凭证。对于资金提供者来说,它是债权凭证或资产所有权的证明,对于资金需求者来说,它体现为债务的凭证或承认持有者资产所有权的凭证。因此,金融市场对金融工具的交易,实质是资金所有权和债权的转移或再确定。

4. 交易价格

金融市场的交易价格是利率。各种金融市场均有自己的利率，这些利率之间有着密切的联系。

三、金融市场的类型

根据不同的划分标准可以将金融市场进行多种分类：

根据资金的融通期限，可以将金融市场划分为货币市场和资本市场。货币市场的融资期限在一年以内，资本市场的融资期限在一年以上。

根据金融交易的程序，可以将金融市场划分为发行市场和流通市场。发行市场也称一级市场，是票据和证券等金融工具最初发行的场所；流通市场也称二级市场，是已发行的票据和证券等金融工具转让买卖的场所。发行市场和流通市场互相依存。没有发行市场，就不可能有流通市场。同时，发行市场的规模、结构直接制约着流通市场的范围和构成。发行市场越发达，对流通市场的要求越高。

根据金融交易的交割时间，可以将金融市场分为现货市场和期货市场。现货市场是指金融商品的买卖双方成交后，在当日或三个工作日内进行交割的交易市场。期货市场是指买卖双方在成交后某约定的时间进行交割的交易市场。

图表 11-1

金融市场的分类

按交易中	直接金融市场
	间接金融市场
按交易期	货币市场
	资本市场
按交易程序划分	发行市场（初级市场）
	流通市场（次级市场）
按交易对象划分	同业拆借市场
	票据贴现市场
	定期大额存单市场
	证券市场（债券市场、股票市场）
	黄金、外汇市场
	保险市场
按交易存在的场地划分	有形市场
	无形市场
按交易地域划分	国内金融市场
	国际金融市场
按交割时间划分	现货市场
	期货市场
按衍生产品的次序划分	传统金融产品市场
	衍生金融产品市场

财
税
金
融

四、金融市场的功能

1. 聚集资金，提高资金使用效率

金融市场一方面为资金供求者提供了直接见面的机会，另一方面创造了大量的金融工具，为人们进行多种形式的储蓄或金融投资创造了有利的条件，吸引资金供给者适时地供给资金，促进了资金聚集。同时金融市场的存在，便利了金融交易，降低了融资成本，提高了资金使用效益，有利于加速资金周转，节约资金，使较少的资金为较多的生产和流通服务。

2. 优化资源配置

金融市场作为资金自由融通的市场，能够引导资金从资金利润率比较低的部门向资金利润率比较高的部门流动，如证券市场上的资金大部分都会流向"绩优股"。

3. 宏观调控的指示器和调控的中间环节

在金融市场上，资金的供求决定其利率水平，金融市场利率水平的升降，就成为社会资金供求状况的最灵敏的指示器。同时，金融市场还是国家实施宏观调控政策的中间环节，国家调控金融市场上的资金供求关系，通过金融市场的传导作用，将国家宏观调控的指令传达到国民经济的各个部门。

第二节　货币市场

货币市场是指短期资金市场，主要从事一年或一年以内的短期资金的融通活动。相对于资本市场来说，货币市场工具具有安全性高、流动性强的特点，它们极易在短时间内变现。另外，货币市场是一种批发市场，由于交易额极大，周转速度快，一般投资者难以涉足，所以货币市场上活动的主要参与者是商业银行、中央银行、大公司、财政部和各级政府部门等机构。

一、银行同业拆借市场

银行同业拆借市场是指金融机构（除中央银行外）之间相互借贷短期资金的市场。

银行同业拆借市场主要表现为银行同业之间买卖在中央银行的存款账户上的准备金余额，用以调剂准备金头寸的余缺。银行在每天的业务经营中，由于存款、放款的变化，汇款的收支以及现金库存增减等原因，必然会在一日营业终了，出现资金收支不平衡的情况。某些金融机构收大于支，另一些金融机构支大于收。资金暂时多余者，必须设法贷出去，否则不能更多地盈利；资金暂时不足者，必须设法弥补，否则不能平衡头寸，于是就需要在金融机构间进行短期的资金相互拆款。资金不足者从资金多余者借入款项，称为拆借；资金多余者向资金不足者拆出款项，称为拆放。

小知识 11-1

头寸，是中国传统的商业、金融用语，意思是指款项。如果银行当日全部收入款项大于付出的款项，称"多头寸"；付出款项大于收入款项，称"缺头寸"；对头寸多缺进行预计，叫"轧头寸"。

银行同业拆借市场的交易是典型的短期资金交易，期限通常在7个营业日之内，多为隔夜交易。同时它对资金供求状况十分敏感，利率变动频繁，直接反映了准备金的供求状况，间接反映了银行借贷、市场银根和整个经济的状况，因此，它被中央银行当作反映货币市场情况的"晴雨表"。

小资料 11-1

我国同业拆借市场萌芽于1984年。1986年1月，国务院颁布《中华人民共和国银行管理暂行条例》，规定专业银行之间可以进行资金拆借，从法规上第一次为我国同业拆借的开展提供了依据。

1986年3月1日，中国人民银行成立了全国统一的同业拆借市场——全国同业拆借交易系统，并于4月1日正式实行，它标志着我国同业拆借市场进入崭新的规模化发展阶段。

1996年6月1日起，中国人民银行宣布全面放开同业拆借市场利率，不再实行上限管理的直接控制方式，由拆借双方根据市场资金供求状况，自行确定同业拆借利率。

二、贴现市场

贴现是指票据持有人为了取得现款，将尚未到期的各种信用票据向银行或其他贴现机构换取现金，同时按照贴现利率扣除从贴现日至票据到期日的利息。

通过贴现，急需资金的持票人以其持有的未到期票据向银行兑取现款，银行根据票面金额和既定的贴现率，计算出自贴现日起至到期日止的贴现利息并从票面金额中扣除，将余额支付给持票人；票据到期时，由银行向票据付款人按票面金额索回款项。票据贴现从表面上看是一种票据转让行为，其实质是短期资金的融通。

贴现利息和贴现金额的计算公式如下：

$$贴现利息 = 票面金额 \times 贴现率 \times 贴现日至到期日时间$$
$$贴现金额 = 票面金额 - 贴现利息$$

实例 11-1

例如：票面金额为10 000元的商业票据，3个月后到期，贴现率为年利率5%，持票人如果向银行贴现，则银行需扣除贴现利息是多少？

实例详解

银行需扣除贴现利息为：

125元（10 000×5%×3÷12），付给持票人现款9 875元（10 000－125）。

票据贴现市场分为三部分：一是银行和客户间的直贴市场；二是银行间的转贴现市场；三是银行和央行间的再贴现市场。

小资料 11-2

在我国，贴现业务起步于改革以来，近年的发展较为迅速。1996年全国商业银行累计办理贴现1995亿元，较上一年增长了94%。随着票据规模的扩大和银行资产业务多样化改革的推进，贴现市场将会有一个可观的发展。

三、其他货币市场

1. 大额可转让定期存单市场

大额可转让定期存单是指由银行发行的规定一定期限,可在市场上流通转让的定期存款凭证。

与普通银行定期存单相比,这种存单有如下几方面的特点:面额固定,可流通转让,利率相对较高。由于其安全性、流动性、收益性较好,并且面额较大(如美国以10万美元~100万美元居多),通常受到企业等机构投资者的青睐。大额可转让定期存单的期限档次一般为3个月~18个月,其中以3个月和6个月最典型。

小资料11-3

在我国,商业银行的大额可转让定期存单业务是从1986年开始的,最初由交通银行和中国银行发行。1986年后,其他商业银行也相继办理此项业务。当时,投资者主要是个人,面额为5万元及其整数倍,期限有1个月、3个月、6个月、9个月和1年,不分段计息,逾期不计利息。由于种种原因,大额可转让定期存单在我国的发展非常缓慢,1996年12月14日这项业务被取消。

2. 回购协议市场

回购协议是指在出售一笔证券的同时签订协议,在次日或约定日期,以出售价格加若干利息,购回该笔证券。所以,回购协议在表面上看是一笔证券买卖业务,而实质是以证券为抵押品的短期资金融通,通过回购协议融资的市场称为回购协议市场。

银行使用回购协议,实质上是以政府证券作抵押在货币市场筹集短期资金。银行可以从有多余资金的非金融机构、政府和证券公司等处得到短期借款。由于回购协议期限短、风险小、使用方便,因而被银行广泛使用。无论是在西方国家还是在我国,国债都是主要的回购交易对象。近年来定期存单、商业票据等都有回购协议形式。

小资料11-4

中国国债回购业务的运行试点始于1991年。但至目前为止,中国还没有统一的国债回购市场。一般来讲,这个市场至少有三种形式:一是上海证券交易所和深圳证券交易所市场;二是各地证券交易中心(如天津、武汉、大连)的市场;三是银行间国债回购市场。

第三节　资本市场

资本市场是指期限在一年以上的各种融资活动组成的中长期资金市场,主要满足工商企业的中长期投资需求和政府弥补财政赤字的资金需要。相对于货币市场而言,资本市场具有偿还期长、流动性小、风险大、资金用途多为长期等特点。这一领域主要包括证券市场，证券市场又可分为股票市场和债券市场。

一、股票市场

1. 股票市场

股票市场是股票发行和交易的场所。

(1) 根据市场的功能划分，股票市场可分为发行市场和流通市场

①股票发行市场　发行市场是指通过发行股票进行筹资活动的市场，它又称为"一级市场"。按股票的发行对象不同分为公募发行和私募发行方式。公募发行方式是指股份公司向社会非特定的投资者发售股票的方式。股份公司通过公告的方式，在社会上广泛地募集股东，只要愿意出资，就可以认购公司的股票。私募发行方式是指股份公司向社会特定的投资者发售股票的方式。股份公司不通过公告的方式，而在私下募集股东。

②股票流通市场　流通市场是指已发行股票进行转让的市场，又称"二级市场"。流通市场一方面为股票持有者提供随时变现的机会，另一方面又为新的投资者提供投资机会。与发行市场的一次性行为不同，在流通市场上股票可以不断地进行交易。

(2) 根据市场的组织形式划分，股票市场可分为场内交易市场和场外交易市场

股票场内交易市场是指股票集中交易的场所，即股票交易所。在许多国家，交易所是股票交易的唯一场所。但在西方发达国家，也有大量的股票交易是在场外市场进行的。在我国，1990 年底，上海证券交易所正式成立，次年深圳证券交易所也开始试营业。

股票场外交易市场是指在股票交易所以外的各证券交易机构柜台上进行的股票交易市场，所以也叫做柜台交易市场。随着通讯技术的发展，一些国家出现了有组织的、并通过现代化通信与电脑网络进行交易的场外交易市场，如美国的全美证券商协会自动报价系统（NASDAQ）。由于我国的证券市场还不成熟，目前还不具备发展场外交易市场的条件。

2. 股票的市场价格与股价指数

(1) 股票的市场价格

股票的市场价格是指股票在流通市场上的成交价格。从理论上讲，股票的市场价格为：预期每股收益除以市场利率得出的结果。但实际上，股票的市场价格还取决于诸多因素，诸如资金供求关系、产业周期变化、宏观经济政策、心理因素等。

(2) 股价指数

股价指数是指运用统计学中的指数方法编制而成的，它是反映股市总体价格或某类股价变动和走势的指标。

根据股价指数反映的价格走势所涵盖的范围，可以将股价指数划分为反映整个市场走势的综合性指数和反映某一行业或某一类股票价格走势的分类指数。

图表 11-2

世界上几种重要的股价指数

道·琼斯股价指数	由美国道·琼斯公司计算和发布	美国历史上最悠久的股票价格指数
《金融时报》股价指数	由英国伦敦《金融时报》编制发表	反映伦敦证券交易所工业和其他行业的股票价格变动的几种指数的总称
日经股价指数	由日本经济新闻社编制并公布	反映日本股票市场价格变动的股票价格平均数
香港恒生股价指数	由香港恒生银行编制	反映香港股票市场价格变动的指数，也是香港股票市场上历史最悠久、影响最大的一种股价指数

小资料 11-5

反映我国股票市场的行情变动的指数主要有四种。上证综合指数是上海证券交易所编制的，综合反映上交所全部 A 股、B 股上市股票的股价走势。上证 30 指数是上海证券交易所编制的一种成份指数，是综合反映上海证券交易所全部上市 A 股的股价走势。深圳综合指数是深圳证券交易所编制的，综合反映深交所全部 A 股、B 股上市股票的股价走势。深圳成份股指数是深圳证券交易所编制的一种成份股指数，综合反映深交所上市 A 股、B 股的股价走势。

二、债券市场

债券市场是发行和买卖债券的场所。

债券发行市场是指发行单位初次出售新债券的市场，又称为一级市场。债券发行市场的作用是将政府及工商企业等为筹集资金向社会发行的债券，分散发行到投资者手中。

债券流通市场是指已发行债券买卖转让的市场，又称为二级市场。债券一经认购，即确立了一定期限的债权债务关系。但通过债券流通市场，投资者可以转让债权，把债券变现。

小资料 11-6

我国的债券市场尤其是政府债券市场的发展非常迅速。1981年，我国首次发行国库券，此后又相继发行国家重点建设债券、特种国债等多种政府债券，期限为 3 年、5 年、10 年不等。我国目前已发行的国债可以分为两类：一类是可以上市流通的国债，主要通过银行间债券市场和上海、深圳交易所的国债市场发行和流通；另一类是对社会公众发行的凭证式国债，它不能在市场上出售转让，没有流通性。债券持有者需要变现时可以向原银行要求提前兑付，并承担相应的提前兑付的损失，具有限定条件的变现性。

★★★★★ **本章学习路径** ★★★★★

本章包括三方面内容：一、金融市场概述；二、货币市场；三、资本市场。

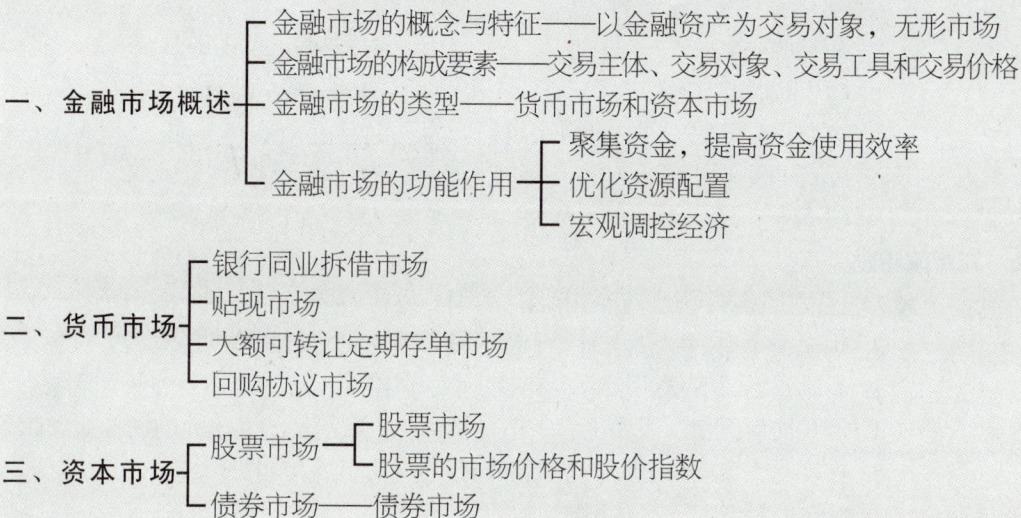

一、金融市场概述
- 金融市场的概念与特征——以金融资产为交易对象，无形市场
- 金融市场的构成要素——交易主体、交易对象、交易工具和交易价格
- 金融市场的类型——货币市场和资本市场
- 金融市场的功能作用
  - 聚集资金，提高资金使用效率
  - 优化资源配置
  - 宏观调控经济

二、货币市场
- 银行同业拆借市场
- 贴现市场
- 大额可转让定期存单市场
- 回购协议市场

三、资本市场
- 股票市场
  - 股票市场
  - 股票的市场价格和股价指数
- 债券市场——债券市场

实训题

一、填空题

1. 金融市场是指以_____为交易对象，按照_____的原则和供求规律自愿进行交易的_____。

2. 金融市场的构成要素有_____、_____、_____和_____。

3. 根据金融交易的程序，可以将金融市场分为_____和_____。

4. 银行同业拆借市场是指_____之间相互借贷短期资金的市场。

5. 债券按筹资主体不同划分为_____、_____和_____。

二、单选题

（　　）1. 同业拆借的特点不包括_____。
  A. 短期   B. 流动性强
  C. 以信用拆借为主   D. 期限以一年为主

（　　）2. 对于回购协议操作，说法错误的是_____。
  A. 协议卖出方是资金的需求方   B. 协议买入方是资金的需求方

C. 表面是买卖行为，实际是融资行为   D. 是融通短期资金的行为

（　　）3. 我国最早发行大额可转让定期存单的银行是 _____。

A. 工商银行　　　B. 农业银行　　　C. 人民银行　　　D. 交通银行

（　　）4. 以下不属于货币市场的特点的是 _____。

A. 是一种批发市场　B. 交易额极大　　C. 周转速度快　　D. 风险大

（　　）5. 如果银行当日付出款项大于收入款项，在我国习惯上称 _____。

A. 多头寸　　　　　B. 缺头寸　　　　C. 轧头寸　　　　D. 头寸

三、多选题

（　　）1. 以下属于货币市场的是 _____。

A. 股票市场　　　　　　　　　　B. 票据承兑市场

C. 回购协议市场　　　　　　　　D. 票据贴现市场

（　　）2. 按交易对象的不同，金融市场可分为 _____。

A. 票据贴现市场　　　　　　　　B. 外汇市场

C. 黄金市场　　　　　　　　　　D. 同业拆借市场

四、判断改错题

（　　）1. 已发行债券买卖转让的市场称为债券发行市场又称为"一级市场"。

（　　）2. 优先股享有的权利范围大于普通股，因为它有对公司的经营权。

（　　）3. 货币市场具有偿还期短、流动性小、风险大、资金用途多为长期等特点。

（　　）4. 回购协议无论从表面上看，还是从实质上看都是一笔单纯的证券买卖业务。

（　　）5. 按交易交割时间划分，金融市场分为现货市场和期货市场。

复习思考题

1. 什么是金融市场？
2. 金融市场的构成要素有哪些？
3. 回购协议市场的概念和特点是什么？
4. 什么是公募发行？什么是私募发行？
5. 简述股票的发行市场和流通市场。

第十二章 金融机构体系

【学习目标】

通过本章的学习，了解金融机构的概念和分类，了解商业银行以外的其他金融机构的业务；掌握中央银行的职能和业务，掌握商业银行的职能、业务和经营的一般原则；弄清金融机构体系，弄清中央银行的类型。

第一节　金融机构体系概述

一、金融机构的概念和分类

1. 金融机构的概念

金融机构是指专门从事各种金融活动的法人机构，是金融活动的运作主体。

2. 金融机构的分类

(1) 按金融机构活动的领域划分

金融机构按活动的领域分，可分为直接金融机构和间接金融机构。

①直接金融机构　直接金融机构是指活跃于证券市场上为筹资者和投资者牵线搭桥，提供策划、咨询、承销、经纪、登记、保管、清算、资信评级等一系列相关配套服务的中介机构，如：各种证券经营公司。

②间接金融机构　间接金融机构是指活动于间接金融领域，在最初的资金提供者和最终的资金使用者之间进行债权债务转换的中介机构，如：商业银行是最典型的间接金融机构。

(2) 按金融机构的职能作用划分

金融机构按职能作用分，可分为中央银行（或其他一些专业金融领域的监管机构，如证监会之类）与一般金融机构。

中央银行承担宏观金融调控、进行金融监管的重任，自然不以盈利为目的；一般金融机构则是商业化经营，通过向社会提供各种金融产品和服务取得收入。显然在市场经济条件下绝大部分金融机构都属于此类型。而纵观当今各个国家，大都建立了以中央银行为核心，商业银行为主体，多种金融机构并存的二级金融制度。

(3) 按金融机构业务特征划分

金融机构按业务特征分，可分为银行与非银行金融机构。

①银行机构　银行机构是指包括中央银行、商业银行、专业银行和政策性银行等金融机构。

②非银行机构　非银行机构是指除了以上银行金融机构以外的其他金融机构，如：证券公司或投资银行、保险银行、信托投资公司、金融租赁公司、财务公司、基金组织等金融组织。

划分银行与非银行金融机构的基本标准是区分两者的本源业务，以经营货币存贷业务为本源业务的金融机构一般归为银行金融机构，而以经营货币存贷业务以外的金融业务，如保险、证券、信托、租赁等为本源业务的金融机构则归为非银行金融机构。这样划分虽不十分准确，却是世界上一种普遍认同的分法，这种分类有利于在现实生活中对两类金融机构进行不同的管理。

二、金融机构体系

金融机构体系是指由众多金融机构构成的整体。在现代社会中，大多有一个与经济发展水平相适应的多样而复杂的金融机构体系，它对整个社会经济的运行与发展起着独特而无以替代的作用。由于从不同的角度可以对金融机构进行不同的分类，因此从不同的角度可以描述相对不同的金融机构体系，这些从不同角度描述出来的金融机构体系，可以满足不同的需要：

1. 从所有制角度进行的描述

根据不同金融机构的不同所有制形式，对金融机构进行划分，则一国境内的金融机构体系是由国家所有制金融机构、集体所有制金融机构、私人所有制金融机构、股份制金融机构、外资（合资）制金融机构共同构成的综合体系。

2. 从规模角度进行的描述

根据不同的金融机构的资本金数额和在此基础上形成的经营规模，可将金融机构体系看作是大、中、小三种类型的金融机构的综合体。不同金融机构的不同资本金和经营规模决定了它们在社会经济生活中所处的不同地位和可能产生的作用的大小。因此，根据金融机构的资本金和经营规模对金融体系分类，便于金融管理当局了解金融现状并相应地采取不同的管理政策和措施实施监管。

3. 从业务活动范围角度进行的描述

金融机构的分类可以根据其业务特征和业务活动范围的不同来进行，这种分类是最常见的，也是最重要的，因此以业务特征和业务活动范围所作的描述是最基本的现代金融机构体系。根据宏观金融管理的要求和国家规定的各类金融机构业务活动的范围，一国的金融机构体系包括银行机构和非银行机构，具体如下：

图表 12-1

金融机构体系图表

金融机构体系	银行机构	中央银行	
		商业银行	股份制商业银行
			国有商业银行
			私人商业银行
		专业性银行	储蓄银行
			投资银行
			消费信贷银行
			不动产抵押银行
			外汇银行
		政策性银行	开发银行
			农业发展银行
			进出口银行
		外资银行机构	

财税金融

	保险公司
非银行机构	证券公司
	信托投资公司
	金融租赁公司
	信用合作机构
	财务公司
	基金管理公司
	邮政储蓄机构
	其他非银行金融机构
	外资非银行金融机构

第二节 中央银行

一、中央银行的产生与发展

1. 中央银行的产生

中央银行的产生最早可追溯至瑞典银行。该行成立于 1656 年，由私人创立，于 1668 年改组为国家银行。该行是最早拥有银行券发行权的银行，但直到 1897 年该行才垄断瑞典的货币发行权，其发行的货币才成为法偿货币，并逐渐演变为中央银行。

如果以集中货币发行权作为衡量中央银行成立的标志，则公认的现代中央银行的始祖是英国的英格兰银行。该行成立于 1694 年，是在政府帮助下成立的私人股份制银行。1833 年，国会通过法案规定英格兰银行发行的货币为全国唯一的法偿货币。1844 年，国会通过《皮尔条例》限制其他银行的货币发行权，英格兰银行开始逐渐垄断全国的货币发行，并于 1928 年成为英国唯一的发行银行。随后，该行又逐渐取得清算银行和"银行的银行"的地位，这样基本具备了现代中央银行的功能。

随着英国的中央银行的建立，其他国家也相继建立起中央银行。1920 年，在比利时首都布鲁塞尔召开的国际金融会议提出，凡未设中央银行的国家应尽快建立中央银行。布鲁塞尔会议推进了中央银行制度的建立，自此，主要的西方国家都建立了中央银行。

2. 中央银行的发展

从最早的中央银行的产生到 21 世纪的今天，中央银行经历了不断发展壮大的漫长过程，大致可以将它分成三个阶段：

(1) 中央银行的初创时期

中央银行的初创时期是指从最早中央银行产生起，到 1913 年美国联邦储备体系建立为止。在这一时期，世界上约 28 家中央银行成立，除了瑞典、英国、美国等国的中央银行外，还有法兰西银行（1800 年）、荷兰国家银行（1814 年）、挪威银行（1816 年）、意大利银行（1859 年）等。这一时期的中央银行具有以下几个共同的特点如集中货币发行权；既有中央

财税金融

银行的某些性质，又兼营商业银行的业务，是中央银行和商业银行的混合体；职能不完善。

(2) 中央银行的快速发展时期

中央银行的快速发展时期是指从1913年美国联邦储备体系建立起，到第二次世界大战结束为止。此时期是中央银行史上发展最快的一个时期。世界各国改组或新设立的中央银行有43家，典型的有：原苏联国家银行（1921年）、澳洲联邦银行（1924年）、中国中央银行（1928年）、加拿大银行（1935年）等。这一时期中央银行主要有以下特点如具备相当的独立性；肩负金融监督、管理和调控宏观经济的职能，存款准备金制度得以确立。

(3) 中央银行的强化时期

中央银行的强化时期是指从第二次世界大战后到现在。这一时期，改组、重建和新建的中央银行共计50多家，典型的有朝鲜中央银行（1946年）、中国人民银行（1948年）、韩国银行（1950年）、巴西中央银行（1965年）等。这一时期，中央银行产生了一些新的特点，如：实行国有化政策并加强国家控制；专门行使中央银行职能；中央银行已成为国家干预和调节经济的重要工具；中央银行的国际合作加强。

二、中央银行的类型

按中央银行的组织制度即中央银行的存在状态来分，中央银行概括起来有以下四种类型：

1. 单一式的中央银行

单一式的中央银行制度是指在一个国家内只设立一家中央银行，这一中央银行单独执行"发行的银行"、"银行的银行"和"政府的银行"等全部中央银行职能的组织形式。中央银行根据需要下设若干分支机构，形成由总行、分支行组成的高度集中的中央银行制度。

采取单一式中央银行制度的大都是高度集权的国家，其特点是权力集中、职能齐全，在总行的领导下，通过各分支机构办理各种具体业务，可以保证中央银行货币政策执行的一致性和连续性，有利于政府对中央银行的控制与操纵。目前世界上大多数国家都实行这种类型的中央银行制度，如英国、法国、意大利等，中国人民银行也属于这一类型。

图表12-2

中国人民银行总行及其分支机构

中国人民银行总行	总行营业管理部
	重庆营业管理部
	天津分行
	沈阳分行
	上海分行
	南京分行
	济南分行
	武汉分行
	广州分行
	成都分行
	西安分行

财税金融

2. 二元式的中央银行

　　二元式的中央银行制度是指在中央和地方分别设立两级相对独立的中央银行机构的组织形式。根据规定，中央和地方两级分别行使中央银行职权，中央级机构是最高权力机构或管理机构，地方级机构不是中央级机构的分支机构，而是具有较大独立性的地方中央银行，但要接受中央级机构的监督和指导。实行二元式中央银行制度的国家，一般都是实行联邦制的国家，如：美国、德国、前南斯拉夫等国。

　　二元式中央银行制度有时也称之为联邦式的中央银行制度。其优点是有利于充分发挥各级中央银行的作用，不足之处在于权力和职能相对分散，由于各州自身利益的存在，在货币政策上很难达到一致。

3. 跨国式的中央银行

　　跨国式中央银行制度是指几个国家共同组成一个货币联盟，各成员国不设本国的中央银行，而由货币联盟执行中央银行职能的制度。组成跨国中央银行的国家，大部分是经济不发达的发展中国家，参加国地域上相邻，在贸易方面与某一经济发达国家有密切联系，希望本国货币能与该发达国家的货币保持固定比价，促进经济发展，防止本国通货膨胀，简化组织机构。

4. 准中央银行

　　准中央银行制度就是指一国或地区内还没有建立或不设专业化的、职能完善的中央银行，而是由几个部分行使中央银行职能的类似中央银行的机构共同形成该国或该地区的中央银行体系的组织形式。如：新加坡、香港、沙特阿拉伯、马尔代夫、斐济等国家或地区。其中新加坡是实行准中央银行制度最典型的国家，其中央银行职能分别由国家货币委员会和金融管理局这两家类似中央银行的机构共同行使。

三、中央银行的职能

1. 按照中央银行在社会经济中的地位划分

(1) 中央银行是发行的银行

中央银行是发行的银行是指它拥有发行银行券的特权，负责全国本位币的发行，并通过调控货币流通，稳定币值。

(2) 中央银行是银行的银行

中央银行是银行的银行是指中央银行是商业银行的银行，它主要同商业银行发生业务关系，集中商业银行的准备金并对它们提供信用。中央银行同商业银行的业务往来主要有以下几方面：集中商业银行的存款准备；办理商业银行间的清算；对商业银行发放贷款等。

(3) 中央银行是政府的银行

中央银行是政府的银行是指中央银行代表国家贯彻执行财政金融政策，代为管理财政收支。其具体任务是代理国库；对国家提供信贷；在国际关系中，代表国家与外国金融机构与国际金融机构建立业务联系，处理各种国际金融事务。

由于中央银行是政府的银行，所以不论它的组织形式是国有的、私人股份的或国家与私人合营的，其管理权实际上是掌握在政府手中，处于国家监督之下，是国家机构的一个组成部分。

2. 按照中央银行的性质划分

(1) 调节职能

调节职能是指中央银行通过制定和执行货币政策，运用各种金融手段，调节全社会的信用总量，即调节全社会的总需求和总供给，对全国货币、信用活动进行有目的地调控，影响和干预国家宏观经济，从而实现社会总供求的平衡。

(2) 管理职能

管理职能是指中央银行为维护全国金融体系的稳定和各项金融活动的正常运行，防止金融危机，对金融机构和金融市场的设置、业务活动和经营情况进行检查、指导、管理和控制。

(3) 服务职能

服务职能是指中央银行向政府、各金融机构提供资金融通、划拨清算、代理业务等方面的金融服务。

从以上职能可以看出，中央银行是不同于商业银行的特殊金融监督机构，在业务经营中，既要监管金融活动，又要推动金融业的发展，这就决定了它在金融体系中必然居于领导地位。其直接目标在于运用各种信用工具避免信用的过度膨胀或紧缩，稳定币值，促进经济的发展。

四、中央银行的业务

1. 中央银行的业务经营原则

(1) 不经营一般银行业务

中央银行只同商业银行发生业务关系，原则上不经营一般银行业务。中央银行是代表政府监管金融的特殊机构，在金融活动中具有各种特权，如：垄断货币发行、集中法定存款准备金、执行财政金融政策、代管财政收支、管理金融机构等。中央银行的这种特殊身份就决定了它不同一般金融机构进行竞争，否则，就无法实现其对金融的调节和控制，难以完成它所承担的根本任务。

(2) 不以盈利为目的

中央银行在业务经营中，由于其特殊的地位、拥有的特权和负有的特殊使命，决定其不能以盈利为目的。中央银行业务活动的一切出发点是为了实现其货币政策目标，而不能是追逐利润。

(3) 不支付存款利息

中央银行吸收的存款，包括财政金库存款、金融机构的准备金存款等。中央银行办理这些存款，主要是出于提供代理、清算服务，管理金融及调节经济的需要。因此，中央银行对存款一般不支付利息，如果中央银行支付利息，又可能会产生利益驱动，与非盈利目的相矛盾。

(4) 资产具有较大流动性

中央银行为了使货币资金能灵活调度，及时运用，必须保持本身的资产具有较大的流动性，不宜投放于长期性资产。

2. 中央银行的负债业务

(1) 货币发行业务

货币发行是指中央银行向中央银行体系以外提供现金钞票的行为，是中央银行最主要的负债业务。货币发行是中央银行对社会公众的负债，在中央银行资产负债表中以"发行货币"、"流通中现金"等科目反映出来。垄断货币发行权是现代中央银行享有的基本特权，是中央银行维护纸币的权威性和代表性，进行金融管理、调节货币流通的需要。

(2) 存款业务

中央银行的存款业务包括准备金存款（商业银行及其他金融机构按照中央银行的规定，从其吸收的存款中按一定比例提取存款准备金，作为存款支付的准备而缴存在中央银行所形成的中央银行对缴存者的存款负债）、政府存款、清算资金存款、其他存款业务（外国存款、特定的非金融机构存款、特种存款等）。

(3) 资本业务

作为自主经营业务的金融机构，中央银行也有一定的资本金，在资产负债表中以"资本金"或"自有资金"等科目反映出来。

(4) 其他负债业务

中央银行除了以上主要负债业务以外，还有发行中央银行债券、国际金融机构负债等。国际金融机构负债主要是中央银行对国际货币基金组织、世界银行、亚洲开发银行等国际性、区域性国际金融机构的借款。

3. 中央银行的资产业务

(1) 再贴现业务

再贴现业务是指商业银行将其以贴现方式得来的未到期票据向中央银行办理贴现，取得资金的行为。再贴现是相对贴现而言，商业银行遇到资金周转困难时，可将已经贴现的合格票据交给中央银行，要求给予再贴现，以此取得资金的融通。

(2) 贷款业务

中央银行的贷款业务主要有对商业银行等金融机构的贷款、对政府的贷款、对非存款金融机构的贷款等几种类型。

（3）证券买卖业务

各国中央银行都经营证券业务，其目的不在于盈利，而在于调剂资金供求，调节货币供应量。

（4）黄金、外汇等储备业务

集中管理黄金、外汇等国际储备资产，是各国中央银行的一项重要职能。

（5）其他资产业务

除了上述几项主要资产业务以外，还有一些其他资产业务。如中央银行的固定资产，中央银行在国际金融机构、国际金融组织的资产等。

4. 中央银行的清算业务

中央银行的清算业务是指各金融机构之间发生的资金往来和债权债务关系，通过其在中央银行开立的清算账户，进行划转结算的行为。

由中央银行为各金融机构开展清算业务，既能保证结算渠道的畅通，加速商品流通和资金周转，保证经济生活的正常运行，又能使中央银行从宏观上及时掌握社会资金及经济状态，为宏观调控提供依据。它主要包括票据同城交换结算和异地、跨行资金清算。

五、中央银行的金融监管

1. 金融监管的概念及基本原则

（1）金融监管的概念

金融监管是指一国政府为实现宏观经济目标，依据法律、法规对全国各商业银行及其他金融机构的金融活动进行决策、计划、协调、监督的约束过程。

（2）金融监管的原则

各国中央银行在进行金融监管时要遵守一定的原则：

①依法监管原则　依法监管原则包括所有金融机构都必须接受金融监管当局的监管，不能有例外；金融监管必须依法进行，以确保金融监管的权威性、严肃性、强制性和一贯性，以达到监管的有效性。

②适度竞争原则　适度竞争原则是指要做到管而不死，活而不乱。

③不干涉金融业内部管理原则　不干涉金融业内部管理原则要求只要金融业的活动符合金融法律法规的范围、种类和可承担的风险程度，并依法经营，中央银行就不应过多干涉。

④综合性管理原则　综合性管理原则是指各国金融监管当局都比较注重综合配套使用行政的、经济的和法律的管理手段，以及各种不同管理方式和管理技术手段进行监管。

⑤安全稳健与经济效益相结合的原则　安全稳健虽然是监管的重要内容，但并不是金融业存在与发展的最终目的，也不是金融监管的最终目的。金融业发展和金融监管的最终目的是促进社会经济持续稳定地发展。要达到这一目标，金融业必须具有较好的经济效益。因此效益原则具有重要的意义。

⑥金融监管机构一元化原则　金融监管的各级机构只有实行一元化，避免多元化，才能做到金融监管的原则、目的、体制、技术手段、管理口径和管理程度的统一，才能有效地实施监管。

四、商业银行的负债业务、资产业务及其他业务

1. 负债业务

负债业务是指商业银行以信用方式组织资金来源的业务，它包括存款和借入款两大类。

（1）存款

存款是指银行向客户提供各种存款账户，接受客户存入的货币资金，客户支取时支付其本息的一种业务。商业银行存款业务主要包括企业存款、财政存款和储蓄存款。

企业存款是指企业生产经营活动过程中暂时闲置的货币资金存入银行的款项，包括结算存款和专用基金存款两大类。财政存款是指一切与财政预算收支有直接关系的款项，包括财政金库存款、基本建设投资和行政、事业单位的经费存款。储蓄存款是指城乡居民货币收入的结余款或待用款存入银行的款项，包括活期储蓄、定期储蓄、定活两便储蓄等。

（2）借入款

借入款是指商业银行非存款类资金来源。随着商业银行经营对负债依赖的加深，借入款在银行负债总额中的比例日益提高，它以其灵活性满足了银行迅速获取资金的愿望，成为其重要的资金来源。借入款负债主要包括同业借款、向中央银行借款、发行金融债券和证券回购等。

2. 资产业务

资产业务是指商业银行对其通过发行负债所取得的资金加以运用并取得收益的业务。从本质上说，银行的资产就是银行的资金运用，它既包括盈利性资金运用，如贷款、贴现、投资等，也包括非盈利性资金运用，如库存现金、缴存存款准备金、应收现金、银行同业存款等。商业银行可以从盈利性资产上获取收益，从非盈利性资产上取得盈利的条件。

（1）贷款

贷款是指商业银行对借款人提供按约定的利率和期限还本付息的业务。商业银行主要通过贷款取得收入，贷款收入通常要占银行收入的一半以上。商业银行的贷款按贷款期可划分为短期贷款、中期贷款和长期贷款；按贷款对象划分为企业贷款、消费贷款和同业贷款；按贷款保障条件划分为抵押贷款、质押贷款、担保贷款和信用贷款。

（2）票据贴现业务

票据贴现业务是指商业银行用信贷资金购买票据持有者持有的未到期票据，并从票面金额中扣除贴息的行为。票据贴现业务是商业银行一项持续的贷款业务。

（3）证券投资业务

证券投资业务是指商业银行在金融市场上购买有价证券的业务活动。西方国家商业银行证券投资的对象通常包括政府债券、公司债券、资产证券化证券、股票、商业票据、银行承兑票据、金融期货与期权等。我国商业银行证券投资主要对象是政府债券，包括国库券和公债券。

3. 其他业务

其他业务包括中间业务、表外业务等。

（1）中间业务

中间业务是指商业银行在经营存款、贷款和投资等基本业务外，利用其在信息、技

术、机构、资金和信誉等方面的优势，开办结算、信用证、代理、租赁、信用卡和咨询等业务。

(2) 表外业务

表外业务是指对银行的资产负债表没有直接影响，但却能够为银行带来额外收益，同时也使银行承受额外风险的经营活动。

新华社于 2006 年 11 月 15 日受权发布了《中华人民共和国外资银行管理条例》。根据该条例的规定，中国将全面履行入世的基本承诺，面向外资银行全面开放人民币零售业务，一个基本的导向是鼓励外资银行在本地注册，注册后将获得完全的人民币零售业务资格，还将获得从事银行卡业务以及咨询服务的业务。

小知识 12-2

表外业务与中间业务有共同的特点，即都不直接动用银行自身的资金，都是利用银行自身的技术、网络、人才等优势为客户提供金融服务，都是获取手续费等非利息收入的业务。两者也存在区别，其根本区别在于两者的风险性不同，中间业务的风险较低，一般不会产生经济责任；表外业务则有较高的风险度。

小资料 12-5

1995 年，巴林银行因为其新加坡的机构大量进行日经股票指数期货的投机，损失超过 10 亿美元，最后巴林银行不得不宣布倒闭，这是世界金融业史上最大的倒闭事件。因此，商业银行在经营表外业务时，必须加强风险管理。

五、商业银行的经营管理的一般原则

商业银行在长期经营实践中，形成了一套经营管理的原则，即在各项业务中同时注重盈利性、安全性、流动性，并寻求三者之间的最佳结合。

1. 盈利性

盈利性是指商业银行开展各项业务应以追求最大限度的盈利为经营的目标，并使之成为商业银行经营的内在动力。

2. 安全性

安全性是指商业银行在业务经营实践中形成的避免经营风险，保证资金安全的要求。

3. 流动性

流动性是指商业银行能够随时应付客户提存、满足必要贷款的支付能力。

商业银行的盈利性、安全性与流动性之间的均衡与协调，构成了它的经营总原则。商业银行应在保证安全和流动的前提下，追求最大限度的利润。

2. 商业银行的发展趋势

"二战"之后，尤其是20世纪80年代以来，商业银行越来越朝着全能化、集中化、电子化和国际化的方向发展。

(1) 全能化

自20世纪70年代以来，特别是近十多年来，伴随着迅速发展着的金融自由化浪潮和金融创新的层出不穷，现代商业银行已是一个能够提供多种服务的综合性银行，它除了办理一般存款、放款、汇兑等传统业务外，可以办理租赁、投资、信托、保险等新兴业务，同时还可以进行代保管、咨询、信息、电子计算机服务等多种附属业务，满足了顾客的多种需要，商业银行由此获得了"金融百货公司"或"万能式银行"的美称。

(2) 集中化

商业银行通过各种收购、兼并等手段实现规模扩张和业务多样化，打破了银行业与证券业、保险业等行业的传统界限，这种发展趋势又必然导致银行业向高度集中的方向发展。实际上，战后商业银行集中化的趋势非常明显，许多国家的银行已主要为少数几家大银行所控制。

(3) 电子化

在电子技术和计算机技术的推动下，商业银行不断向电子化方向发展。表现在如下方面：如银行内部实现办公自动化，节省时间；借助电子技术进行金融创新；电子资金转账系统大大节省了清算时间，降低了风险，提高了效率。

(4) 国际化

20世纪60年代、70年代以来，银行业的国际化是不可忽视的发展趋势之一。主要体现在业务的国际化上，如在国外广设分支机构，大量开展日益增长的国际业务，金融工具在国际间广为流通。

二、商业银行的职能

现代商业银行的职能包括信用中介、支付中介、信用创造、金融服务等。

1. 信用中介

信用中介职能是商业银行最基本的职能，最能体现银行这种机构的实质。商业银行一方面通过负债业务，把社会上大量的闲散货币集中起来，另一方面又通过资产业务，将其投入到社会再生产过程中需要资金的部门中去。这种信用中介作用克服了直接借贷形式中供求双方在资金数量、期限，以及要求条件等方面不相一致的局限性。银行作为专营货币信用业务的机构，能创造各种规模大小不等、期限长短不一的间接融资产品满足不同借款人的需要；并且凭借其特有的信息优势，能更清楚地了解各借款人的经营和财务状况，以及信用能力，识别融资风险，这些都极大地提高了融资效率。

2. 支付中介

商业银行在为顾客办理与货币收付有关的技术性服务时，发挥了支付中介的职能，如：接受委托保管货币、证券，办理货币的收付和转账结算等。商业银行通过执行这一职能，成为顾客的总账房和总出纳，从而成为社会的"公共簿记"。

3. 创造信用

商业银行创造信用的流通工具主要是银行券和支票。银行借助它们可以超出自有资本和吸收资本的总额而扩大信用, 当然, 扩大信用并不是无限的。因为它要受到银行本身现金准备状况和经济发展对信用的客观需要量的限制。

4. 金融服务

在现代经济生活中, 商业银行为各类企业和个人提供多种金融服务已成为其重要的职能。这些服务即可以增加银行利润, 减少经营风险, 又可以与客户建立广泛的联系, 通过金融服务业务的发展进一步促进资产、负债业务的扩大。

三、商业银行的组织形式

各国商业银行的组织形式, 大体上可以分为以下几种类型:

1. 单元制

单元制是指一家银行只在一个地区设立一处独立经营机构, 而不允许设立分支机构的组织形式, 又称独家银行制。

2. 分支行制

分支行制是指一家银行能够在总行之下不同区域包括国外设立分支机构的组织形式, 又称总分行制。

3. 银行持股公司制

银行持股公司制是指由一个大银行或大企业组建股权公司, 再由该公司兼并或收购两家以上的银行的组织形式。

4. 跨国联合制

跨国联合制是指由国籍不同的大商业银行合资成立一个国际性银行财团的组织形式。

图表 12-3

商业银行各类型组织形式优缺点比较

组织形式	优点	缺点
单元制	防止垄断, 利于银行效率的提高, 规模小, 自身易于管理	业务范围和金融创新受到限制, 规模小, 相对经营成本较高
分支行制	利于筹集资金, 调剂资金, 提高资金使用效率, 内部分工较细, 单位业务成本降低, 提高工作效率, 家数较少, 易于金融宏观管理	易导致过分集中和垄断, 缺少竞争活力, 分支机构庞大, 内部管理难度较大
银行持股公司制	能有效地扩大资本总量, 增强银行的实力, 提高银行抵御风险和竞争的能力, 并集单元制和分支行制的优点于一身	容易形成银行业的集中和垄断, 不利于银行业的自由竞争, 阻碍银行业的发展
跨国联合制	各国银行可以形成策略联盟的营销优势, 增强自己的业务拓展能力, 可突破许多政策限制, 进行大规模投资活动	

2. 中央银行金融监管的内容

(1) 预防性监督管理

预防性监督管理是各国中央银行金融监管的主体,它采取积极的进攻措施,是金融监管当局最为常见的、持续的和大量的监督管理活动。其主要内容包括登记注册管理、资本充足管理、资产流动性管理、业务活动限制、贷款集中程度限制、外汇业务限制、银行检查等。

(2) 存款保险制度

存款保险制度是指针对银行经营不善导致破产倒闭而设立的一种对存款风险的补偿机制。为了维护存款人的利益和维护金融体系的安全和稳定,许多国家都要求存款银行为其存款人的存款向专门的存款保险公司投保。一般存款保险都是强制性的。

(3) 应急措施

金融机构的破产倒闭,金融风险和金融稳定的问题,任何国家都可能存在。因此中央银行或金融管理当局事实上都无一例外地承担了紧急救援的责任,并将它视为一国金融体系的最后一道防线。

3. 中央银行金融监管的方法

(1) 非现场监控

各国一般都规定各银行和金融机构必须按期向中央银行提供有关财务报告。这些报告提供了货币供应和未偿还信贷总额等关键性数据,以及大量有关银行财务状况的资料,如:资产负债表、损益表等。进行对比分析是银行检查的重要方法。

(2) 现场稽核检查

现场稽核检查是指由中央银行派出检查小组,到各银行实地检查。主要检查资本充足状况、资产质量、管理质量、收入和盈利状况、清偿能力等,以此达到全面评价。

(3) 加强监管对象内部控制

各国中央银行一般都要求银行和金融机构根据法律规范自我约束、自我管理,建立内控制度。

(4) 内外部审计相结合法

建立外部的审计制度,并与内部审计相互协调。

(5) 事后处理法

当金融监管当局发现某一银行的经营不符合金融法律规定,经营管理状况出现妨碍稳健经营的倾向或有危害公众利益的行为时,就应按不同情况采取相应的措施。

小资料 12-3

2003 年 4 月 28 日中国银行业监督管理委员会(银监会)悄然挂牌成立,这标志着沿用了近 50 年的中国人民银行宏观调控和银行监管"大一统"的管理模式正式结束。同时银监会的成立使我国金融业的监管出现"四龙戏珠"的局面:银监会、保监会、证监会和中央银行。它们分别对银行类金融机构、保险类金融机构、证券市场以及货币政策进行监管。其中中央银行的使命是保障金融体系的总体稳健性和可持续发展,银监会则是根据授权,统一监督管理银行、金融资产管理公司、信托投资公司以及其他存款类金融机构,维护银行业的合法、稳健运行。

1992 年 10 月，国务院证券委员会（简称国务院证券委）和中国证券监督管理委员会（简称中国证监会）宣告成立，标志着中国证券市场统一监管体制开始形成。国务院证券委是国家对证券市场进行统一宏观管理的主管机构。中国证监会是国务院证券委的监管执行机构，依照法律法规对证券市场进行监管。

中国保险监督管理委员会（简称"中国保监会"）于 1998 年 11 月 18 日成立，是全国商业保险的主管部门，为国务院直属正部级事业单位，根据国务院授权履行行政管理职能，依照法律、法规统一监督管理全国保险市场，维护保险业的合法、稳健运行。

第三节　商业银行

商业银行是指以吸收存款为主要资金来源，以开展贷款和中间业务为主要业务，以赢利为目的的综合性、多功能的金融企业。

小知识 12-1

商业银行是一国金融体系的主体。由于它最初是依靠吸收活期存款作为发放贷款的基本资金来源，这种短期资金来源只适应短期的商业性放款业务，故称商业银行，又由于它创造了绝大多数的存款货币，所以又被称为存款货币银行。

一、商业银行的起源与发展趋势

1. 商业银行的起源

现代商业银行的前身是货币经营业。早在古希腊罗马时代，就有了经营货币兑换、保管汇兑的银钱业。地中海沿岸的城市，如意大利的威尼斯、热那亚是欧洲各国国际贸易的中心。来自各国的贸易商人带来各国流通的铸币在集市上进行贸易活动。由于不同成色、重量、规格及行市的金属货币混杂流通，给商品交换带来了不便，于是一些货币兑换商应运而生。后来随着商品货币交换的进一步发展，货币兑换商手中积聚了大量的货币，他们用来放款生息。一旦有了信贷职能，货币经营业便演变成了银行业。

小资料 12-4

世界上最早以"银行"命名的信用机构是在 1587 年成立于当时世界商业贸易中心意大利威尼斯的威尼斯银行。后来相继成立的有荷兰的阿姆斯特丹银行（1609 年）、德国汉堡银行（1619 年）等。这一时期银行主要经营的仍是以政府为对象的高利贷业务，它不能满足商人和制造业对资金的需求，因而随着资本主义生产关系的确立，高利贷信用逐渐退出历史舞台，现代商业银行便应运而生。1694 年在英国伦敦创立的英格兰银行标志着现代商业银行的产生。我国的商业银行体系出现较晚，直到 1848 年才出现第一家由英国人开设的现代商业银行，即东方银行。我国自行开办的最早的现代商业银行，则是 1896 年在上海设立的中国通商银行。

第四节　其他金融机构 *

一、专业性银行

专业性银行是指有专门经营范围和提供专门性金融服务的银行。这类银行一般都有其特定的客户。它的存在是社会分工发展在金融领域中的表现。随着社会分工的不断发展，要求银行必须具有某一方面的专门知识和专门职能，从而推动着各式各样的专业银行不断出现。

1. 投资银行

(1) 投资银行的概念

投资银行是指专门对工商企业办理投资和长期信贷业务的银行。投资银行的名称，通用于欧洲大陆及美国等工业化国家。英国称为商人银行，日本则称证券公司，德国称私人承兑公司，法国称事业银行，泰国称金融证券公司，新加坡称商人银行或证券银行。

(2) 投资银行的业务

投资银行的资金主要是通过发行本行股票和债券筹集的，也可以向其他银行取得贷款。资金运用主要是进行投资，包括投资于公司股票债券，有时也直接投资于企业的项目。另外，投资银行还为公司股票及债券的发行提供咨询、担保服务，并代理发行或包销股票及债券。参与公司的创建、改组及投资活动，为公司的设立、合并、收购等提供服务。充当政府机构筹资顾问，包销本国及外国政府债券。较大的投资银行还充当国际金融顾问，为国外企业和政府提供国际金融市场方面的咨询服务。

(3) 投资银行的地位和影响

当今西方发达国家，如美国、英国、日本、法国、荷兰、德国等国，投资银行在各自国家和全球经济中具有举足轻重的地位和影响。中国第一家投资银行是于 1995 年 8 月正式挂牌开业的中国国际金融公司，这也是中国第一家中外合资银行。

2. 储蓄银行

(1) 储蓄银行的概念

储蓄银行是指办理居民储蓄并以吸收储蓄存款为主要资金来源的银行。

(2) 储蓄银行的名称

储蓄银行的名称多种多样，常见的形式有：

①直接以储蓄银行命名，这种机构与其他储蓄银行机构相比规模较大，设有分支机构；

②储蓄协会或储蓄贷款协会等；

前述这两种形式的储蓄银行机构更接近合作金融机构，它们常是居民间在互助合作的基础上设立的吸收储蓄存款的银行机构。这些机构数量多，但规模都较小。

③互助银行或互助信贷协会等；

④邮政储蓄机构，世界上有 70 多个国家在国内设立邮政储蓄机构，如日本、新加坡、中国等。它们利用邮政遍及全国的营业网点吸收储蓄存款。

在西方不少国家，储蓄银行大多是专门的、独立的。储蓄银行大多有专门的管理法令。其主要内容一方面是旨在保护小额储蓄人的利益，另一方面则是规定它们所集聚的大量资金的投向。储蓄银行的业务活动所受到的约束，如不得经营支票存款，不得经营一般工商贷款等。

3. 不动产抵押银行

(1) 不动产抵押银行的概念

不动产抵押银行是指以土地、房屋等不动产作抵押办理贷款业务的专业银行，简称抵押银行。这种贷款一般期限较长，属于长期信贷。世界上许多国家设有独立的此类银行机构，如德国的土地抵押信贷协会、农业抵押银行、抵押汇兑银行等，意大利的不动产信用银行，英国的农业抵押公司，法国的房地产信贷银行等。

(2) 不动产抵押银行的业务

不动产抵押银行的业务对象在西方国家大体可分为两类：

①办理以土地抵押的长期放款　主要贷给土地所有者或购买土地的农业主。

②办理以城市房屋抵押的长期放款　主要贷给房屋所有者或经营建筑业的企业。

此外抵押银行往往也接受有价证券及黄金作为贷款抵押品。当借款人不能如期偿还贷款时，抵押银行将对抵押品予以处理，借以收回贷款本息。近年来，金融业竞争激烈，许多国家的商业银行已大量涉足不动产抵押贷款业务，而抵押银行也开始经营一般商业银行业务，两类金融机构渐呈融合发展之势。

4. 消费信贷银行

消费信贷银行是指专门从事消费贷款业务的专业性银行机构。消费信贷银行有很多称谓，如消费信贷协会、消费者信用机构等。消费信贷银行的资金来源主要是储蓄存款，资金运用主要是对消费者提供多种形式的消费贷款，具体形式有：

①住房按揭贷款及汽车贷款；

②家用电器、家具等耐用消费品贷款；

③直接消费贷款；

④信用卡透支。

5. 外汇银行

外汇银行是指专门从事外汇交易和国际结算业务的专业性银行机构。外汇银行的资金来源主要是其资本金、发行债券收入、向其他银行借款和结算占用资金等。资金运用主要是开展外汇交易和国际贸易信贷等，同时开展国际结算、国际担保等中间业务和表外业务。

A. 不与一般企业、个人发生业务关系　　B. 对吸收的存款一般不支付利息

C. 以营利为目的　　　　　　　　　　D. 不以营利为目的

四、判断改错题

（　　）1. 金融机构按业务特征可分为中央银行和一般金融机构。

（　　）2. 新加坡、马尔代夫、斐济等国实行的是准中央银行制度。

（　　）3. 中央银行业务活动的一切出发点是为了实现其货币政策目标,但为了自身的生存也要追逐一点利润。

（　　）4. 存款业务、再贴现业务、证券买卖业务等都是中央银行的资产业务。

（　　）5. 现代商业银行的职能包括信用中介、支付中介、信用创造、金融服务等。

复习思考题

1. 简述金融机构的概念以及如何分类。

2. 中央银行的职能和业务有哪些?

3. 如何理解"现代商业银行是金融百货公司"的含义?

4. 商业银行有哪些业务? 这些业务各有那些具体内容?

5. 试述我国现行的金融机构体系。

本书参考资料

BENSHUCANKAOZILIAO

《中共中央关于完善社会主义市场经济体制若干问题的决定》
《中华人民共和国营业税暂行条例》
《关于修改<中华人民共和国中国人民银行法>的决定》
邓子基主编　《财政学》
胡乐亭、卢洪友、左敏编著　《公共财政学》
刘瑞生、徐荣梅主编　《财政与金融》
蒙丽珍、李星华主编　《财政与金融》
王传纶、朱青主编　《国际税收教程》　中共中央党校函授学院
安体富、周升业　《财政与金融》　武汉大学出牌社　1992
王佩苓　《国家税收》　东北财经大学出版社　1997
马云峰主编　《新编财政与金融》
陈利荣主编　《金融基础》
钱大业主编　《货币银行学》　上海科技教育出版社
郑道平、龙玮娟主编　《货币银行学原理》
张红伟主编　《货币银行学》
中国注册会计师协会　《CPA 2005 年度注册会计师全国统一考试辅导教材 * 税法》

人民日报
中国社会科学院院报
经济参考报
解放日报
国际金融报

新华网
http://www.nantong.gov.cn
http://www.people.com.cn
http://www.mof.gov.cn
http://www.chinatax.gov.cn
http://www.stuse.com
各大银行等金融机构网站

6. 基金组织

基金组织是指筹集、管理、运用某种专门基金的金融机构，它将社会上分散的资金集中起来，由管理者进行投资或作某种专门用途。基金组织起源于19世纪的英国，盛行于20世纪特别是二战后的美国。目前在世界各国，尤其是西方发达国家，基金组织是现代金融机构体系的重要组成部分，基金已是金融市场上最重要的投资者。基金的种类很多，最重要的基金类型有养老（退休）基金和投资基金。

> **小思考 12-1**
>
> 　　细心观察一下或多看看金融财经类新闻，找找我们的身边还有哪些是属于非银行金融机构的？

★★★★★ **本章学习路径** ★★★★★

本章包括四方面内容：一、金融机构体系概述；二、中央银行；三、商业银行；四、其他金融机构。

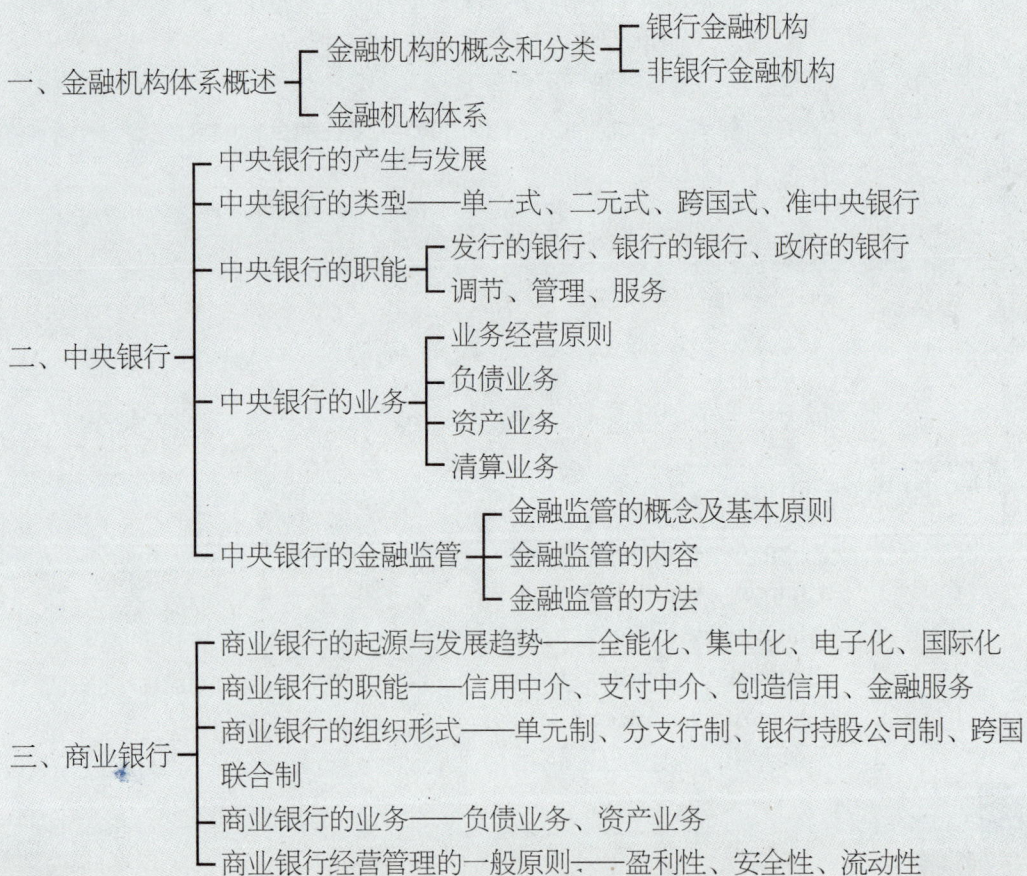

一、金融机构体系概述
- 金融机构的概念和分类
  - 银行金融机构
  - 非银行金融机构
- 金融机构体系

二、中央银行
- 中央银行的产生与发展
- 中央银行的类型——单一式、二元式、跨国式、准中央银行
- 中央银行的职能
  - 发行的银行、银行的银行、政府的银行
  - 调节、管理、服务
- 中央银行的业务
  - 业务经营原则
  - 负债业务
  - 资产业务
  - 清算业务
- 中央银行的金融监管
  - 金融监管的概念及基本原则
  - 金融监管的内容
  - 金融监管的方法

三、商业银行
- 商业银行的起源与发展趋势——全能化、集中化、电子化、国际化
- 商业银行的职能——信用中介、支付中介、创造信用、金融服务
- 商业银行的组织形式——单元制、分支行制、银行持股公司制、跨国联合制
- 商业银行的业务——负债业务、资产业务
- 商业银行经营管理的一般原则——盈利性、安全性、流动性

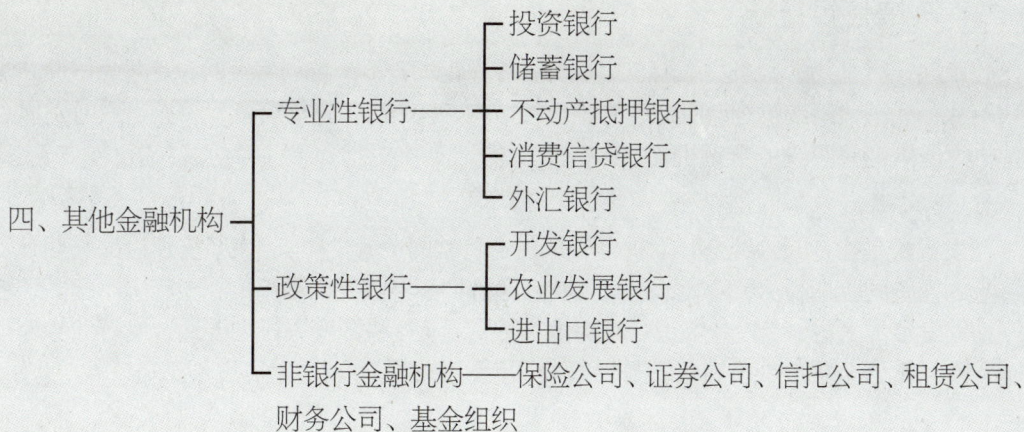

```
                              ┌── 投资银行
                              ├── 储蓄银行
                专业性银行 ───┼── 不动产抵押银行
                              ├── 消费信贷银行
四、其他金融机构 ──┤           └── 外汇银行
                │             ┌── 开发银行
                ├── 政策性银行 ──┼── 农业发展银行
                │             └── 进出口银行
                └── 非银行金融机构 ── 保险公司、证券公司、信托公司、租赁公司、
                      财务公司、基金组织
```

实 训 题

一、填空题

1. 金融机构是指专门从事各种 ＿＿＿＿＿＿＿ 的法人机构。

2. 一国政府为实现宏观经济目标，依据法律、法规对全国各商业银行及其他金融机构的金融活动进行决策、计划、协调、监督的约束过程称之为 ＿＿＿＿＿＿＿。

3. 商业银行经营管理的一般原则为 ＿＿＿＿＿＿＿＿＿、＿＿＿＿＿＿＿＿＿ 和 ＿＿＿＿＿＿＿＿＿。

4. 指定有专门经营范围和提供专门性金融服务的银行是 ＿＿＿＿＿＿＿ 银行。

5. 专门为经济开发提供长期投资贷款的金融机构为 ＿＿＿＿＿＿＿。

二、单选题

（　　）1. 世界上最早出现的银行是 ＿＿＿＿＿。
　　　　A. 威尼斯银行　　　B. 英格兰银行　　　C. 米兰银行　　　D. 花旗银行

（　　）2. 从货币经营业发展为银行业的标志是 ＿＿＿＿＿。
　　　　A. 出现货币保管业务　　　　　　　B. 出现货币汇兑业务
　　　　C. 信用业务成为主要业务　　　　　D. 出现存款

（　　）3. 我国的中央银行是 ＿＿＿＿＿。
　　　　A. 中国人民银行　　B. 中国工商银行　　C. 中国银行　　D. 交通银行

（　　）4. 以下对中央银行职能描述不准确的是 ＿＿＿＿＿。
　　　　A. 发行的银行　　B. 银行的银行　　C. 政府的银行　　D. 企业的银行

（　　）5. 以下不属于我国的商业银行的是 ＿＿＿＿＿。
　　　　A. 工商银行　　　B. 光大银行　　　C. 交通银行　　　D. 人民银行

三、多选题

（　　）1. 我国对金融业实行分业管理，是指 ＿＿＿＿＿ 业务之间的"分业"。
　　　　A. 银行业　　　　B. 证券业　　　　C. 信用合作社　　D. 保险业

（　　）2. 中央银行的业务经营原则包括 ＿＿＿＿＿。

二、政策性银行

政策性银行是指那些多由政府创立、参股或保证的，不以盈利为目的，专门为贯彻并配合政府社会经济政策或意图，在特定的业务领域内，从事政策性融资活动，充当政府发展经济，进行宏观经济管理的金融机构。

1. 开发银行

开发银行是指专门为经济开发提供长期投资贷款的金融机构。国家经济建设的长期开发性资金的投资回收期长、风险大，是商业性金融机构不愿或无力承担的，国家出于国民经济长期持续发展的考虑，专设开发银行来提供贷款资金。这些开发银行主要通过发行债券筹集资金，然后把资金贷放或投资给基础性开发项目，夯实了本国的经济发展基础。

小资料 12-7

中国国家开发银行于1994年4月成立。其成立的目的是更有效地集中资金和力量保证国家重点建设，解决经济发展中的"瓶颈"制约，增强国家对固定资产投资的宏观调控能力，这是进一步深化金融体制改革和投资体制改革的重大举措。

---

2. 农业发展银行

农业发展银行是指专门向农、林、牧业等提供长期发展资金及相关金融服务的银行。在一些产值比重比较大的国家，普遍设立了农业发展银行，如美国的联邦土地银行、联邦中期信贷银行、法国的农业信贷银行、德国的国家农业银行等，这些都是政策性的农业发展银行。我国也于1994年设立了农业发展银行。

3. 进出口银行

进出口银行是指专门为本国商品进出口提供信贷及其相关服务的银行。其创建的目的是促进本国商品的输出，对出口商提供出口优惠贷款，或协助出口商对国外买主提供分期或延期支付方便，承担民间出口商和金融机构无力或不愿承担的政治及信用风险，并通过优惠信贷增强本国商品出口竞争能力。同时它也是执行本国政府对外援助措施的特定金融机构。

小资料 12-8

进出口银行在许多国家都存在，如美国于1934年创立美国进出口银行，日本于1950建立日本输出入银行，此外还有韩国的输出入银行等。中国进出口银行是于1994年4月组建并于7月1日正式开业。它由政府预算拨款组建，不以盈利为目的，主要承担一般商业银行不愿或无力承担的信贷风险，用优惠的信贷条件增强本国出口商品的竞争力以扩大出口，增加就业并促进国家的经贸增长。

三、非银行金融机构

1. 保险公司

（1）保险公司的概念

保险公司是金融机构的一个组成部分，是经营保险业务的经济组织。它是以集合多数单位或个人的风险为前提，用其损失概率计算分摊金，以保险费的形式聚集起来，建立保险基金，用于补偿因自然灾害或意外事故所造成的经济损失的具有法人资格的企业。

(2) 保险公司的种类

保险公司按其所有权性质划分，可分为国有独资保险公司，股份制保险公司和私人保险公司；按其业务范围不同可分为财产保险公司和人寿保险公司。

(3) 保险公司的业务

由于保险公司获得的保费收入远远超过它的保费支付，因而聚积起大量的货币资金。这些货币资金比银行存款往往更为稳定，是国家金融体系长期资本的重要来源。保险公司的资金运用业务，主要是长期证券投资，如投资于公司债券和股票、市政债券、政府公债，以及发放不动产抵押贷款、保单贷款等。

2. 证券公司

证券公司是指专门从事与证券经营有关的各项业务的金融机构。证券公司有独资、合伙或股份公司等形式，它主要由一些经纪人组成。证券公司既是证券交易所的重要组成成员，又是有价证券转让柜台交易的组织者、参加者。证券公司主要从事证券的承销、证券的经纪和证券的自营买卖业务。

3. 信托公司

(1) 信托公司的概念

信托公司是指以资金及其他财产为信托标的，根据委托人的意愿，代为管理及运用信托资财的金融机构，也称信托投资公司。

(2) 信托的基本关系人

在信托关系中，基本关系人有三种，即委托人、受托人和受益人。

委托人是指信托资金、财产的所有者，它委托受托人代为管理和运用信托资财。

受托人是指接受委托人的委托，按委托人的意愿，为受益人的利益或者特定的目的，对信托资金或资产进行管理、运用或处分的信托公司。

受益人是指享有信托行为受益权的自然人、法人或其他组织。

4. 租赁公司

(1) 租赁及其种类

租赁是指设备或物资拥有者（出租人）将其设备或物资（租赁物）在一定期限内交付给使用者（承租人）使用，取得一定租金收入的行为。租赁可分为金融租赁和经营租赁两种。经营租赁属于一般工商行为，不属于金融范畴。金融租赁又称融资租赁，既是融物，又是融资。当承租人无钱购买所需设备或物资时，出租人提供融资，承租人通过租金的分期支付来偿还出租人的融资款。

(2) 租赁公司及其业务范围

金融租赁公司的业务范围相当广泛，几乎涉及从单机设备到成套工程设备，从生产资料到工业产权，从工商业设施到办公设备的各个领域。

5. 财务公司

财务公司是指提供信贷及理财等金融服务的非银行金融机构，也称金融公司。其中，有的专门经营抵押贷款业务，有的依靠吸收大额定期存款作为贷款或投资的资金来源；有的专门经营耐用品的租赁或分期付款销货业务。